任何人都適用的

完美學習法

高榮成、申榮俊／著
黃莞婷／譯

第四章 最佳的目標設定法 109

第十章 學習效率因環境而變動 277

第十一章 創意是一種態度，不是才能 303

前言——

這樣學習，有奇蹟般的成長

沒有目標、職場生活好累、無法專心、想學好英文、人際關係好累、對未來感到不安、想換工作、適應不了大學（或研究所）生活、時間永遠不夠用……這些煩惱看似截然不同，但關鍵都是學習，因為直接或間接的學習能力不足而產生的，尤其許多人把目標局限在入學考試、工作面試的成功與否，逐漸遺忘了正確的學習本質。

學習，不能只在意考試範圍內的東西，而應超越考試範圍，結合經驗和理論，深入探究，並拓展視野。好的學習方法，能成為我們人生堅實的支柱。

本書作者之一的高榮成，讀過數百本教育學、認知發展心理學、行為經濟學、腦科學的相關書籍，還出版了八本書，有兩次創辦公司的經驗，可以說比誰都了解學習的重要。

儘管如此，學海無涯，高榮成雖然很了解學習的理論背景，擁有豐富的創業知識與經驗，但欠缺教學和職場的經驗，他認為能填補自己不足的最佳合作寫書人選是申榮俊博士。申博士擁有工程學博士學位，以及在大企業開發室與許多二十到三十多歲年輕人共事的實務經驗。高榮成確信，若能與申博士攜手，定能寫出一本完美學習法的書。

申博士接到高作家的合作邀請後，一口答應。在準備這本書的過程中，申博士想與更多人交流，於是設立了「人生學習」的臉書專頁。他與許多年輕人互動後，進一步了解到現代人的不足與需求，而後透過講座和定期聚會，指導這幫年輕人，讓他們親身體驗「持續學習」能創造何種奇蹟般的成長。

所謂奇蹟般的成長，並非單純提升成績，獲得小小的成就感。有些文組背景的年輕人就業失敗後，靠著持續學習，以工程師的身分重返職場；有些人從舊的領域跨向新的領域，得到理想的工作；有些人透過充實的系統化學習，突破自身限制，最終找到自己的夢想。申博士與高作家會在這本書分享所有的成功案例，而高作家會補充說明各案例的理論背景。

高作家和申博士多次驗證了光憑單純的努力是不夠的。學習涉及眾多要素，需要加強各要素之間的連結，環環相扣，方能獲得成功。於是兩位作者經由無數次的討論，終於完成一套完美的學習法，能同時滿足實際需求與實現終極目標。這套學習法包含了十三種核心要素：

第一章〈學習需要信心〉：介紹信心、信念對學習的影響有多重大，諸如期待、心態和自我效能；還有，要了解學習，得先明白大腦知識，以及必須學習的基本理由。

第二章〈不了解自己，就別談學習〉：介紹後設認知的意義，以及後設認知與學習實力的關係。讀者將了解認知的限制與種類，進而明白後設認知對職場生活有多深遠的影響。

第三章〈如何有效增強記憶〉：帶讀者全面了解記憶（注意力、工作記憶、長期記憶等），有效提高記憶的方法，默背對學習的重要性，以及潛心學習的方式。

第四章〈最佳的目標設定法〉：介紹目標的種類（成長目標、證明目標、SMART目標、BHAG等），了解各種目標對學習造成的影響，以及增進學習成就的最佳化目標設定方法。

第五章〈點燃學習動機〉：介紹內在動機與外在動機的意義與關係，深入了解維持內在動機的「自律性」。

第六章〈努力不會背叛〉：帶領讀者一窺努力的時間和方法、天賦決定論的問題，以及在學習的一萬小時法則裡，「努力」所扮演的角色。

第七章〈情緒，是學習的引路人〉：介紹情緒如何連結學習，正負面情緒帶來的學習效果，不安的情緒會如何影響考試成績，與克服考試不安的對策。

第八章〈群聚，讓人更聰明〉：介紹人類社會性與學習的關係，特別是孤單對學習的影響、團隊合作需要什麼品德，以及建立成功人際關係的技術。

第九章〈身體的學習智慧〉：介紹運動、睡眠、喝咖啡和靜心等的身體狀態，與學習的緊密關係。

第十章〈學習效率因環境而變動〉：介紹鬧鐘、期限、空間、推力等各種環境，如何影響人，以及如何設定環境來創造更佳的學習習慣。

第十一章〈創意是一種態度，不是才能〉：介紹創意並非與生俱來，而是根據態度能充分擁有的能力，還有創意核心關鍵的聯想、豐富經驗、挑戰和失敗、危險管理等。

第十二章〈讀書，是學習的基本功〉：介紹為什麼要閱讀、各種讀書法的效果，以及如何培養讀書習慣。

第十三章〈實戰操練，畫龍點睛〉：介紹有助於實戰的學習法，幫助讀者審視實際學習、決策管理、複習、模擬和細節的重要性，深入了解集體決策並增進簡報能力，職場生活困難的原因，以及克服困難的方法。

本書分量厚重，是一趟不簡單的旅程。但我們確信，當這趟旅程進入尾聲，讀者各位將獲得一份名為「成長」的禮物。我們衷心希望本書能「完整」各位的人生。

第一章

學習需要信心

「人生不是發掘自我的過程，而是創造自我的過程。」

—— 蕭伯納 ——

失去信心的孩子

陶德·羅斯出生在美國猶他州一個平凡的家庭。他在五兄妹中排行老大，從小就調皮搗蛋，時常闖禍。念中學時，他在美術課上扔了六顆散發惡臭的炸彈，臭氣瀰漫導致課程中斷。同學都不喜歡陶德，會霸凌他、排擠他。陶德的媽媽每次聽到電話響起，心臟就會撲通撲通亂跳，生怕又發生什麼事。陶德回想過去時這麼說：

「對我來說，學校是很可怕的地方。中學一年級時，我在校車上被同學們打，司機卻當作沒看到，我想他也很討厭我。」

中學時，陶德被醫生確診為注意力不足過動症（ADHD）。他的成績也老是敬陪末座，每天都要聽老師說好幾次他無藥可救。

陶德也曾努力變成會專心念書的孩子。有一次學校作業是寫詩，他熬了三個晚上努力完成。媽媽看過以後很喜歡，陶德本人也相當滿意，相信這首詩會得到老師的稱讚。

不料，作業成績竟得到F。陶德說：

「我問過老師原因。他說：『詩的水準太高，很難相信是你寫的。』這使我非常生氣。如今回想起來，這件事仍然歷歷在目，彷彿是昨天才發生。而我學到的教訓是，即使大人嘴巴上說『有志者事竟成』，我盡了努力卻得到F。」

媽媽把陶德寫詩的草稿拿給老師看，證明詩是他自己寫的。但老師視若無睹，沒有修改陶德的成績。

陶德被貼上了標籤：學習差、愛闖禍、有缺陷。師生們都不相信他。他在學校喪失了三種信心：

一、**期待**：期待是對自己未來的信心。陶德用心寫了詩卻得到最糟的成績，而且，他好幾次用功學習，成效不彰，這都導致陶德無法對自己的未來樂觀。

二、**心態**：心態是對自身存在的信心與看待自己的態度。陶德被貼上闖禍精和天生有缺陷的標籤。努力就能獲得成長，對他來說是無稽之談，他覺得自己命中注定失敗。

三、**自我效能（self-efficacy）**：自我效能是自己對達成目標的信念程度。被老師貼上標籤，老師和同學的眼光，都流露出「陶德再努力也於事無補」的訊息。長期處於這種情況的陶德，會相信自己有完成作業的能力嗎？

失去信心的陶德升上了高中，最終還是選擇休學。

悲觀是學習來的，樂觀也是

正向心理學創始者、著名的心理學家馬丁‧塞利格曼和同事史蒂文‧梅爾，曾進行了一項實驗。他們把狗關進籠子，無預警的電擊籠子裡的狗，每次電擊持續五秒鐘。不過，狗被電擊的情況不同。一個籠子裡的狗眼前有按鈕，每次被電擊時，若以鼻子按按鈕，就能停止電擊，很可惜，另一個籠子裡的狗沒有這個按鈕。塞利格曼和梅爾每次實驗都做了六十四次電擊，然後換用其他兩隻狗再做同樣的實驗。

翌日，塞利格曼拿來特製的籠子，籠子中間有一個低矮的隔板，按下籠子按鈕，有一側的電流會被接通。實驗人員把狗關進有電流的那側。當蜂鳴音響起，狗就會被電擊。有趣的事發生了。前一天學會用按鈕停止電擊的狗，幾乎都會跳過隔板逃到另一側。相反的，沒學會按鈕停止電擊的狗，有三分之二乖乖待在原處嗚嗚叫，被動等待電擊停止。後面這些狗陷入了「習得性無助」。

塞利格曼的實驗告訴我們兩件事：

第一，為什麼沒有按鈕停止電擊的狗會陷入習得性無助？當牠們第一次遭到電擊，確實是掙扎過的，但是經過六十四次的電擊後，牠們領悟到做什麼都無濟於事，再怎麼掙扎也改變不了現況。牠們對未來的期待、希望與樂觀心態，全遭到摧毀，籠罩在悲觀的陰影下。

第二，只有在這樣的實驗中才會喪失期待、變得無助嗎？不是的。學校和日常生活幾乎天天發生無助的戲碼。

更可怕的是，這種無助感是「學習」來的。大多數的人以為，人類的天生性格有一定的傾向：有人生來就死氣沉沉，有人則是朝氣蓬勃；有人天生悲觀，也有人天生樂觀。但如果你經歷了一次次失敗又無法改變現狀，就會產生習得性無助，讓這種無助感支配你的行為舉止。

悲觀是學習來的，樂觀也是。塞利格曼稱之為「習得性樂觀」，根據他的研究，習得性樂觀主義，即對自己的學習成就寄予極高期待的學生，會持續長時間的學習，且傾向選擇有挑戰性的學習活動。另外，高期待的學生比低期待的學生能取得更高的成就。

如何找回遺失的期待，樂觀看未來呢？可以透過四種方式：小成就、關注優點、賦予希望與價值、成長型思維。

小成就帶來的大成果

「你好像不適合念博士，去找別的事做會更好。」指導教授冷酷的說。

小申博士一屆的研究所學弟薩卡蘭，一邊轉述給申博士聽，一邊嚎啕大哭。教授的意思是要他放棄所有的獎學金，以失敗者的身分回故鄉斯里蘭卡嗎？薩卡蘭很聰明且學業成績出色，只不過在寫論文方面不開竅，還有寫論文的時間也不足。

申博士過去待的實驗室，主要是研究新材料製作元件，進行電氣實驗。首先，製作元件曠時費力，得進行測量、記錄數據。無論多認真投身研究，時間是遠遠不夠的。尤其是使用的裝備器材有使用時限，只能把製造元件和測量數據置於最優先順位。把實驗擺在第一位，哪還有時間寫論文？即使薩卡蘭已經盡了最大努力，聽到指導教授的話，也只能陷入絕望。

申博士安慰哭泣的薩卡蘭，因為他第一次寫論文的處境與薩卡蘭相仿。不過，無論自己的論文水準是好是壞，每次一完成草稿，他都會充滿信心。所以他告訴薩卡蘭，在初稿沒完成前不能回家。就這樣辛苦了四天三夜，薩卡蘭完成了人生第一篇論文草稿。雖然論文品質有待加強，但總算能和教授進行討論。薩卡蘭進研究所兩年半就辦到這件事。

完成論文初稿是薩卡蘭的「小成就」，這給了他莫大的力量。他恢復自信，在博士班攻讀過程中，總共發表了五篇論文，有一篇更刊載於最具權威的物理學期刊《物理評論快報》。當年差點打包行李回老家的薩卡蘭，如今已成了國際半導體企業格芯的工程師。

人會喪失期待的最大原因是：沒嘗過成功的滋味。若你不停的累積失敗經驗，不免對未來悲觀。然而，該如何創造成功經驗呢？答案是，**放低期待水準，挑戰「小成就」**。在班上成績總是吊車尾的孩子，有可能一下子排名升到中上嗎？絕非易事。但只要持續努力，就有機會從第五十名前進到第四十五名。如果你成功的標準是第二十五名，第四十五名自然算是失敗。不過若成功的標準是第四十五名，那麼達成它就是實現了小成就。小成就能讓人萌生「原來我努力也辦得到」的期待。這份期待能讓孩子加倍用功念書，取得更好的成績。

有許多債台高築的人，向美國有名的理財專家大衛・藍西請教理財之道。他們因為沉重的債務喪失對未來的期待，藍西提出一個看來荒誕的解決對策：

「先製作債務清單，把債務按金額大小依序排好。然後，不管利息費用，先解決本金數字小的債務。」這是非常虧的作法，一般人借貸無利息公用事業滯納金或是高利息款項，通常都先解決利息高的負債。可是藍西卻教人先還本金數字小的債務，他說：

「身為理財專家，我剛開始也會先計算數字。後來，我領悟到數學運算固然重要，但讓自己有動力也是不可忽略的。而想賦予動機，踏出成功的第一步是關鍵。」

背負債務、苦苦掙扎的人，絕不會樂觀看待自己的未來，有可能因持續增加的債務，陷入習得性無助。有些債務人試圖在一兩個月內還清幾千萬的高額利息，卻沒有半點債務被償還的實際感受，從而放棄還債的打算，連努力都不想努力。如果一開始能先解決一筆小額債務，那麼就會對未來抱有一絲「期待」。所以，藍西才說，暫不考慮利息，以解決小額債務作為一開始的還債策略，更能幫到這些人。

「小成就」確實會帶來期待！

正向期待帶來的力量

「叫你不要坐還坐，害我沒心情吃飯！」媽媽對著正在吃飯的國中生尚赫（假名）大罵。

尚赫非常生氣，踹開椅子回房。從某一瞬間起，尚赫經常滿腹怨氣，把媽媽當成空氣。他原本不是這種孩子。因為爸爸工作的關係，他從小在日本上小學，那時很努力用功，親子關係也很融洽。直到搬回首爾，尚赫進入國中，面對激烈的升學競爭後，才開始出現問題。

為了追上班上的同學，尚赫讀得很吃力。但他最大的壓力是媽媽的期待。有一天，尚赫拿到只錯了一題的日文考試成績，本以為值得稱讚，沒想到媽媽的反應不如預期，甚至生氣說：「住過日本的人怎麼還會錯。」類似情形一而再、再而三發生，尚赫絕望的說：

「我想毀掉那份期待。我想毀掉媽媽對我的期待。我討厭媽媽。」

尚赫想毀掉媽媽的期待，想法異常強烈。他被這樣的想法支配，也喪失了自我期待。當父母看到孩子有一個A、四個B和一個F的成績單時，會注意到什麼呢？著名的人資專家馬克斯·白金漢指出，大部分父母對F的關心會大過A。比起讚美優點，父母更愛檢討、教訓兒女的缺點。

心理學家的研究結果也指出，一般人會更關注壞事的照片、少關注好事的照片；在意別人的缺點、忽略別人的優點；熱中聊負面報導多過正面報導。這就是為什麼天底下明明這麼多好事，媒體上卻大多報導負面的頭條新聞。在尚赫的例子中，他的父母過度挑剔他的缺點，讓他徒增挫敗感，只看到自己的缺點，自然對未來感到悲觀。雖說人應該改善缺點，可是如果看不見自己的優點，不僅改善不了缺點，更深陷問題的漩渦中。

尚赫想告訴媽媽：「請停止責備我做不好的地方，改讚美我做得好的地方吧。」

優點是讓期待長大的養分。當我們能不看缺點而擁抱優點，就能樂觀看待未來。

意義送的自信禮物

美國一所大學客服中心的負責人，邀請知名的心理學家亞當．格蘭特去做員工培訓，指導職員們如何培養期待。因為職員們打電話詢問校友捐款回饋母校的意願，卻屢屢遭到拒絕，為此心情低迷不振。於是格蘭特替他們想出一個擺脫無助的妙招。他將一封信寄給校友，那是一位獎學金得主威廉寫的，信中談到了獎學金的重要，以及如何改善了他的生活。約閱讀五分鐘長度的信件展現了驚人威力：捐款暴增三倍之多。

格蘭特還有一個想法：讓職員和獎學金得主直接見面。他在員工培訓課程中，製造了獎學金得主與職員面對面接觸的機會，在那之後，職員們的工作效率大幅提高，而捐款金額也多了五倍。

為什麼會這樣呢？這是因為獎學金得主的談話，幫助職員們找到了工作意義，轉換成為擺脫無助的力量。

學習老是失敗，或是工作日復一日遭遇挫折，都會使人失去期待。每到那種時候，就**必須找出學習的理由或工作的真正價值**。*尼采曾說：「一個人知道自己為什麼而活，就可以忍受任何一種生活。」就算你身處悲觀、無從期待的狀況，假如你能對自己正在做的事情賦予意義，確信其價值，便能擁有撐下去的力量。

我們可以請教父母、老師、朋友、人生導師、前輩，或是從書中尋找「為什麼要學習？」「為什麼要學數學？」「為什麼要看書？」「我為什麼要做這份工作？」等問題的解答。如此一來，我們就能再次擁有期待。

成長型思維vs.固定型思維

美國一所中學，每次上課前會播放以下影片：

「我們持續成長著，挑戰難題使我們變得更有智慧，障礙的意義不是放棄，克服難關能造就更強悍的我。最重要的是，明白學習是一趟旅程。旅行的每個階段都存在成長的機會。」

這所中學的所有老師，都教導學生：有朝一日，付出一切努力後，終會獲得成長。換言之，校方全體努力將「成長型思維」灌輸給學生。

卡蘿．德威克大學時就讀心理學系，對塞利格曼的「習得性無助」感觸良多。德威克

＊在本章最後的「申博士的見解」會談到「為什麼要學習？」儘管每個人情況各異，但在大架構之下，我們可以自己賦予學習的意義。

研究所轉學後做了進一步的研究，她發現，習得性無助有著無法解釋的部分。我們在前面一再強調，習得性無助會使人喪失期待。不過，德威克認為學生們求學時若**陷入悲觀，並非因為連續失敗，而是因為不清楚如何解釋失敗**。

一九七五年，德威克企圖以實驗證明自己的想法。她把學生分成兩組，要他們在時限內解出數學問題。其中一組不論解了多少題，她都無條件給予稱讚。相反的，她會無條件指責另一組不會解題、明明更認真能得到更好的成績。

接著，德威克讓兩組去解各種難易度混合的問題。假若連續失敗是讓人悲觀的關鍵，那麼，一直得到讚美的那一組應該能解開更多問題才對。但結果恰恰相反，那組學生輕易放棄高難度的問題。而一直被要求努力認真的那組學生，碰上難題時，展現出了更多的嘗試。

德威克的研究讓我們了解，人類對自身存在的信念分為兩種：一種是抱持「固定型思維」來看待自己，認為智力和個性不會改變，所以人生來就是固定不變的。另一種是抱持「成長型思維」，認為自己只要付出努力，就可以改變智力和個性。這兩種思維不只對學習、對整個人生都有很重要的影響，它們反映在以下六個層面：

一、**自我觀點**：固定型思維的人認為智力和性格都是固定的，成長型思維的人則認為兩者皆可改變。

二、**挑戰：**固定型思維的人只鑽研自己擅長的領域，害怕挑戰困難的事情，擔心失敗會影響到自己的形象，所以會選擇逃避。成長型思維的人則相信挑戰是讓自己成長的基石，因此會努力挑戰，靠挑戰獲得各種新情報。

三、**失敗：**固定型思維的人一遇到失敗就覺得自我受到威脅，所以常常逃避有失敗機率的事，或者認為那些事超出能力範圍，自己絕不可能辦到。成長型思維的人則認為失敗只是邁向成功的過程，從失敗可以學到更多東西，進而成長。

四、**努力：**固定型思維的人容易貶損努力的價值，常把「努力是沒用的」掛在嘴邊。成長型思維的人把努力的價值看得很高，相信成功必然伴隨努力而來。

五、**批評：**固定型思維的人被批評時，會覺得心裡不舒服；縱使是有用的批評，也會因為自尊受傷而選擇無視。成長型思維的人則歡迎批評，相信批評能幫助自己改善與成長。

六、**他人的成功：**看到別人成功，固定型思維的人會感到自卑，讚揚對方多有才能；成長型思維的人則會找出別人值得學習之處，專注於對方的努力過程。

如何擁有成長型思維？

二〇〇七年，德威克以九十一名數學成績退步的中學生為對象，舉辦八次研習營。她將學生分為兩組，第一組有四十八人，只教導數學運算方式，第二組有四十三人，不只教他們學習方法，也教授人類大腦的特性，內容大略是：

「你們的左右腦不是固定不變的。透過練習，你們能鍛鍊左右腦。付出努力就能變得更聰明。想想你們過去學到的技巧和能力。練習是很重要的，能幫助你們熟悉自己的能力。沒有任何事能短時間一蹴可幾，所以絕對不要放棄。」

德威克簡單說明了腦科學所謂的「大腦可塑性」＊。課程結束之後，某個學生哭喪著臉說：「您是說我不是傻瓜，對吧？」

研習營的結果充滿戲劇性。只學到數學運算的第一組學生，成績沒有任何變化，而接受成長型思維教育的第二組學生，數學成績都有了進步。

德威克認為**培養成長型思維有兩個方法。第一個方法是：相信人類的大腦能成長**。我們長大成人後，所有身體部位都會開始退化，唯獨大腦不同。大腦的使用頻率高，就能創造神經之間的新聯結，進而使大腦獲得成長，這就是大腦可塑性。人類的大腦到死為止都能成長，是鐵錚錚的事實。

不只大腦的ＩＱ能改變，性格也能改變。無論大腦、智商或性格，如果你堅信不可能改變，那麼就一定不會改變。反之，如果你相信努力能使大腦、智商或性格成長，那麼你成功的機率便會提高。學習不該因為考上大學或找到工作而停止。擁有成長型思維的人活到老、學到老，所以比不學習的人獲得更多成果，不是理所應當的嗎？

培養成長型思維的**第二個方法是：改變自己看待失敗的方式**。如前所述，固定型與成長型思維最明顯的分界，在於遭遇失敗的時候。固定型思維的人在面臨失敗時，大腦會發出威脅的腦波，選擇逃避或放棄，將失敗合理化，歸因於自己才能不足或命中注定。

法國某項研究中，實驗者給了國小六年級生無人能破解的超級難題，讓所有學生都嘗到失敗的滋味。然後，實驗者花了約十分鐘對一部分的學生解釋，學習會遇到困難是必然的，因為失敗能帶來成長。至於其他學生，只問他們為了解題得付出何種努力。實驗者接著又進行一次高難度考試，測量所有學生的短期記憶。結果顯示，接受十分鐘解釋的學生取得壓倒性勝利。因為他們建立了新的思維，明白自己在學習過程中必然遭遇失敗和犯錯，但最終會迎向成長，所以才沒向難題屈服。這項研究與其他類似的研究，都有相仿的結果。

＊在本章最後的「高作家深化學習」中，會仔細說明「大腦可塑性」。

學習必然遭遇失敗，關鍵在於如何接納失敗。如果我們能相信失敗是成長的跳板，就一定能取得好成就。

本書第十一章會仔細說明失敗的偉大，請務必詳讀。

有一位教師告訴學生：「一樣的問題，解第二次比第一次更上手的人請起立。」班上有超過半數的學生起身，如同一起歌詠「成長」。

對於自身能力的信心——自我效能

岡德．哈格在瑞典北部鄉村長大，小時候很喜歡在樹林中奔跑。岡德的父親有一天看著他奔跑的模樣，深感驕傲，想知道他能跑多快，於是讓他沿著一條約一千五百公尺的路全力奔跑，並記錄跑到終點的時間：共花了四分五十秒。父親大大讚美了岡德。

年紀輕輕只花四分五十秒跑完一千五百公尺，是相當驚人的事。因此，岡德對自己的奔跑能力產生了信心，往後的日子全心投入練習。結果，他在一九四〇年代初期成為打破十五項世界紀錄的優秀選手。

岡德在那次聽到父親說出他奔跑的紀錄後，產生了強烈的「自我效能」。**自我效能指的是，相信自己有能力組織完成某個目標的行動方案。**換言之，不管是學習或是其他方面，自我效能是判斷自己有沒有能力達成未來目標的標準。

自我效能在學業上也扮演著舉足輕重的角色。看看科林斯研究團隊的研究。科林斯挑選了數學成績差和中等的學生，讓他們去解絕對不可能解開的問題。研究團隊還先行調查了學生們對於解題能力的自信程度。結果相當有意思，這次數學成績的高低，跟是不是挑戰的難題數越多，或是制定更多策略無關，反倒跟學生對自身能力的信心有密切關係。

事實上，許多研究都揭露，**自我效能越高的學生，會越努力達成更高的目標，制定更多的改善策略**。自我效能高的學生喜愛挑戰困難的作業，不管是否會失敗。在當前與未來的學業成就方面，自我效能都是最強大的變數。

當然，不只是學業，自我效能在每件事上都扮演了至關緊要的角色。既然如此，該如何提升自我效能呢？答案是切莫輕忽自己的潛力。

如何提升自我效能？

哈佛心理學者羅伯特．羅森塔爾和曾任小學校長的傑柯布森兩人曾針對幼稚園到小學五年級共十八個班級的學生，實施智力測驗。這次測驗的目的在於，客觀檢驗孩子們的語彙與邏輯推理能力。測驗後，有百分之二十的學生被歸類為有潛力的英才。羅森塔爾暗示教師們，就算從現在的測試結果看不出差異，但一年後這百分之二十的孩子一定會有出色成就。

實際上，歸類為英才的那百分之二十的孩子，一年後的學業成績確實高於其他孩子，IQ也大幅進步。兩年後的差異更加顯著。

可是，這項測驗存在著陷阱。其實，被羅森塔爾歸類的那百分之二十的學生並沒有獲得高分。他沒有考慮測驗分數，百分之二十是他隨機分配的。前面提到的罔德的父親，其實也和羅森塔爾做了相同的事。雖然父親說罔德的紀錄是四分五十秒，但實際紀錄是非常平凡的五分五十秒。父親向兒子撒了謊！

羅森塔爾的研究顯示了兩件事。首先，當權威者相信你具有潛力，那麼你便會對自己的潛力深信不疑。假若你的潛力被高估，你仍然會賣力付出，最後真的如預言般實現了被高估的潛力。

第二，教師對學生有多大的影響力。當教師相信學生有潛力，他會付出更多關心，時常給予鼓勵，進行更溫暖的對話。反之，若像陶德的老師一樣，認定哪個孩子沒有潛力，那麼孩子最後會真的應驗他的預言；孩子的潛力被教師抹殺了。

這種預言應驗的事情，不單會發生在孩子身上，針對成人與職場的研究也不斷發現類似的結果。申博士就時常從線上諮商和現實聚會碰到的人身上，發現了自我實現預言的例子。在來找申博士諮詢的人當中，不乏有人成績出現戲劇性轉變。第一次拿下全系第一名的韓賢植（假名）是申博士的諮詢者之一，他說道：

「博士有一次告訴我，不是因為我能力不足才考不好，而是因為學習不足。博士建議我不要被考試拖著走，對學習內容一知半解，而要全盤了解，把考試當成一種學習成果的評估遊戲。學習不好的關鍵不是單純的分數問題，而是對於考試的觀念和態度。大部分人把考試當成人生的界線，不僅如此，還會放大意義，把考試變成人生的目標。然而，想戰勝考試就要越過考試，把眼光放得更遠。

「我聽到這種話時，老實說有點受到衝擊。這輩子考試的巨大存在感總是壟罩著我，重要過我。在聽了博士的建議後，我終於澈底改觀，考試不是為了獲得好成績，而是為了確認我究竟學會多少。人生中第一次對考試感到興奮，雖然還是很累。所有的考試科目，我都比規定時間更早解完題目，第一次拿下全系第一名，拿到了獎學金。」

人人都有潛力，只不過自己不知情才沒能去嘗試挑戰。申博士在數不清的諮商中，經過多次體驗證實，**只要相信潛力的存在，就能超越極限**。

就算沒有人相信你有潛力，也不用傷心。相信的重點不在別人，而在自己。本書提供的科學根據，將會反覆告訴讀者，你擁有多麼驚人的潛力。

再來看看前面提到的陶德．羅斯。他高中休學後馬上結婚生子，成為一家之主，靠著身兼多份工作賺錢養家。缺乏高中學歷的他，領著微薄薪資，面對現實壓力，戰戰兢兢過日子。

有一天，陶德的父親鼓勵他拾起書本，重新學習，把眼光放遠一些，挑戰新事物。小時候，就算陶德被學校貼上了「闖禍精、不會念書」的標籤，父母仍相信他，看到成績單，還是什麼話都沒說，全心相信兒子只是還沒發揮潛力。陶德的學校生活雖然像地獄，但父母的愛和信賴讓他能堅持下去，所以陶德也非常信賴父母。

對父親深信不疑的陶德，進入了大學夜間部就讀，父母的信賴改變了陶德，讓他重拾過去在學校消失的「驚人積極能量」。學習變得有趣，令陶德懷抱著信心，同時在妻子的支持下，順利完成學業，之後繼續深造，取得更高學位。

如今，陶德已是哈佛「教育」研究所教授。

申博士的見解

學習的功用和樂趣

為什麼我們要學習呢？每個人要學習的理由絕對不同，現在我要分享學習是如何讓我的人生變得多采多姿。

我大學畢業成績幾乎全科是A。看起來我很會念書吧？不是的。我能擁有優秀的畢業成績，原因只有一個：為了拿獎學金。為了獲得金錢，我不把學習當成學習，而當成是一種「工作」。簡單的想：運動和勞動不一樣。就肉體方面來說，勞動有助強化肌肉，避免變胖，但不等於會變得健康，用錯誤的姿勢勉強勞動，還有可能危害健康。而運動不同，堅持不懈的運動，能強化身體特定孱弱部位，使人變得健康。我在大學的學習，不是為了促進自我發展的精神「運動」，而是為了解決生計問題的精神「勞動」。

哪怕是教授放水給分的科目，我也一定會把考古題背得滾瓜爛熟再赴考場。事實上，畢業後進入職場，我無法發揮所學。研究所時期出現了相同狀況，沒打好學習的基礎，在進階課程中承受的痛苦超乎想像。而在應考時，比一般研究生承受十倍以上的痛苦。

我開始用功讀書應該是念研究所時，但也不是自動自發的學習，是怕被退學（新加坡國立大學規定，研究所一學期的學分平均成績未達B，會喪失獎學金資格，倘若下一學期又達不到，以退學處分。另外，博士資格考兩次沒通過就退學）。那是我有生以來首次看完系上的專業書籍，雖然是這樣半強迫的學習，總算也打下些基本功，視野逐漸開闊，我才有了獨力完成學術研究的能力。

我們必須學習的第一個理由是：「**溝通**」。溝通不僅僅是單純的分享對話，重要的核心是認同彼此的存在。我們的存在是什麼呢？假設兩個人能交換大腦，交換之後，何者才是真實的自己呢？擁有原本肉體的我，還是擁有移植大腦的我，哪個是我？我認為能透過大腦思考的，才是真正的自我。換言之，我們的本質最終應由思考出發，認可自我存在，意謂著認可自我的思維。提供彼此能完全理解的思維，進而良好溝通的基礎，正是學習。

再多聊一些我的研究所生活。我發表了第一篇論文，刊登在優秀的期刊上，那需要相當的努力和技術，當然是好事。不過，我的喜悅另有來由。

第一次引用我論文的是義大利一所大學，第二次是日本一位研究學者。「哇！義大利和日本有人讀了我的論文呢！」我的研究居然能幫上別人，讓我深感神奇（目前為止該篇論文被引用了兩百次以上）。有多開心呢？大概就像你做了美美的髮型，比賽獲獎，想拍照上傳跟人炫耀一樣。如果一般的上傳照平均被按十到一百個「讚」，那麼得知我論文被引用的開心程度，大概就是被按十萬個「讚」吧。

這種情形不只發生在寫論文上。藉由深入學習，能把我們的想法以多種形式表現出來，和外界溝通交流，諸如完成作品、寫書或做菜都很好。另外，學習所累積的內功，能幫助我們發現別人隱藏的真正價值，予以肯定，是全世界最有價值的溝通方式。

我們必須學習的第二個理由是：「生存」。學習的目的不是單純為了尋找既定答案，而是為了使自己進步，能自己定義不存在的答案。

我拿到了工學博士學位，累積了大企業開發室的工作經驗，算得上顯示器量產工程的專家了。然後我在三十四歲正式跳槽出版界，變成徹頭徹尾的新人。

踏入出版界不是只想傳達我的知識，而是想撐起家庭生計。我一方面閱讀已出版的書、學習它們的行銷策略，一方面發揮理工背景研究數據，找出隱藏在社群媒體貼文與書籍銷售排名背後的直接關係。我已能猜出七成新出版書籍的貼文反應，也能預測銷售排名。所以我做好了萬全準備，以手邊的調查資料為基礎，第一次出版的散文集就登上分類排行榜，之後的英文單字書也擠進綜合排行榜。由此可證，正確的學習能力是生存的完美戰略。

我們必須學習的最後理由是：「愉快」。很多人認為學習很無趣，通常是因為未能學以致用。所以舉例給讀者看看學習是多麼有趣。如果我有朋友要去歐洲旅行或當交換學生，我一定會建議他們去之前先閱讀幾本歐洲歷史書，或是一兩本介紹該國家的書（如果討厭閱讀，那就看小學生看的歷史漫畫書也行）。

有六成的人第一反應是：「我讀過很多歐洲歷史的書了。」我會追問他們：「德國和法國的關係好嗎？德國跟英國的關係好嗎？」沒多少人能舉出實例佐證自己的答案。書是看過，可是時間過了太久，早忘得差不多，更不要說大半的人對內容一知半解。但接受我的建議做足功課再出發的朋友，回來後告訴我：「真是太感謝你了。」歷史知識並不艱澀難懂，一旦理解了再去旅行，既能讓旅程視野更開闊，感受更深刻，還能與當地人聊得更深入。這正是學習的力量與樂趣。

當你激發學習的興趣，一頭鑽進去後，就會產出意想不到的成果。有人問過會說十五國語言的申牽植，是怎麼學會這麼多語言，他回答：「我也說不出具體原因，但是，我永遠記得，當我了解英文的black（黑）和法文的blanc（白）原意的那一刻的感動。原來黑與白居然是一脈相承的，法文blanc的原意是『耀眼的，火熱的燃燒』，而德文blank（閃耀的）也保留了法文原意。當我明白白色的火焰燃燒殆盡後剩下的就是黑色，那樣的感動我無法忘記。」

此外，學習帶來的最大樂趣，無疑是「分享」。還記得，我年紀輕輕、入社不久就成為三星企業的科長，有不少年紀比我大的代理和社員心懷不滿。但我的專業知識不輸人，學習經驗也比別人多，幫得上同事的忙。後來我協助同事寫論文和專利文件，自然拉近了與同事的距離。

錢分享了一半，只會剩一半。但我的知識分享出去，知道這個知識的人就有兩個人，變成雙倍。每一次分享都有加倍的效果，哪有比這個更棒的呢？好好學習，不停累積內功，就能讓視野更寬廣，讓人生更多采多姿。若能跟身邊的人分享你獲得的知識，進而豐富精神生活，如此一來，你更能享受學習。看到這裡，讀者諸君是不是很想馬上開始學習呢？

大腦會改變

相較於巴黎、東京等大城市的道路，倫敦的道路是出了名的複雜。街道曲折蜿蜒不說，還有許多單行道及死路。會開車的人應該能理解單行道太多的麻煩。倫敦規畫不善的地址編碼更是雪上加霜，實有負世界知名都市的名聲。對初來乍到倫敦的人來說，需要很大的勇氣和智慧，才有可能光靠地址找到目的地。

試著想像，在沒有導航的情況下，穿梭在倫敦的大街小巷該有多累。但是，這麼難的事還是有人辦得到。那就是計程車司機。倫敦現有兩萬五千名計程車司機，他們的考照過程絕對比世界任何國家要來得難。他們不但要熟知大部分的倫敦街道布局，還必須知道從A點到B點的最短駕駛距離。尤其是，他們必須穿梭於以查令十字路口為中心的倫敦市區半徑九公里範圍內的每一棟建築，光是這一區就有兩萬五千條街。如果說倫敦計程車司機擁有最佳的地點記憶力及找路能力，應該沒人會否認吧。

聽到這樣的事，一般人只會讚嘆，但腦科學家卻不一樣。他們試圖探索計程車司機的大腦：「究竟他們的地點儲存能力，會如何改變大腦呢？」二〇〇〇年，腦科學家拍攝了十六名倫敦計程車司機的大腦，與五十名相近年齡的一般男性作比較。結果顯示，兩者的海馬迴有顯著差異。倫敦計程車司機的海馬後緣比一般男性大得多。海馬迴專司記憶能力，而海馬後緣是記憶空間探索或物體的位置。有趣的是，計程車司機之間也存在著差異：資歷越老，海馬迴越大。

研究指出，儲存越多地點，探索越多路徑，海馬迴會變得越大。但也有人主張，天生海馬迴大的人，更容易考到倫敦計程車司機執照。這一派的人不認為大腦會變化，而是認為有些人的大腦有著與生俱來的優越條件。

研究團隊又做了一項實驗。他們把實驗對象分成三組：第一組是剛取得駕照的新手計程車司機，第二組是學了好一段時間卻考不到駕照、沒能成為計程車司機的人，第三組則是一般人。研究團隊分別拍攝三組人的大腦，並沒有得到有意義的海馬迴差異。

四年後，研究團隊重新拍攝這些人的大腦，這次的結果非常明顯。一般人和沒能考到駕照的人的海馬迴毫無變化，但通過考試、進入倫敦市區複雜街道實戰的計程車司機的海馬迴變大了。

這項研究表示人長大到某一階段，生長就基本停止了，之後身體只會走下坡，逐漸老化。所以，大眾普遍認為成人的大腦是定型、不能改變的。但實際上，成人的大腦使用頻率越高，越會產生「解剖學上的變化」（編注：anatomical changes，外觀看不出來，解剖後才能看到的變化）。

大腦重量約為一點四公斤，不過是人體重量的百分之二，卻必須消耗人維持生命所需的百分之二十總能量，新生兒的大腦則需要消耗百分之六十五總能量。大腦的重要地位不言而喻。

人類的大腦約有一千億個神經細胞（又稱神經元）。神經元會發出分支狀突起，稱為軸突與樹突，負責把神經衝動傳導到神經纖維。軸突和樹突相遇會形成突觸，神經元會通過突觸來共享資訊。神經元傳遞的是一種電訊號，快的時候一秒可達一百公尺，把需要的訊號正確傳遞到人體各處。接收到電訊號的神經元，透過突觸送出化學性神經傳導物質，再依據電訊號分泌出的化學物質進行溝通。神經傳導物質包括我們常聽到的多巴胺、內啡肽和血清素……種類超過一百種。

「腦變大」和「解剖學上的變化」，意謂著神經元之間的連結變多。一個神經元具有少則一千、多則一萬個神經纖維。深入學習和提高訓練強度，都能使神經纖維之間的連結變密。假設你目前有每秒幾千位元組的數據傳遞水準，認真學習十年以上，就能讓你的大腦變成每秒能傳遞一兆位元組。這種解剖學上的變化就稱為「大腦可塑性」。

整理上述內容，我們努力學習就能改變大腦，變化後的大腦更有助於學習。在特定領域中，「努力」能使大腦超越限制、變得更好，而大腦可塑性會持續直到死亡為止。結論是，學習必須用到大腦，人類受限於此，想成長到死就必須創造。大腦可塑性，是擁有成長型思維的最確切物理證據。光是接受這個科學事實，你就已掙脫固定思維，獲得了成長型思維的強大力量。絕對不要忘記，人類的大腦到死之前都有機會變化、成長。

大腦的驚人之處，不光是可塑性。紐約市立大學物理系教授加來道雄表示，大腦是人類目前所知物質中最複雜的。來看看他怎麼說：

「為理解大腦，先用『可儲存情報量』估計大腦複雜程度。在情報量方面，人體內能與雙腦競爭的只有DNA。人體基因內大概有三十億個鹼基。各鹼基都包含核酸A、T、G和C。因此，DNA內能儲存的總情報量是$4^{30\text{億}}$。然而，雙腦由一千億個神經元構成。由於每個神經元處於活性或非活性狀態，雙腦初始狀態大約是$2^{1\text{千億}}$分支。加上，雖然DNA的情報是固定的，可是，雙腦的情報數百分之一秒就會改變。即便是非常簡單的思考，神經元也會經歷數百個階段的活性化。因此，雙腦儲存的情報量約為$2^{1\text{千億}}$的100次方以上。然而，雙腦不分晝夜的進行運算，通常來說，神經元經過N階段的活性化，總情報量是$2^{1千億}$的N次方，是一個超乎想像的龐大數值。簡言之，DNA的儲存情報量和雙腦儲存的情報量根本沒得比。這比太陽系能儲存的情報量更多，說不定也多過全銀河系的情報量。」

大腦處理資訊的方法與眾不同，是採取平行處理，而非序列處理。一般電腦按順序排列處理資訊的方式就是序列處理，但採平行處理的大腦能同步處理整體資訊。比如說，視網膜一次傳達一百萬個訊號給大腦，大腦在處理訊號的同時，還要整合大腦不同部位的分析。要是像電腦一樣採序列處理，就得等一百萬個訊號按順序處理好，光是處理一個畫面可能就得花上一整天。

當然，電腦能處理許多人類處理不了的事情。最近因人工智慧圍棋軟體AlphaGo的登場，許多人感受到人工智慧的威脅。可是不要忘記，創造電腦和人工智慧的正是人類。電腦不會自己創造電腦，人工智慧不會自己創造人工智慧。

科學家努力想讓電腦模擬人腦運作。二〇一二年，世界最快的超級電腦藍色基因」每秒能完成二十點一千兆次浮點運算。不過，它占地約兩百八十平方公尺，和大腦體積千差萬別。耗電量也高達七點九兆瓦，約莫一座小城市所需電力。它能模擬人腦到什麼程度呢？很遺憾，只能模擬大腦皮質和視丘之間的相互作用。根據推測，真要讓超級電腦完全模擬人腦，大概需要一間綜合大學一樣大小、好幾間發電廠的電力。而人腦需要多少電力呢？只需要二十瓦電力就綽綽有餘，是超級電腦不可相提並論的高效率裝置。

這一章的題目是「信心」，你必須對自己的大腦有信心，只要努力，大腦隨時都準備好報答你。假若你全力以赴，大腦不會背叛你的信任，你做好成長準備了嗎？大腦永遠是你的最佳好友。

第二章

不了解自己，就別談學習

「認識你自己。」

—— 德爾菲神殿 ——

自知之明對學習的重要

二〇〇八年炎夏，美國發生了一樁奇案。有三名男子叫外賣點了許多食物，但他們只在乎錢和吃，外賣一送到，便舉槍搶走食物和金錢，直接放走了外送員。他們靠叫外賣填飽肚子，每次都會換電話號碼和地址，重複犯案。

警方接到報案，調查後查出了這三個外賣強盜下次犯案的電話號碼。一家中國餐廳正巧接到該號碼的大量訂單，於是警方偽裝成外送員，前往強盜的地址。負責當時辦案的警員大衛．加爾曼在採訪中表示：

「我提著食物去問他們：『是不是點了外賣？』對方說：『是啊。』我在想那些人會不會付錢。如果我就這樣退出來，那將會變成我這輩子做過最蠢的事。但如果他們給了我四十塊美金怎麼辦？我連這些外賣要多少錢都不清楚。

「但是，開門的那個強盜稍微後退，其他兩個人一面走向我，一面用連帽T恤遮掩面貌。那時候，我知道好戲開始了。第一個強盜從口袋掏槍，指住我的腦袋說：『把你帶來的東西全部交出來，臭小子，不聽話就殺了你。』我從食物袋中向他們開了四槍。」

在這次的逮捕計畫中，警方成功抓住這群持槍強盜。不過，警方是怎麼查到他們的電話號碼呢？雖然強盜們自認行事謹慎，每次都更換電話號碼，但他們用兩支相同的手機

（不同號碼）輪流叫外賣，叫外賣的地點也只有兩個地方。他們自認為聰明機智，卻渾然不知自己的行為有多愚蠢。換句話說，缺乏自知之明。

持槍強盜們自以為展示了出色的幽默感。通常有沒有幽默感，旁人一看就知道。幽默的標準往往是自由心證，沒有準確的數據。有時候，我會有股衝動，想替一些渾身沒有半點幽默細胞卻自認風趣的朋友，進行幽默測試。實際上，一九九九年，康乃爾大學的賈斯汀．克魯格與大衛．鄧寧教授，就寫出了論文，研究出客觀測試幽默感的方法。

克魯格和鄧寧挑選了三十位喜劇作家撰寫的有趣故事，請求喜劇演員們給予評分。喜劇演員們的評分非常相近；顯然，這些富有幽默感的專家看有趣故事的眼光大同小異。接著，兩位教授請康乃爾大學的學生們幫這些故事打分數，並且假定，評分越接近喜劇演員的學生越幽默。結果顯示，假定具有高幽默感的學生的評分，和搞笑藝人有百分之七十八相似，但幽默感處於後面四分之一的學生，有百分之五十六把無趣的故事評為很有趣，和喜劇演員們的評價背道而馳。

真正有趣的在後頭。克魯格和鄧寧要學生們評估自己的幽默感，結果印證了達爾文的名言：「無知比知識更容易招致自信。」沒幽默感的人，就像欠缺自知之明的那三名持槍強盜，容易誇大評價自己的幽默感，這就是所謂的後設認知（metacognition）不足。

後設認知影響學習成效

一九七六年美國發展心理學家約翰・弗拉維爾，創造「後設認知」這個詞彙。後設的原文meta源自希臘語，意思是英文的about（關於），就是個人對於自我認知歷程的掌控能力。換言之，是清楚「我知道什麼、不知道什麼、我的行動會引起什麼後果的能力」，也有人稱為形上認知或超越認知。問題是，後設認知無法改變一個人的幽默程度，卻對學習有極大的作用。

資優生和平凡學生哪裡不一樣？大多數人會說他們的頭腦天生不一樣，平凡學生的IQ或記憶力跟優等生無法相提並論。韓國EBS電台的製作團隊，曾以大學修能考試居前百分之零點一的高中生為對象，進行「學業成就與記憶力的關聯」計畫。

製作團隊把學生分成兩組，一組是成績居前百分之零點一的學生，另一組是一般學生，同時進行記憶力測試。製作團隊提供二十五個無關聯的單字，要學生每三秒聽一個單字，背下來，然後在三分鐘內默寫出所有單字。

結果出乎意料。成績居前百分之零點一的學生和一般學生出入不大，平均能記住八個單字。甚至，有一個自信滿滿、認為自己記憶超群，成績居前百分之零點一的女學生，在這次測試中卻沒有突出表現。

儘管兩組學生的默背水準相近，但他們對於自己能寫出幾個單字的信心程度，出現了明顯的差異。一般學生都無法準確估計自己默背的單字數量，而成績居前百分之零點一的學生中，除了一名學生外，其他都能準確回答自己默背了幾個單字。對此，韓國亞洲大學心理學家金經一教授表示：「兩組的差異不在於記憶力，而在於對自己了解的深淺程度，也就是自覺。」

換句話說，成績居前百分之零點一的學生，和一般學生的後設認知存在了差異。參加這次測試的成績居前百分之零點一的學生們，在訪談中表示，努力卻得不到好成績，只是自己錯誤的想法，客觀來看，不過是單純在解題罷了，他們真正領悟到後設認知的重要性。

某名學生的中學成績不好不壞，但他自認非常用功念書，事到如今，「客觀來看」其實沒有想像中那麼認真學習。這種**能客觀看待自己的能力，就是「後設認知」**。經過這次的測試，這名學生領悟到後設認知的重要性，高一修能模擬考拿下全國第一的好成績。許多研究揭露：「後設認知高的學生，不僅學業成就高，實際上比別人更努力念書。」

後設認知能力高，就是清楚自己懂什麼、不懂什麼，能擬定將自己優點放大、缺點縮小的學習策略，也就是能夠自己創造「學習法」。我過去在紀錄片中介紹過幾個成績居前百分之零點一的好學生，我會把他們的學習法集結於這本書中。儘管這些好學生自認學習法是自創的，其實都是許多人透過各種研究創出已行之有年的高效學習法。

好學生的活用補習策略非常有意思。根據問卷調查，百分之六十點八的好學生會補習。一般學生補習的比率是百分之七十二，可見，好學生依賴補習的程度比較低。另一件重要的事是，好學生並不把補習當成習慣，而是從補習獲得幫助，以彌補自己的不足。也就是說，好學生彌補缺點的方式是採取補習策略。他們會優先確保自己有足夠的學習時間，若無必要，不會去補習。

基本上，高中生補習等於縮短個人的學習時間。聽補習名師講課，就算遇到稍有難度的問題，老師也會馬上幫忙解決，這會讓學生陷入錯覺，以為自己懂很多。但是，只有自己主動吸收來的知識才能真正內化。接受調查的好學生們便表示，無論如何，每天一定會保留三小時的個人學習時間。

申博士在替成績落後的學生諮商的過程中，發現他們和好學生的情況恰恰相反——上了補習班，成績依然沒進步。申博士問他們為什麼繼續補習，結果得到意外的答案：因為不安。他們補習的目的是求心安，而非學習。補習班給了學生們錯覺，貌似在學習，但實際沒有收穫，考試結果當然可想而知。因此，學生之間明顯的成績差異，就是源自於後設認知的差異。

說到這裡，讓我們更進一步了解什麼是後設認知吧。

後設記憶能力

後設認知可分為後設記憶（metamemory）和後設理解（metacomprehension）。後設記憶是對自我記憶的認知過程。前述對成績居前百分之零點一學生的測試，就是在測試後設記憶能力，而他們也展示了出色的後設記憶能力。根據研究，包括大學生在內，絕大多數的人會高估自身的記憶力。

鄧寧教授的研究團隊，要求大二生預測自己的心理學考試分數。結果顯示，考試分數越低的學生，越不清楚自己懂什麼或不懂什麼。

很多情況下，後設記憶越低，越難擬定有效提升記憶力的策略，或是處於狀況外。湯姆斯．納爾遜教授帶領的研究團隊，曾深入了解學生們如何安排時間以增進記憶力。他們發現，學生傾向投入大量時間在很難記住的科目上。學生通常會覺得，當自己有充足的學習時間，與其花在簡單的內容上，不如投入困難的科目上，那才是明智的策略。

湯姆斯．納爾遜的實驗，是一項測試學生後設記憶的實驗。結果顯示，學習難度與時間長度的相關性不到正零點三。相關性零表示學習難度與時間多寡無關，相關性一點零是完全正相關。所以正零點三是低相關性，學生們雖然按難度調整學習時間，整體看來，卻是成效不彰。

正在閱讀這本書的你，有沒有屬於自己的記憶策略呢？學習成效不彰的學生，不僅沒有記憶策略，還多半使用了錯誤策略。比如說，誤以為高聲朗讀比起反覆背誦或小聲朗讀有更好的記憶效果；字體大比字體小更能幫助記憶。但一切都與實情顛倒。一般人愛用的反覆背誦是沒效率的記憶策略，這一點會在第三章仔細說明。聲音大小、字體大小，其實也跟記憶力風馬牛不相及。

後設理解能力

你是否澈底了解前面談的後設記憶了呢？你知道現在要進入另一個主題「後設理解」嗎？你知道接下來還得閱讀多少字嗎？這幾個問題全都關乎後設理解。

後設理解，是指個人的語言理解能力。一個人能理解閱讀內容，但回答跟內容相關的問題時卻答錯，就表示他後設理解低。令人惋惜的是，眾多的認知心理學研究證實，多數大學生的後設理解均不足。

普雷斯利研究團隊，曾針對修心理學概論的大學生，進行SAT閱讀理解測驗，他們提供三篇短文，請大學生閱讀後再針對短文內容提問。作答不需要特別的記憶力，學生對內容的理解程度才是測驗的關鍵。

測驗內容中有五題是非題，解題後再請學生回答認為自己解題的正確度，如果學生很確定自己的答案，就回答確信百分之百；如果是隨便作答，就回答百分之二十；如果相信自己答對一半，就回答百分之五十。

百分之七十三答對問題的學生，確信自己答案正確。而在答錯問題的學生中，對自己答案的確信率未達百分之六十四，他們高估了自己的閱讀能力，顯示後設理解明顯不足。

後設理解和閱讀能力的關係密不可分。瑪琪（Marki）研究團隊研究結果顯示，後設理解和閱讀能力的關係為正零點四三，會出現這樣的結果並不意外。澈底建立閱讀理解策略，才能充分掌握自己的閱讀能力。

以下是關於後設理解的提問，希望讀者能誠實作答。如果回答「否」，請好好針對否定部分設定實踐計畫。

- 閱讀時，遇到無法理解或注意力分散、看不下去的部分，會重新仔細閱讀嗎？
- 看完一篇短文後，會用自己的話精簡重點嗎？
- 複習課文的時候，必看重點整理的文字及練習題嗎？
- 會試著連結書中出現的想法嗎？
- 當書中出現不懂的用語時，會查字典或搜尋網路澈底搞懂嗎？
- 準備考試的時候，會投注較多時間在覺得困難的部分嗎？

• 會評估手邊的資料是否有必要閱讀，並且好好的分類整理嗎？

提升後設認知的3種方法

在韓國EBS電視台製作的紀錄片《學習的捷徑》中，製作單位將一百張無一定順序的卡片，交給三十七個中學二年級生，進行短時間的記憶測試。結果顯示，在一百張卡片中，學生們平均能記住二十三點九二張。之後，製作單位也對八位史丹福大學和首爾大學的學生，進行相同測試。這些名校生記住多少張卡片呢？平均是四十六點二十五張。

中學生和名校生採取的是截然不同的記憶策略。大部分中學生只是死記硬背，而名校生很清楚，在短時間內要記住一百張卡片並不簡單，於是他們制訂策略，把卡片分門別類後再記憶。這就是後設認知的差異。

假使讓中學生效法名校生，分門別類後再記憶，結果會變成怎樣呢？製作單位告訴中學生，這一百張卡片可以分為十類，還提供分類答案紙給他們。結果相當驚人。中學生平均記住了四十點六十二張卡片，是之前的兩倍，也追近了名校生的紀錄。

「分類後似乎變好記了。」在事後訪談中，學生們這麼說。

韓國成均館大學心理學系的李正模教授表示：

「會分類的人，會按類別來組織卡片再記憶，所以需要記住的類別數和個數就減少了。」

對所有的生物來說，分類，也就是編目，發揮著很重要的作用。加州大學認知語言學教授喬治．雷可夫與俄勒岡大學哲學教授馬克．詹森說：「所有生物都必須有編目的能力，哪怕是阿米巴原蟲，也懂得將會吃掉或不會吃掉自己的生物、該靠近或該遠離的生物，予以分類。這適用於動物界所有層級。動物一律會把食物、掠奪者、可能的伙伴和同類都分類好。」

這種透過感覺的編目稱為「分類感知」。越高等的動物，能分類的範圍越大。而人類還有超越「分類感知」去進行「概念分類」的能力。如果你硬要記住每一種花的名字，當然就沒心力關注每一種樹的名字，更沒時間認識其他自然現象、進行社會互動，以及了解剩下的無數存在。懂得分類才能有效率的認識這個世界。此外，研究顯示，隨著教育水準不同，概念分類的能力也會不同。

總歸而言，**分類化學習是有效的學習法**。而要靈活運用分類學習法，就得不斷的練習。

前述在紀錄片中的中學學生，在親身體驗過分類學習法的效率之後，有何變化呢？測試後兩個月，製作組向四百多名該校中學二年級生做了問卷調查，主題是：「我在學習的時候會用自己的方法嗎？」回答「會」的學生，占了百分之二十二點九一，回答「有時會、有時不會」的學生，占了百分之六十一點三三，回答「不會」的學生，占了百分之十五點七六。平均而言，十名學生中只有兩名確實擁有自己的學習法。

不過，在二年級十三個班級中，有一個班的學生超過一半以上回答「是」，他們正是先前的測試者。班導這樣說：「學生們表示，不管是預想成績或是目標成績，都比一年級的成績好很多，也變得更有自信。我實際對照他們的成績單，的確有很多學生都拿到好成績。」

要如何提升後設認知呢?方法大致分為三種：

一、**學會能提升後設認知的學習策略**。有很多人完全不認識科學式學習策略，死抱著錯誤的舊觀念，例如：遺傳決定學習、拚命學習就會讓成績變好、一直重複是最棒的學習策略。許多學者表示，就算只認識科學式學習法，也能提高後設認知。也就是說，光讀這本書就有助你提高後設認知水準。

二、**對於是否掌握自己實際能力的客觀回饋**。一定要解練習題，或是歸納出重點，或是透過教導別人來確定自己學到什麼。

三、**理解人類的認知過程**。所謂後設認知就是認知自我的能力，因此，如果明白了人類如何認知這個世界，就能提高後設認知。

本書的前半部會談第一種方法，第二種方法得靠你親身實踐，第三種方法接下來會簡單介紹。當然，由於學習行為本身就是一種認知活動，這本書大半的內容都在談如何實現，不過，接下來的部分會協助各位奠定認知過程的基礎，特別是如果能認清自己的能力極限，不僅有助提高對學習法的理解，也能制定出更上一層樓的學習策略。

快思慢想，就是後設認知

二〇〇二年，丹尼爾．康納曼教授獲得諾貝爾經濟學獎。一位大學教授拿到諾貝爾獎，雖然不是多麼值得驚訝的事，但這真的是令人跌破眼鏡的大事件，因為康納曼不是經濟學教授，而是心理學教授。

康納曼將心理學和經濟學完美結合，是公認數一數二有智慧的行為經濟學創始者。不過，這並非他一人的功勞，若他沒認識小他三歲的阿莫斯．特維斯基，說不定行為經濟學會延後問世。

一九七九年，康納曼和特維斯基共同發表了行為經濟學的最初理論，得到學界的矚目。康納曼是產出高品質論文的典型學者，未曾出書。當他後來獲得諾貝爾獎，各路邀約紛沓而至，他才順應大眾期待，願意出書。他的著作正是《快思慢想》，而這個書名說白了就是後設認知。

康納曼在書中提到人類的思維模式分成兩種：

系統一：利用感知和記憶，在短時間內評估情況、潛意識、直覺式、瞬間。

系統二：有意識的分析和推理的緩慢過程，負責選擇和自我統御行為。

系統一就是快思，系統二則是慢想。為了方便讀者理解，以下分別簡介幾個例子：

系統一「快思」：

- 能感知到距離較遠的某項事物。
- 容易被突發的聲音分散注意力。
- 完成沒寫完的句子。
- 看到可怕的照片會露出嫌惡的表情。
- 從對方的聲音能感知敵對的情緒。
- 在空曠的道路開車。
- （如果是西洋象棋高手）會在棋局上尋找致命殺招。

以上例子顯示，系統一的特性是反射的、即時的，僅需花費極少心力。就像我們不用思考就能算出二乘二等於四般，或者注意力不可避免的會被別人發出的意外怪聲吸引。所以**快思就是自動自發的思考模式**。

系統二「慢想」：

- 比賽中等待出發訊號。
- 在吵雜的房間中專注聆聽特定的聲音。
- 會計算文件中有幾個 a（標示、重點等）。
- 把自己的電話號碼告訴別人。
- 全面比較兩台洗衣機的價值。
- 確認複雜的邏輯主張是否合理。
- 計算十七乘以二十四（需要加以計算的複雜數目）。

以上的例子都需要集中注意力。可是，人類的注意力有一定的限制，超出注意力範圍就容易招致失敗。舉例來說，我們很難一面在複雜的街上左轉，還一面計算十七乘以二十四。這是因為系統二運作時會耗費較多心力，而需要費心力的活動會互相干擾，所以我們很難同時做兩件事。

真正的問題是，我們通常認為自己是合理且理性的，面臨選擇時，認為我們的大腦更常選擇運作系統二（慢想）而非系統一（快思）；康納曼卻發現，系統一比系統二更具影響力，系統一隱約操縱我們做出的無數選擇和判斷。因此，我們偶爾會不自覺的陷入各種錯覺和謬誤。不過，假如我們能覺察「認知邊界」，就能用系統二來彌補系統一經常引起的錯誤。

就像我們自認幽默，或是覺得反覆閱讀兩三次考試內容，就能通盤理解一樣。如果我們清楚知道，自己的系統一限制在哪，實際上我們接受幽默感測試，或者嘗試解練習題，抑或是精簡練習題重點，就能運用系統二幫助我們克服自身認知邊界，也就是透過後設認知產生學習策略。

了解自己的認知邊界

要提升認知能力，必須先了解什麼是認知邊界。以下會說明幾種常見的邊界。如果你能自我察覺，而非透過別人，那麼當你讀完這本書，就能打造出增強後設認知又適合自己的學習策略：

一、**記憶謬誤**：誤會自己的記憶水準。給你任意十五個數字，你能按順序背出幾個？有超過百分之四十的人回答十個以上，但實際上，只有百分之一的人能背出十個以上。根據研究，DNA檢查顯示，約有百分之七十刑事案的誤判，是出自於目擊者錯誤的證言。

二、**素樸實在論**：天真的相信自己看透世事。研究結果指出，超市、飯店和餐廳的女洗手間的第一間，利用率不超過百分之五。因為很多人認為，比起第二間、第三間，第一間的使用者更多。事實上，第一間洗手間最少人使用。

三、**事後分析偏誤**：事前一無所知，等到事情發生後才說：「我就知道會這樣。」當社會上有重大事故或災難發生，就會跑出很多這種事後諸葛。

四、**計畫謬誤**：高估自身的執行力。這個還需要解釋嗎？想想看，你曾經設定的計畫，究竟有多少實踐了？

五、**情感預測謬誤**：錯估自己未來的情感。有很多人認為考上名校或中樂透，就能一輩子幸福快樂。但其實人類的適應力超乎預期，幸福感難以維持長久。相對地，縱使你再悲傷，時間往往是最好的解藥，考試考砸了並不會天崩地裂。

六、**優於常人效應**：相信自己任何科目的表現都在平均之上。大多數人都認為自己優於常人……這到底是哪來的平均？

七、確認偏差：只專注於對自己有利的證據。有項研究依據九十一起認知分析案例結果指出，選擇支持自身論點的資訊機率，是選擇指出自身論點有誤的資訊的兩倍。人們只看自己想看的，這會導致我們越來越難解決問題。

八、可得性偏誤：高估自我的貢獻。推動團隊項目時，大部分的人容易高估自身貢獻。如果你被可得性偏誤淹沒，就無法維持優秀的團隊工作。

九、權威者偏向：容易因權威者的話而改變自己的想法。有一部紀錄片曾拍攝，教育專家去找一些堅持自我哲學、不讓孩子接受補習的父母諮商，強烈灌輸他們補習的必要性。那些內容全是謊話，但大部分的父母卻開始動搖，不乏有人改弦易轍，要把孩子送去補習。權威者並非永遠是對的，這種事屢見不鮮。

申博士的見解

實戰之前，先練習

大學時，我一直很好奇上班工作的實際內容為何，直到進入職場我才後悔莫及。若是早點知道真實情況，我就不會用以前那種方式學習了。

現在如果有人問我上班都在做什麼，我會簡單回答：「解決問題。」問題這個詞通常帶有負面意味，不過公司內的問題另當別論。它們包含諸多面向，而節約費用被視為代表性的問題之一。公司無時無刻不要求員工節流，站在資方立場，不論何時，得投入大筆金錢的事，永遠都會列為大問題，無一例外。

假設我們在餅乾工廠上班。製作餅乾的最後一道程序，是用噴槍將糖粉撒到餅乾上，沒附著到餅乾上的糖粉會自然散落。我們雖然可以直接丟掉散落的糖粉，但公司會更想將它們蒐集起來回收利用，以節省經費。也許我們一開始就不該用噴撒糖粉的方法，而是要改造設備，把餅乾放入糖粉再取出。這樣確實比噴撒省錢，但會招致另一個問題：糖粉有可能沾得不均勻。所以，只把目光聚焦在如何節省經費或撒糖粉，都是不對的。我們在公司要做的，就是學著從多元的觀點出發，解決沒完沒了的問題（如果升了職，非但要解決問題，有時也得找出問題）。

要解決問題就必須做實驗，而實驗必然產生費用。再者，實驗並不是一定可行的。為了讓費用最少或是評估實驗的可能性，就需要假想實驗；我們要解的不是實際存在的問題，而是想像出來的練習題。

許多教科書的章節，最後一定都附有練習題。練習題和考古題左右了我的大學成績。考卷上常常會出現一模一樣的題目，或是稍微改變一下而已，所以考前猛做練習，就一定拿得到高分。

回顧大學時光，覺得當時的學習方式真像傻瓜。我不是在確認自己是否融會貫通，只是死記硬背罷了。一開始我也試過親自答題，但一卡關就馬上看答案，結果誤以為是靠自己解題。

做練習是確認自己是否真的了解課程內容的最佳方式。當你檢查視力，照實說出你看到了什麼，才能驗出準確的度數。同理，多解練習題來拓寬思路，才能確保自己融會貫通。重要的不是找出答案，而是確認自己的理解程度。我拿到高分就洋洋得意，其實比較像把整個視力表背下來而拿到二點零的視力結果。明明什麼都看不到（什麼都搞不懂），還自以為視力（實力）很好，真是傻啊。

正確的學習法，是藉由多解練習題來確認學習水準，找出不足的地方加強，直到完全消化內容。可是，很多學生會直接參考解答，或是把練習題束之高閣，在大學就累積職場專業知識的人少之又少。基於許多公司問題無解，與其找出正確答案，很多時候把最適當的答案視為正確答案，依此觀點，正確答案是其次，無須執著是否正確解開練習題（遺憾的是，我還是學生的時候，也覺得找不出正確答案就毫無意義）。

假若把公司比喻成拳擊實戰，那麼解教科書練習題就是練習賽，拳擊選手豈有不打練習賽就上場實戰之理？

所以，請讀者試著解練習題吧。解題一來可以累積知識，二來能培養解決問題的能力。這個道理不只適用於學生。就算看書不是為了有趣，而是為了累積知識，也要做一些練習。一定會有人反問：「哪有什麼練習題？」寫讀書心得、與不同的人討論，就是在親自創造與解決問題。我在前面提過，終有一日，我們會從解決問題變成尋找問題的角色。批判性思考會讓人主動讀書，早一日熟悉升職後的業務內容不是很好嗎？任何時候讀書都不遲，請大家一起好好學習吧。

專家的盲點，知識的詛咒

推薦讀者玩個遊戲。請試著用桌子打出下列歌曲的節拍，不要唱出來，讓朋友猜猜看是哪首歌。

- 春神來了
- 驪歌
- 歡樂頌
- 生日快樂
- 江南style

你覺得朋友能猜中幾首？一九九〇年，史丹佛大學的博士生伊莉莎白．紐頓做過類似的實驗。她把參加者分為兩組，一組聽歌打節拍，一組聽前面那組的節拍猜歌名。參加者共聽了約一百二十首美國人耳熟能詳的歌曲的節拍，結果顯示，能猜對的歌曲數目平均不超過三首，而且不是一聽到就立刻猜出，幾乎都是誤打誤撞猜中的。不過，這個實驗的真正亮點是，打節拍的人預測聽節拍的人能猜中幾首歌：準確率高達百分之五十。

親自下場玩，就會明白為什麼會出現這種現象。我二十幾歲時和朋友玩過這個遊戲，真的很神奇，打節拍的人聽著節拍，腦海自然會浮現歌曲旋律，可是，聽節拍的人不知道旋律、歌詞，只聽見噠噠聲，聽到的自然不是歌曲，更像是摩斯密碼。

這時候，打節拍的人中了「知識的詛咒」——不知道對方不知道我已知的事情。後設認知跟自身知識有關，而知識的詛咒則跟他人知識有關。大多數的人以自我為中心，而非以他人為中心來思考，因此常常不夠了解自己，也不夠了解別人，經常忘了對方是與我不同的個體。

專業人士經常有知識的詛咒，尤其是教授和老師。他們教學時，忘了學生不懂這些事，無法體會學生的感受，造成學生上課總是興趣缺缺、鴨子聽雷。儘管大多數的教師修過教育學，這種情況寥寥無幾，但大學教授發生知識的詛咒不在少數。一般誤以為得先了解才能教學，其實很懂和很會教完全是兩碼子事。加上不夠了解對方，教學相長的落差便產生了。我在大學曾多次感受「後設認知不足」碰上「知識的詛咒」。當然，我不是因為這件事才離開大學，但我時常想：

「我來大學是為了這樣嗎？真夠慚愧的。」

知識的詛咒不只發生在教育界，也頻繁發生在企業之中、朋友之間。我偶爾也會陷入知識的詛咒，但不經一事、不長一智，事後我會努力想克服它。以下是我的親身經驗。

十年前的某一天，我和一位朋友聊了好一陣子棒球，朋友怔怔地發呆，顯得很奇怪，我一面想著：「這傢伙累了嗎？」一面繼續說我的。然後朋友突然問我：

「什麼是盜壘？」

我瞬間呆住。

「不會吧，你是真的不知道才問？」

「嗯，是真的不知道才問。」

「會不會太扯？男人怎麼會不知道什麼是盜壘？」

朋友的臉頰微微變紅，心情頓時變差，接著就回家了。我慌張的看著朋友的空位，不禁認真思考，盜壘對我來說是再普通不過的棒球基本用語，從沒想到會有成年男子不知道什麼是盜壘。再者，那個朋友懂的事情其實很多，是我身邊擁有動植物知識最淵博的朋友。

「會不會我不知道的某種動物或植物，對那個朋友來說，是最基本的常識呢？」

我中了知識的詛咒，縱使平常對那個朋友的能力有很高的評價，可是，當我陷入知識的詛咒的瞬間，竟然瞧不起他。我後來醒悟了，為此相當自責。

想擺脫知識的詛咒，換位思考是最基本的。現在我了解到，偶爾我發出的訊息，對對方來說有可能只是發出噠噠聲的摩斯密碼，我應該哼出使對方理解的歌曲旋律，方能使知識的詛咒消失，溝通交流更順暢。

那天之後，我變了。和那位朋友聊到運動話題時，開始留意自己說出的一字一句，會特地解釋專業用語，或是更具體的描述情況。能為朋友哼唱旋律，真的是一件非常棒的事。

至今，我們仍是最好的朋友。

第三章

如何有效增強記憶

「學然後知不足，教然後知困。」

——《禮記》——

一年從平凡人變身記憶天才

自由記者喬許·佛爾，曾參觀二〇〇五年聯合愛迪生公司舉辦的美國記憶錦標賽。那是選拔全世界最強記憶者的比賽，當時進行了五項賽事：

一、默記後背出五十行未發表的詩。
二、十五分鐘內默記後背出九十張寫有姓名的人物照。
三、十五分鐘內默記後背出隨機選出的三百個詞彙。
四、五分鐘內默記後背出千位數的亂數數字。
五、五分鐘內依序背出一副混在一起的五十四張撲克牌。

全世界記憶力最強的三十六個人參加了錦標賽，其中有兩位世界記憶大師。有一位世界記憶大師花一小時，背下了千位數的亂數數字與記下十副混合的撲克牌，並且在兩分鐘內背完其他的撲克牌，令人驚嘆。喬許採訪了來自英國的參賽者，也是記憶大師的艾利克·庫克。

「您從何時起知道自己是天才呢？」

「天才嗎？我不是天才。我的記憶力很平凡，跟在場所有人一樣。不過，大家必須知道，只要讓腦力澈底發揮，就算平凡的記憶力也能有了不起的發揮。」

喬許認為艾利克只是謙虛。儘管如此，他卻突然想起前一年的記憶冠軍——本·普利德摩爾接受報社採訪的談話：

「關鍵在於理解驅動記憶力的技巧，人人都辦得到。」

本·普利德摩爾展示的能力，並不是誰都辦得到。他在一小時內記下了一千五百二十八個隨機數字，任何詩作都易如反掌的背下，三十二秒內記住一副混合的撲克牌的順序，五分鐘內按日期記下九十六起歷史事件，還一口氣背出五萬位數的圓周率。

誰會相信他說的人人都辦得到？但這句話就是莫名的在喬許的腦海中久久揮之不去。另外，其中一位參加過二〇〇五年錦標賽的記憶大師也表示：「一般人只要好好理解記憶力，掌握良好的學習法，認真投入學習，都能成為記憶天才。」

於是，喬許決心一試，驗證這句話的真假。他以參加二〇〇六年全美記憶力錦標賽為目標，花了一年時間學習記憶技巧。究竟平凡的他，有沒有培養出飛躍性的記憶力呢？請看二〇〇六年全美錦標賽冠軍的名字是：

「喬許·佛爾！」

記憶如何在大腦中運作？

人人都能提升記憶力，學習記憶法的目的其實不是為了參加比賽，而是為了牢記學習和工作的內容。首先，我們想問的是：

「究竟記憶是什麼呢？」

看看癲癇患者亨利．古斯塔夫．莫萊森的案例，它是神經科學發展史上的一大躍進，因為大大增進了人類對記憶的理解。亨利在九歲的時候因為騎單車撞傷頭，罹患間歇性癲癇。後來他在二十五歲接受大腦手術，去除了一部分的海馬迴，癲癇症狀大幅好轉，但手術後也發生了奇怪的事。十幾分鐘前才打過招呼的人，亨利轉身就忘了，下次見到對方彷彿是初次見面般。

亨利的記憶持續不到幾分鐘，也就是說，無法形成新的記憶。更有趣的是，亨利的長期記憶絲毫無損，他記得二十五歲前經歷的每一件事。如果一個人像亨利這樣，從某個瞬間就無法形成新的記憶，到底會發生什麼事呢？

亨利以八十二歲高齡與世長辭，我們來看看他人生最後一年的早晨生活。他一早起床，辛苦的拖著年邁的身軀走到洗手間，身體狀況明顯欠佳。他看著洗手間鏡內的自己，嚇了一跳。左顧右盼後，他又望向鏡中蒼老的臉孔，難以置信。他的記憶停在二十五歲，以為自己應該有二十五歲健康青年的臉。然而，鏡中人有著一張八十歲老人的滿臉皺紋的臉。亨利慌張起來，手足無措。

更驚人的是，當時間過去一陣後，他連自己受驚慌張的事都不會記得。起床照鏡受到衝擊，是亨利每天早晨必經之事，如此重複了超過五十年。

相較於過往，腦科學已準確揭露了記憶的儲存和重現過程。人類大腦腦幹會透過視像回傳自己看到、感受到的感知情報，經由顳葉皮質處理這些回傳的感知情報，再經過海馬迴的分類作業，最後傳送至短期記憶儲存。亨利無法形成長期記憶，正是因為那一次的海馬迴摘除手術。

比如說，新詞彙相關情報，會被送到負責管理新詞彙情報的側顳葉；視覺和色相記憶情報，會被送到負責管理視覺和色相記憶的後顳葉；觸覺情報和行動情報，會被送到負責管理觸覺和行動情報的頂葉；情緒記憶情報，會被傳送到負責管理情緒記憶情報的杏仁核。腦科學家發現，人類左右腦約可分成二十個區域，分別儲存數字、色相、表情、動植物、情緒和聲音等。

在已經習慣使用電腦的人看來，大腦的運作方式近似於電腦，但其實兩者的運作機制大相逕庭，特別是記憶方式。電腦不會分離需要記憶的訊息。舉例來說，假如有一段影片，電腦不會將這段影片的訊息一一拆解儲存，而會直接存成一個檔案。如果是人腦，則會將影像的畫面、聲音、氣氛和字幕一一拆解，從海馬迴傳送到不同的大腦部位儲存。正因為大腦拆解儲存訊息的方式，比電腦的依序儲存能更有效處理龐大的資訊量，是以完美重現人類的記憶方式，是未來電腦的發展目標之一。

說到這裡，有件令人好奇的事。當我們回想大腦中被拆解的記憶時，為什麼宛若一段完整記憶呢？按理說，對於初戀情人的回憶，他的表情、他說過的話、和他一起度過的時間等，應該都被拆解了才對。最新研究指出，大腦電磁波每秒振動頻率約為四十次，記憶碎片會刺激儲存在其他部位的記憶碎片，創造相同的振動頻率，振動的電磁波又會不斷震動，召喚其他部位的記憶碎片，統合成一段完整的回憶。

此時，我們會了解到記憶的另一個令人驚奇的事實。訊息經神經傳導物質和電磁波訊號傳導，停留在短期記憶，而要形成長期記憶則涉及蛋白質。從大腦解剖學層面來看，長期記憶會伴隨大腦的變化（大腦可塑性），要記起一段長期記憶，就得重新組合分散於大腦各部位的記憶碎片。在組合這段記憶碎片的過程中，蛋白質分子會重新排列構造。而我們回想某段記憶這個行為，會讓記憶產生微妙變形。記憶是會移動的，而不是停滯不動的。我們越是努力回想起一段記憶，記憶會變形得越厲害。因為記憶的運作原理是這樣的，所以我們會感覺某些回憶特別清楚，而某些回憶會被扭曲。

腦科學對記憶的研究就聊到此為止。接下來，讓我們了解怎麼做才能增強記憶力。而第一件事便是我們常說的集中力，即「注意力」。

噪音與多工對記憶的負面影響

康乃狄克州紐哈芬市有一間小學位於鐵道旁，學校建築物只有一面是面向鐵道，所以唯獨那一面的教室會聽見火車經過的驚人聲響，其他教室不受影響。噪音會不會影響孩子的學習成績呢？為了了解這個問題，有兩位研究者將六年級學生分成兩組，檢視他們的學習水準，結果出現了很大差異。長期暴露在噪音環境的學生跟在安靜環境的學生相比，足足有一年的學習落差。

康乃狄克州紐哈芬市政府很重視此研究結果，隨即在學校旁設置防噪牆。後來，兩組學生的實力差距果然明顯變小了。起先，大多數人都想不到噪音會帶來如此大的影響，得知結果後，也大致明白其原因：噪音分散了孩子的注意力，妨礙學習。

「時鐘指針轉動聲有多大？」很多人可能都想過這個問題。平常充耳不聞的指針聲，在輾轉難眠的夜晚聽起來格外大聲。指針聲是突然變大的嗎？不是。指針一直有聲音，人耳也都聽得到，只是人下意識的忽略，不注意它就不會被刺激。而大腦會忽略指針轉動聲是有原因的：大腦無法承受所有訊息蜂擁而來，因此會進行注意力篩選。

大腦有兩個涉及注意力的部位，各司其職。其一是位於頂葉的「導向網路」，走在路上突然掉錢，睜大眼睛想找回錢的行為，會刺激導向網路開始運作。導向網路與人類的視覺探索有關。

人學習與工作所需要的注意力，不同於找錢的注意力。學習的時候則是頂葉的「執行網路」開始運作。讀者在看這本書的時候，就是靠注意力網路積極的汲取新訊息。

頂葉扮演大腦內決策管理者的角色，一般到二十多歲都會持續成長。人類幼年時的頂葉發展尚未成熟，無法集中注意力，所以，幼稚園老師每隔十到十五分鐘要給予不同的變化，才能維持孩子們的注意力。也因此我們不需要過度在意孩子們不專心，他們的大腦本來就尚未發育完全。

當然，注意力不只是大腦發育程度的差異，也涉及個體差異。有的人具有高度專注力，有的人注意力低落。注意力和閱讀能力有密切關係，也與記憶息息相關。注意力高的人，擅長學習是不爭的事實。

有趣的是，注意力雖然是記憶的一個開關，但注意力也會受到記憶的影響。

有一項叫雙耳分聽的實驗，讓測試者戴上特製耳機，兩耳同時聽到兩個訊息，結果發現，會有一邊耳朵注意力渙散，聽不清楚訊息內容。可是，當有一邊耳朵聽到自己的名字時，情況就變得不一樣了。人無論在何種噪音中，例如吵得聽不清別人說話內容的雞尾酒會上，都還是聽得見朋友喊自己的名字，這個現象就稱為「雞尾酒會效應」。

在雙耳分聽實驗中，如果是有著高度注意力的人，就算一邊耳朵聽到自己的名字，也不會分神；如果是注意力不足的人，則很可能會因自己的名字而分心。

研究顯示，工作記憶（短期記憶）容量大的學生，約有百分之二十會因自己的名字分心，工作記憶容量小的學生，在相同實驗中，則有百分之六十五會因自己的名字分心。因此，注意力與記憶是相互影響的。

想增強注意力就必須拓展工作記憶的容量。然而，工作記憶容量的多寡深受長期記憶影響，多學習才是培養注意力唯一的上上策。與其說培養注意力使得學習變好，應該說是持續的學習使注意力提高了。注意力是可以靠後天養成的。

最後，偶爾會聽到有人說自己擅長「多工處理」（多重任務），還有人說，全世界的男人一次只能做一件事，全世界的女人一次能做很多件事，但這些都不是事實。

如同前面提過的雙耳分聽實驗，人的注意力會分散，察覺不到訊息，是因為大腦判斷該訊息不重要。當你同時接收到兩個訊息，有可能無法完全理解其中一個訊息。也就是說，多工處理對注意力和記憶力有負面影響。雖然有些學生堅信自己很擅長在讀書時同時念好幾個科目，但實驗發現，同時念好幾個科目的學生，閱讀分數都很低。

如果你依然認為自己擅長多工處理，趁這次機會認清自己的能力吧。人腦無法同時專注在兩件事上。一心二用看似很有效，實則不然。你也許會說，有些事已經養成習慣，或者非常簡單，明明能夠並行啊。但那是因為它們並不要求注意力。走路可以聽歌沒問題，但要同時理解書本內容和音樂歌詞是辦不到的。

那麼，學習的時候不能聽音樂嗎？不是的。高作家寫作的時候經常會聽音樂，卻不聽有歌詞的音樂。那是因為，聽純音樂不會妨礙寫作的注意力，並且聽抒情的音樂會讓心情變好，消除厭煩和壓力。相對而言，聽有歌詞的音樂很容易妨礙注意力，尤其是有著好歌詞的好歌曲會更妨礙。

一心二用或多用是天方夜譚。請記得，**人一次只能專注在一件事上，多工任務不會帶來加倍的高效，而是加倍的低效。**

短期記憶已被工作記憶取代

我們經常會把短期記憶和工作記憶二者混用，其他的書也常如此。直接用短期記憶一詞不就得了，為什麼要用工作記憶這種超難記的用語呢？

心理學家很早之前就知道，人類擁有短期記憶的儲存機制，大部分研究都闡述過短期記憶的特色。不過要到了一九七〇年，英國心理學家艾倫．巴德利等人的繼續探索下，才發現傳統的短期記憶研究，並未命中核心問題：「短期記憶到底為何存在？」

艾倫的研究團隊進一步發現，短期記憶不僅維持著大腦裡各種訊息的關聯，同時也在「處理」那些訊息。換言之，工作記憶不只是單純的儲存訊息，也會主動處理訊息。

工作記憶這個名稱，看來像一種「儲存器」，其實更近似「工作檯」。在工作檯上，會把新訊息和名為長期記憶的材料，進行協調與組織。此外，這個工作檯還會加速材料的處理，因為如果材料一直滯留於工作檯，還能進行其他作業嗎？

學者專家反覆研究後，對短期記憶有更清楚的了解：即是一種為了作業的認知過程。後來的學者因此常使用意義更明確的「工作記憶」這個詞，而少用「短期記憶」。本書接下來也會用「工作記憶」替代「短期記憶」。

一九五五年，美國認知心理學家喬治・米勒發表了知名論文《神奇數字七加減二：情報處理能力的界線》，他透過各種測試發現，人能記住東西的項目，少則五個，多則九個，一旦超出範圍就會出現誤差。舉例來說，我們輕輕鬆鬆就能記住數字五九二七，但要馬上記住五九八四〇五二九四一就很難。有一段時期，認知心理學將工作記憶當成一個能處理五到九個情報材料的工作檯。

隨著認知心理學持續發展，目前已經知道人腦的工作檯不是只有一個，能放上工作檯的材料項目，更不只有七個（七個數字或七種顏色等）。工作記憶的認知體系意外的複雜，若我們能通盤理解，不僅能提升工作檯的作業品質，也有助提升產出量。

靈活運用4種工作記憶檯

巴德利研究團隊為了確認喬治・米勒的發現是否為實，做了有趣的實驗：默記八個隨機數字然後依序背出，同時還要做一個空間邏輯有關的作業。假定工作記憶的作業限制是七加減二，那麼參與實驗的人，應當無法同時完成背數字與空間邏輯作業。然而，他們卻突破了米勒所說的限制，用工作記憶得心應手的完成了這兩件事。

如果增加默背的數字到十五個或二十個呢？要全部記住絕非易事。這表示米勒主張的七加減二的限制有其道理。但即使記不住，每一位參與實驗的人仍舊神速地完成了空間邏輯作業，且正確率高達百分之九十五。顯然，工作記憶的工作檯不只一個。

透過後續研究，學者們歸納出工作記憶有四種工作檯：語音迴路（phonological loop）、視空間素描板（visual-spatial sketchpad）、事件緩衝器（episodic buffer）和中央執行器（central executive）。

一、**語音迴路**：是詞語和聲音訊息的短期儲存器，也會在工作檯進行運算作業結束之前，暫時保留需要用到的運算公式及圖形。比方說，我們讀到「語音迴路」這個詞時，會在心裡默念出來，這就叫作默讀。語音迴路，可在短時間內被啟動。

二、**視空間素描板：**正如字面上的意思，是專司處理視覺與空間的情報。大腦可以直接儲存視覺及空間情報，也可以將語言轉化為視覺以後再儲存。不過，視空間素描板的儲存機制也是短暫留存的，並有其限制。人可以一面開車、一面聽電台轉播足球賽，但絕對無法同時產生「心像」（在心裡描繪視覺圖像）。當實驗人員要求開著車子的受試者，聽足球轉播時產生心像，車子都會屢屢越過馬路中線。

由此可知，同時做兩個需要產生心像的事是非常困難的。

雖然聽足球轉播、產生心像和開車這三件事無法並行，但前面也提過，我們可以輕鬆地同時默背八個數字，並完成空間邏輯作業。由此可知，工作記憶的四種工作檯是各自獨立的，不會干涉彼此：語音迴路負責默背，視空間素描板負責空間邏輯問題。也就是說，不同的工作檯可以並行作業，這有助於擴充工作記憶的容量；但同一個工作檯上一次只能做一件事。

研究指出，人類在八歲後傾向用語言來命名自己接收到的視覺刺激。比如，看到一個圖形會記成「這是夾在四角形裡面的圓形」，使用視空間素描板記憶該記憶的東西，而棄用語音迴路記憶，這種作業方式能確保更多的工作記憶。

三、**事件緩衝器**：是最新提出的工作記憶模型，主要負責整合語音迴路、視空間素描板和長期記憶中儲存的情報，扮演臨時儲存器的角色。它是大腦主動分析過去經驗、計畫未來行動，以解決新問題的地方。此外，它還會統合先前未曾連結的概念。簡言之，事件緩衝器會整合語音迴路和視空間素描板的工作記憶，將它們送到長期記憶儲存。雖然它是臨時儲存的機制，但能把產出的新概念或複雜的心像轉存為長期記憶。

四、**中央執行器**：這個工作檯，在整體工作記憶中扮演ＣＥＯ的角色，統合其他三個工作檯與長期記憶的情報動向，也會刻意忽略不重要的情報。簡言之，中央執行檯會「決定」該做什麼、不該做什麼、該用什麼學習法、如何解開數學問題等。中央執行檯沒有臨時儲存器，這一點與其他三種工作檯不同，但一樣一次只能做一件事：無法同時解數學題及想出與朋友和解的最佳方法。

過去十年的相關研究顯示，ＩＱ與學業成績都跟工作記憶有密不可分的關係，特別是語音迴路跟讀書能力高度相關，而中央執行器跟語言能力、閱讀理解、推理能力和筆記技巧等各種學習，有密切關係。注意力不足過動症的孩子，通常無法好好完成中央執行器作業。

該如何提升工作記憶能力呢？以前面談到的學習為基礎，可推論出三種方式：

首先，最重要的是**擁有更多的長期記憶**。比如說，想立刻記下一個十五位的數字——三九五〇二〇五九二八一〇二四七——實在太難，不過，若換成一二三四五六七八九十十一十二呢？我想大多數人都能輕易記住。這是因為我們熟知一到十二的數字順序，只要按順序記住再加一個一就行了。如果能瞬間記住十五位數的數字，意謂著能放上工作檯的材料變多，也能提高解決更複雜、更困難作業的機率。結果，比起要小聰明，作業記憶能力的擴充，取決於學習量的多寡與對於所學內容的理解度多少。

第二種方式是，**勤加練習統整新情報與已知情報**。舉例來說，如果不懂得把已知的一到十二的數字順序用來默背十五位數字，你絕對無法打破記憶限制。整合新情報與已知情報，工作檯的表現才會更為出色。

最後是前面提過的，盡可能不讓視空間素描板被語音迴路置換，**能用圖像記憶解決的問題**，**就用圖像記憶解決**會更好。眾多偉大科學家和藝術家，經常透過心像去理解事物，並且說用言語表達的難度反而更高。因為心像和聲音彼此獨立，如果能同時活用兩者就能擴大工作記憶容量。另外，積極活用視覺空間情報也是一個好方法。二〇〇三年有一項研究發現，能結合言語表達和視覺心像的學生，學習能力更好。

長期記憶的3種型態

想像一間有著數百萬本藏書，以及用網路連結館藏的圖書館。這樣的圖書館正是長期記憶，它是永久儲存你今生累積的經驗與情報的地方。

長期記憶和工作記憶一樣，有多種儲存型態。可分為三種：陳述性知識（declarative knowledge）、程序性知識（procedural knowledge），以及條件性知識（conditional knowledge）。

一、**陳述性知識**：可分為事件記憶（episodic memory）和語意記憶（semantic memory）。事件記憶，著重在一個人身上發生的事件，諸如十年前的初戀、多益考試考砸等。人會藉由事件記憶來展開回憶的旅行。若是對一個事件曾有強烈的情緒反應，就會產生異常鮮明的事件回憶，譬如初吻。語意記憶，著重在跟詞彙和事實有關的情報，以及組織這些情報的知識，包含日常知識、陳述性知識，以及逐漸轉化成長期記憶的記憶。

二、**程序性知識**：是透過某種操作獲得的知識，包括駕駛方法、寄發電子郵件的方法等。

三、**條件性知識：**是一個人能運用敘述性知識和程序性知識的相關知識。比方說，以下有兩道問題：$1/2+1/2=?$；$1/2+1/3=?$

我們知道「兩個分數相加得先通分」，這是陳述性知識。當我們看到這兩道題目，隨即發現「第一題的分數有相同分母，所以無須通分，但第二題得先通分」，這就是條件性知識。然後我們需要程序性知識才能計算這兩道題目。

條件性知識和程序性知識是隱性的，運用它們不需回想或說明。比如說，你開車的時候，腦子裡不會明確浮現正在使用哪一種駕駛知識。不過，當你看到有人開車，自然而然會推測出那個人有何種相關知識。

另一方面，陳述性知識是顯性的，能簡單說明、回想起來，是本人會有意覺察到的知識。

好的，現在來看這章的亮點：記憶策略。怎麼做才能增強記憶力？人們普遍認知，投資越長時間，能記住的東西越多，因此一提到記憶策略，第一直覺是複習。通常來說，投資越多時間，記憶量越大，但有一個前提：學習品質。也就是說，使用相同的記憶策略時，時間是有意義的。我們會把複習想成是一樣的，其實全然不同，有用對複習方式的人和沒用對複習方式的人，兩者的記憶水準有顯著差異，傑出的學習策略，才會讓學習時間變得有意義。

別用錯誤且無效的學習策略

在了解什麼是優秀的學習策略前，先來了解一些代表性的錯誤學習策略。記憶研究大師、德國心理學家赫爾曼・艾賓浩斯發現，人類新學到的知識，過了十分鐘後會逐漸遺忘，一小時後忘掉百分之五十，一天後忘掉百分之七十，一個月後則忘掉百分之八十。所以艾賓浩斯主張，模範生獲得好成績的關鍵，就是不斷複習，溫書是戰勝遺忘的唯一方式。

這句話是事實，然而，更重要的問題是：「如何複習才有助於長期記憶？」說到底，豐富的長期記憶，才能幫助我們提高學業成績與提升工作效率。但如果你以為複習是去聽額外的講課或單純的反覆閱讀，百分百達不到預期的成果。

麻省理工媒體實驗室團隊，讓一名大學生貼上檢測裝置，觀察該名學生在一週內的交感神經的電磁波變化。結果發現，當人覺得專注、清醒或是緊張時，交感神經系統會被啟動。依此類推，若偵測到交感神經系統活性化反應，表示人的大腦受到某種刺激，反之，若交感神經系統反應微弱，就表示心不在焉。

實驗室的報告圖表揭示了一個有趣的事實：學生們在看電視和上課時，交感神經系統缺乏刺激，換言之，學生們做功課、學習和考試時，能促進交感神經系統被啟動，甚至，入睡的時候，大腦也可能在努力活動。

前面提過，成績排名前百分之一的好學生，會保留屬於自己的學習時間，以代替補習。而那些每天補習到很晚的學生，則誤以為自己認真學習了，實際上大腦卻沒在運作。總歸一句，補習是效率奇差的複習方式。

除了上面說的沒效率的複習方式之外，另一個沒效率的複習方式是：單純的反覆閱讀。二〇〇八年一項研究發現，讓一組學生閱讀一次教材，另一組學生連續閱讀兩次教材，兩組一讀完都立即考試，結果閱讀兩次的學生成績只高出一些。接著，過幾小時後重新考試，兩組的成績竟然相差無幾。

在另一個實驗裡，研究者以一百四十八名學生為對象，給他們閱讀科普雜誌《科學人》然後抽問五題。實驗前先按成績好壞分成兩組，兩組各讀過一次和兩次後立即考試，過一段時間後，再問學生們記住什麼、學到什麼。結果顯示，連續反覆閱讀幾乎無助於長期記憶。

既然連續反覆閱讀沒什麼效果，為什麼學生喜歡採用這個方法？第一，因為它最輕鬆簡單。大半的學生討厭解練習題、整理要點、用自己的話重新描述重點。第二，學生們以為反覆閱讀能完全消化課程內容。但很遺憾，這是錯覺。過了一段時間，如果抽考學生們那些學習過的內容，或是請他們說明重點，原本以為內化的知識，很有可能都成為虛無的低分。

有效記憶策略1：測試效應

增進長期記憶的最佳策略到底是什麼？說出來，也許會令很多讀者失望。最佳策略其實是多考試，而這稱為測試效應。

華盛頓大學做過一項實驗，將學生分成兩組來閱讀短篇論文。一組學生讀完後要複習，另一組學生則要馬上做隨堂考試。前一組學生大多乖乖複習了。兩組的活動都結束後，又分成三批接受最終考試，分別是五分鐘後、兩天後和一週後。

實驗結果表明，在五分鐘後做最終考試的學生中，曾經考過隨堂考試的學生比只複習的學生成績更好一些；兩天後才接受最終考試的學生中，讀完後只複習的學生，幾乎把論文內容忘得一乾二淨，但接受過隨堂考的學生卻還記得；而在一週後做最終考試的學生中，只複習的學生大概只記得百分之四十，經過隨堂考的學生則約保有百分之六十的記憶。有趣的是，經過隨堂考的學生完全不知道考試結果，如果他們能得到隨堂考考試結果回饋，確認了讀書效果，差距極可能拉得更大。

之後，有一項以大學生為對象的研究，觀察了三十次以上的考試結果，發現對學生最有助益的考試題型是「問答題」。另一項研究結果則顯示，考過三次隨堂考的人的長期記憶效率，比只考過一次隨堂考的人高出百分之十四。

考試不只有助於長期記憶，也能有效幫助後設認知的形成，所以我們能制定更高效的學習策略。透過考試，能知道自己懂什麼、不懂什麼。很多人念了教科書卻懶得解練習題，但解練習題與考試有異曲同工之妙，既能幫助長期記憶，也能有效提高後設認知。整理自己的考試錯誤，做成檢討筆記，更能避免重蹈覆轍。檢討筆記，是幫助提升考試成績的一大幫手。

複習和考試在本質上就有極大的差異。考試讓我們有機會「提取」學習的內容，這個動作才是走向長期記憶的最佳路徑。

有效記憶策略2：提取效果

所謂的「提取」，涵蓋考試、默記、歸納、討論、發表，以及相關文章寫作等。換句話說，提取就是如何把學習內容形於外，這是非常困難的作業，大腦在進行這項困難作業的時候，會出現解剖學上的變化，進而形成長期記憶。

經驗老道的高作家與申博士，無論是寫書撰文、講課、進行播客節目和諮商等，在任何情況都能口若懸河地表達出腦海中的知識。上電台或電視節目難免會碰到現場意外狀況，倘若欠缺提取經驗，即便腦海中已對內容滾瓜爛熟，回答問題也很可能會卡住。有了提取經驗，遇到內容相同的問題，就能彷彿先打好草稿般，侃侃而談，這就是提取的力量。

一九一七年的一項研究中，施測者讓學生們學習《馬奎斯世界名人錄》的短篇傳記。一部分的學生採複習方式，剩下的學生採默背方式。過了三、四小時後，再請學生寫出記得的內容，結果默背組大獲全勝。

一九七八年的另項研究，一組採用臨時抱佛腳的複習方式，另一組藉由上述介紹過的各種提取方式進行學習，兩組一起接受隨堂考試。臨時抱佛腳組在隨堂考試中獲得較好的成績，但在第二次考試中，臨時抱佛腳組忘記了百分之五十學過的內容，採取各種提取方式學習的那組只忘了百分之十三。

不要忘記，**越是困難的學習越難忘**。提取、考試、默背、討論、歸納、寫作、發表等，都對增強長期記憶助益匪淺。

有效記憶策略3・分散學習效果

在《超牢記憶法》一書中提到，有三十八名外科實習醫師需先上過微血管接合手術的課，才能實際練習操刀。這些實習醫師中，有一半的人一天聽四堂課，另一半則聽不到四堂課而且是隔週聽課。最後一堂課結束後一個月，實習醫師們用老鼠進行手術操作測試，結果，隔週聽課的實習醫師手術成果都很優異，但有百分之十六連續聽課的實習醫師，不僅無法讓老鼠的血管恢復正常狀態，甚至更糟。

一天聽四堂課的實習醫師，屬於臨時抱佛腳的學習，而隔週聽課則是利用分散練習效果。分散練習的效果相當廣泛，所以適合用在發掘儲存於長期記憶中的英文詞彙、數學知識與各種詞語。

分散學習之所以有效的原因，與前述策略一脈相通。不斷的複習學習過的內容，主要運用到短期記憶，看起來完全熟悉了學習內容，實際上這些學習內容會變成長期記憶的並不多。可是如果間隔一段時間才再次學習，第二次重新學習的時候通常會遇到難關，一旦順利度過難關，就不容易遺忘內容。更積極刺激大腦的使用，形成長期記憶的機率就會變高，因此專家們眾口一致表示，學習的時候能間隔一天再學習會更有效。

有效記憶策略4：交替效果

交替學習兩種以上科目，對長期記憶具有正面效果，這叫作交替效果。兩組大學生學習了四種立方體形狀：楔形體、橢圓球體、球狀圓錐體、半圓錐體。施測者讓一組大學生連續計算四道楔形體體積問題，再解另一種立方體相關問題。而另一組不按順序解立方體問題，而是採取交替解題。比方說，依序解楔形體、橢圓球體、球狀圓錐體和半圓錐體問題，再回頭解第二道楔形體問題。在練習解題的過程中，連續解題的學生有百分之八十九的正確率，交替解題的學生的正確率則不到百分之六十。

一個禮拜後重新考試，交替解題學生的正確率提升為百分之六十三，連續解題的學生則降到百分之二十。由此可看出，交替練習的長期記憶效果，是連續解題的三倍以上。

在短時間內接連解同類型的問題，的確會越來越順手，交替解題反而有難度。不過，請讀者回想這句話——越是困難的學習越難忘。交替解題相當勞神，所以其實能刺激啟動大腦的神經纖維連結。總而言之，交替學習不同科目能明顯提高讀書效率，一天專注研讀同一科並非好的學習法。

5種高效記憶策略

除了前述四種記憶策略之外，接下來介紹其他的高效記憶策略。

一、**自我參考效應**：當資訊和自己牽扯上關係時，我們能記住更多。舉例來說，要記「nerd」（書呆子）這個單字，可以聯想自己是「不懂人情世故的書呆子」。已有一百二十九篇認知分析相關的研究證明，採用自我參考效應的記憶策略，學習定能事半功倍。

二、**情境效應**：當學習情境和某些特定情境相似時，會讓記憶比較深刻。某項研究中，施測者用英文和西班牙文，分別告訴深諳英文與西班牙文的人各兩件事，再用不同的語言提問。也就是說，假若用英文告知，就用西班牙文發問，反之亦然。結果受測者的記憶準確度下降。如果學生們在考試的時候利用情境效應也是個好方法。準備考試的時候，在與實際應考時間差不多的時間、與實際應考場所差不多的場所，還有用與實際考題差不多的練習題，進行應考練習，有助實戰應考。

三、**活用心像**：利用心像輔助記憶，圖像式記憶法是有效的快速記憶法。在某項研究中，活用圖像記憶法的組別，比用單純文字複習的組別記下更多內容。而且，圖像越奇特越有效。比方說，想像一隻炸雞在抽菸的圖片。

四、組織化：把類似的資訊分類（歸類），或是建立等級類概念，諸如屬概念、種概念，更能加深印象。在某項研究中，比起死記硬背動物名字，把動物歸類、建立等級後再記憶，能記住三倍以上的動物。

五、結合字首技巧：記住每一個單詞的字首，能記得更多、更牢。比如，以字首串聯的方式，「唐堯虞舜夏商周，春秋戰國亂悠悠，秦漢三國晉統一，南朝北朝是對頭，隋唐五代又十國，宋元明清帝王休。」依序背誦中國各朝代。

到目前為止，我們討論了不少的記憶策略。記憶的起點是「專注」，別忘了工作記憶和專注力會相互影響。總而言之，越認真學習，越能提升專注力。此外，請大家牢記在心，儘管複習和補習的內容會短暫儲存在記憶中，但不是有效率的學習方法。

越是困難的學習越難忘！

申博士的見解

改變人生的記憶法

很多人會說：「我不擅長記東西。」一口否決記憶，持被動態度。讓我們轉換思維，有人一出生就很會開車嗎？絕對不是。大家一開始都很生疏，去駕訓班練習後，記住側方位停車和倒車入庫的公式，才發現停車沒有想像中困難。說穿了，沒有人從一開始就很厲害，要經過系統化訓練，才能提升實力。記憶也不例外。就像在本章學到的：好的記憶策略才能事半功倍。接下來，我們來看一個持續實踐自己的系統化策略，創造奇蹟般記憶成果的實例。

如果說有一個人在兩個月內把八千個英文單字背得滾瓜爛熟，讀者應該會認為是天方夜譚吧，但智勳（假名）辦到了這件如同奇蹟的事，於是我請他說明學習過程：

「我買碼表的最初目的，是想確認花了多久時間學習跟浪費掉的時間。一路計時下來，想要更有效率的背單字，現在我做任何事都會分析有沒有加快單字記憶。

「我覺得光用眼睛看不可靠，所以會邊寫邊記。一個單字寫一遍，很久才能寫完兩百四十六個單字，於是我打算先掃視一次要抄寫的範圍，譬如先一次看完五個單字，再透過手寫確認我記的正不正確。

「起初用這個方法的時候，我連三個以上的單字都記不住。等到逐漸熟悉，就追加一個單字，現在一次最多可以掃視七個單字再手寫確認。默記八個以上的單字就會記不牢，出現反效果。為了一次能更快記住七個單字，只要背到第七個單字，我就會停止往下記，這樣一來，默記的時間減少了。第一次要花二十五分鐘才記得住一頁的十三個單字，後來縮短為五分鐘。另外我還發現，記得快，忘得也快，所以每天都會複習前一天背過的單字。」

靠著這種方式，智勳有時一天能記住五百個單字。就像本章前面提過的，好的記憶法不是一味抄寫，也不是單純閱讀。首先，以眼睛掃視後在腦海默記，再抄寫確認。花的時間雖然短，但是用自我模擬考的方式進行考試的實際演練。創造合適的環境以提高注意力。相較於漫無目的的默記，因為有縮短時間的目標，更能提高注意力。積沙成塔，默記的時間減少到原本的五分之一。智勳靈活運用策略，持續的學習，終於在兩個月內背下八千個單字，創造出自己也難以置信的驚人成果。

找到征服單字竅門的智動，英文實力日就月將。原本的他，如果沒有字典，幾乎看不懂原文教科書，在記憶八千個單字後，一頁頂多一兩個單字看不懂，不敢說完美理解文意，但掌握脈絡絕無問題。

過了兩個月，我又聯絡智動，請他閱讀以用字艱澀出名的《經濟學人》雜誌，其中刊登的美國前任總統歐巴馬的文章——「前方的路」（The way ahead）。雖然歐巴馬的文筆淺顯，但讀起來仍然不輕鬆，篇幅也很長。讀完文章的智動，因為文法的關係，許多部分無法理解，但還是掌握了大意，歸納出的重點並未偏離太遠。他還說幸好背完八千個單字，不認識的字不超過五個。

智動為了讓單字在長期記憶裡生根，背完八千個單字後繼續反覆熟讀，時時溫習。結果真的是相當驚人。他的人生原本漫無目標，專科大學畢業後非本意的準備著公務員考試。背單字令他培養出不凡的英文閱讀實力，讓他醒悟學好英文能做的事比想像中多得多，因此他另外深造進修，立志成為某個領域的專家。

我們大多排斥背東西，會對默記反感，是因為不曾善加運用記憶策略，從未透過記憶實現某項成就，因此產生不了記憶動力。若把學習想成運動，記憶就像基礎體能，在學習任何運動的技巧前，都得先累積基礎體能才行。

比如說踢足球，哪怕再會射門，盤球技巧再華麗高超，如果無法不停的奔跑九十分鐘，射門與盤球的絕技也沒有用。記憶學習也是一樣的道理，當你初窺一個新領域門徑，必會接觸到陌生的用語，理解那些用語固然重要，但理解後若不熟記，得靠不停翻看資料才能確認其意義，肯定會拖延學習進度。所以記憶確實是學習的基礎。不論哪種學習，良好的記憶力絕不會吃虧。

不要忘了，只要使用正確的策略，人人都能提升記憶力。我真心希望讀者們都能像智勳一樣，親身體驗藉由記憶超越極限的自我實現，感受人生逆轉的刺激心情。

高作家的深化學習

在心流狀態，幸福和學習一把抓

芝加哥大學教授米哈里・契克森米哈伊，為了尋找「人類何時才會幸福？」的答案，做過多項研究。一般人提到幸福，都會想起愉悅的休閒時光，但契克森米哈伊以「經驗取樣法」證明，工作比休閒更令人幸福。更具體的是，進行某些工作時能感覺到幸福。

契克森米哈伊的經驗取樣法是：讓受測者隨身攜帶呼叫機一週，呼叫機一響，要立刻填寫研究團隊事先給的問卷。因為一天內呼叫機會不定時的響起七到八次。契克森米哈伊藉由問卷結果，蒐集受測者的一週日常生活數據。由於是不定時，並且是即刻作答，所以數據的可信度極高。

契克森米哈伊在總結受測者的經驗後，提出「心流」的概念。心流指的是，當我們渾然不察周遭事物，專注投入正在進行的一項行動時的心理狀態，那正是幸福的瞬間。原因是人陷入最佳經驗，會產生「淙淙流水般平靜」或「在天空自在翱翔」的心情，內在意識完全沉浸在目標中，不被外部因素干擾。

與心流最貼切的詞彙是「忘我」，忘我於某事物會有最大的幸福感。

忘我會帶來兩種經驗感受，一是時間感扭曲。如果你會說出「啊，時間過這麼快？」很有可能就是進入了忘我狀態。對我來說，能強烈扭曲時間感的行動是寫作。我埋首寫作時，除非吃飯、上廁所，往往一坐就超過十二個小時。

另一種會進入忘我狀態的感受是，自我意識消失。任務歸任務，不過有趣的是，達到忘我的境界後，自我意識會變得更強烈，能實現成就感的任務尤甚，亦能增強自尊。

在什麼情況下才能進入忘我狀態？根據契克森米哈伊的心流理論，當一個人被賦予的任務，能誘發其最大的能量時，就很可能出現忘我狀態。如果我們被賦予的任務難度，小於我們本身具有的能量，那麼我們就會覺得厭倦，無法進入忘我；相反地，如果被賦予的任務，難度大於我們本身具有的能量，那麼我們會感到不安、恐懼。比起忘我，我們更容易產生迴避或放棄之類的負面情緒。

為了進入忘我狀態，我們被賦予的任務難度應是有挑戰性，並且有實現可能性。雖然說任務難度很重要，不過看待任務的我們的心態也很重要。因為能引發忘我狀態的任務都不簡單，儘管我們有足夠的能力完成任務，還是有可能感到恐懼。所以相信自己有能力辦到這項任務，也有能力掌控執行任務的過程與結果，是非常重要的。

但是各位不需要太擔心。聽起來困難，定幾次目標，體驗過實行誤差，從錯誤中學習，人人都能辦到。如何制定目標的詳細內容，會在下一章介紹。如果我們能將目標細分化，就能不帶壓力的挑戰目標。經過幾次挑戰後，熟能生巧，就有可能實現目標。經由實行誤差，就能制定出讓我們進入忘我狀態的最佳方案。

我們必須思考，何謂忘我帶來的幸福？所謂的幸福感指的是，我們進入忘我的時候，會感到「快感」嗎？不全然是。當我們進入忘我狀態的時候，是沒有自我意識的。完完全全進入忘我的瞬間，就連自己是什麼都感覺不到。但忘我狀態並不是每分每秒持續存在的，所以自我意識時不時會浮現，每當自我意識浮現的時候，我們感受到痛苦的可能性大過快樂。這是由於能讓我們進入忘我狀態的任務，並不是簡單的任務，我們必須要發揮最大的能量才行。

忘我帶來的幸福感，與其說是瞬間的快感，更近乎是一種全神投入某項任務，感覺不到時間流逝，努力付出獲得的滿足感。雖然在忘我的當下，我們會喪失自我意識，可是結束忘我狀態的時候，能提升我們的自尊感。

再者，透過進行任務的過程，我們能感受到自己的成長，所以會更幸福。如果我們盡全力完成某件事之後，會發生什麼事呢？對於完成的任務變得更加熟悉，從某個瞬間開始，我們會覺得那項任務變得簡單。所以如果想重新進入忘我狀態，就必須提高任務難度才行，不停反覆以上的過程，我們的實力自然而然會進步。

我第一次寫書是八年前，一天的寫作目標是四頁。由於是第一次寫書，多於四頁好像太吃力，少於四頁又太簡單，所以，最佳目標自然訂為一天四頁。現在呢？我現在一天最少寫二十頁，貪心時會寫到二十五頁以上，但隔天就會變得疲憊。當然，少於二十頁又太簡單。關鍵是，八年來我的寫作速度提升了五倍。

如開頭所言，寫作能使我進入忘我狀態，而忘我令我成長。雖然很多時候，寫作不僅辛苦，還很痛苦，不過它帶給我比任何時候更大的滿足感，完稿時的幸福感更是言語無法形容。不只是「終於辦到了！」的成就感，而且是最能使我成長的事項。

學習也是同樣道理，最初任務目標不能過於吃力，也不能過於簡單，為自己量身打造適切的任務量，有助進入忘我狀態。

忘我是一種「高度專注」狀態。我們在本章開頭學過「專注」，進入忘我，記憶效率才能加倍成長。還有，越簡單的記憶越容易忘，越困難的記憶越難忘。在專注狀態進行富有挑戰性的任務，則能進入忘我，至於是否會成為長期記憶取決於任務內容。

從今天起，試著制定有助忘我的最佳條件，同時獲得忘我帶來的幸福感和學習成就感，就是一舉兩得。

第四章

最佳的目標設定法

「我們都生活在陰溝裡，但仍有人仰望星空。」
—— 奧斯卡．王爾德 ——

目標的重要

「美國往後會專心致力於一個目標，就是往後十年內，讓人類登陸月球且平安回歸地球。假若人類辦到這件事，能登陸月球的就不只一個人，而是全國國民。我們全體會竭盡熱情與努力實現此目標。」這是美國總統甘迺迪於一九六二年的演講，很難找到比這更有強烈「目標」訊息的演講詞。一九五七年十月四日，蘇聯發射全世界第一顆衛星「史普尼克號」的消息，強烈衝擊美國，當時雙方處於科技發展足以威脅生存的冷戰期，美國政府與國民親眼見證蘇聯超乎想像的科技，不免驚慌失措。

之後，美國匆匆忙忙的發射衛星，追趕蘇聯，但世界第一的頭銜已歸蘇聯所有，全世界第一位太空人，是蘇聯的尤里·加加林。要贏蘇聯需要比「贏過蘇聯！」單純意志更上一層的東西，甘迺迪清楚知道那是什麼，是以透過演講，揭示美國全體挺身而出的明確方向與目標。在那之後，美國凌駕蘇聯，稱霸最強國的地位，甘迺迪也成為了人民英雄，直到二〇〇〇年仍被選為最偉大的總統第一名。

目標為何重要？**第一、目標告訴我們當下要做的事**，假如沒有目標，就無法計畫明確行動，徬徨不定之餘，很可能虛度光陰；**第二、目標是賦予強烈動機的方法之一**。目標是關於未來事件的認知象徵，大多與實現某些事有關。實現渴望的時候，會產生原本沒有的力量去努力，耐力同時也會變強；**第三、目標能看出當前具體樣貌**，在沒有名為目標的基準點時，個體很難具體描述現在處於哪個位置。然而，要清楚闡述目標設定標準，就得先明白自己現在的模樣。

「目標重要性」不僅局限於發射衛星，在學習方面，目標居於同等重要地位，不幸的是，根據二〇〇一年美國某一項研究，許多學習者是漫無目的的學習，這種現象是否僅限美國？

近日，申博士以近四千位諮商者為對象進行研究，在諮商過程中，諮商者的壓倒性提問：「不知道該做什麼好。」

換言之，沒目標。設定目標不能草率。設定目標的目的是為了人生的幸福，不是為了成就。有目標好過沒目標，既然設定了目標就要達成，所以我們不能沒有想法隨便設目標，不經計畫而設定的目標就沒有實現的可能。

至於該設定怎樣的目標，以及用什麼方法設定目標呢？設定目標的第一關鍵，是明確界定目標性質，比如說，是為了「成長」而設定的目標，還是為了「證明」而設定的目標。

成長目標vs.證明目標

許多學者研究後指出，目標有兩種型態。比如說，為什麼看這本書？看這本書的目的是了解學習法，希望藉由積極學習，使我們的知識獲得成長，那麼這種目標就是成長目標；假若看這本書的目的是，想得到好的學習成績，用學習成績向他人證明自己的能力，或是因為在意他人眼光，所以大家看這本書，自己也跟風閱讀，那麼這種目標就是證明目標。

教育家們把成長導向的目標分為：學習目標、精熟目標、作業涉入目標，與作業焦點目標；而證明導向的目標分成：效能目標、自我涉入目標，與能力焦點目標。不過，為了方便讀者理解，在這本書中只會簡單分成：成長目標和證明目標。

以成長目標為導向的人的學習目的，不是學習自我價值，而是提升自身能力。這一類人相信靠「努力」就能獲得成長。這類人在犯錯或失敗時，比起感到挫折，會先從中汲取教訓，重新制定策略，迎接更大的挑戰。有研究指出，成長目標導向的學生，相信只要努力就能成功，不懼學業上遇到的考驗，會積極主動使用有效的學習戰略，像是向自己提問、歸納重點等。

另一方面，以證明目標為導向的人的學習目標，是向身邊的人證明自身能力。這一類人認為，左右學習結果的是天分高低而非努力。只要把這一類人想成固定思維者就行了。

有些讀者讀這本書是想藉本書滿足對學習法的好奇心，或是因為身邊的朋友讀了這本書，出於無奈的跟著閱讀，也有些讀者是因為積極向學，希望有一天用出色的學習成績證明自身能力。成長目標和證明目標不是互斥的，有很多學習者同時懷有兩種目標。

不過，以成長目標為導向的學習者，比以證明目標為導向的學習者多，是因為以成長目標為導向，不只能在學業上獲得成就，也有助於擁有幸福人生。之所以會這樣，是因為證明目標有幾項副作用。

以證明目標為導向的人，會急著向他人證明自己的能力，這是一種保護自我的手段，而這類人必然是結果導向的思維。還有，這類人偶爾為了達到目的，做出後悔莫及的事，就像高作家一樣。

證明目標的副作用1：投機取巧

高作家在大學時擁有過短暫的留學夢，所以跑去考托福。現今有很多學生說著一口流利英文，但是在高作家大學時期，英文口說和聽力好的人不多。高作家又是個典型的韓國學生，文法詞彙和閱讀理解勉強過得去，口語和聽力方面相對較弱。

過去托福考試不考口語，只考聽力。所以如果高作家想考出理想分數，就一定要征服聽力測驗的難關。高作家全力以赴的準備聽力考試，聽力實力卻未見長進。不，準確來說，高作家的聽力實力和付出的努力不成正比。當時高作家沒意識到這一點，只感到焦慮，「身邊的人都知道我在準備托福，考不好他們會怎麼看我？」「托福不用準備這麼久吧？」高作家滿腦子都只有這些想法，遂放棄正面迎擊，投機取巧的看起歷屆試題必勝寶典。

那時候，有很多歷屆考生會在托福考試網路論壇上傳聽力考古題，論壇站長會幫忙整理好的考古題，做成考古題題庫。雖說考題不會跟考古題一模一樣，但考試出題範圍終究有限，集結眾人之力整理的考古題庫齊全度高到沒話說。

高作家狂嗑考古題題庫，死背考古題的答案，埋頭苦讀英文聽力題！如今高作家回顧自己當時的行徑，實在太不像話了。三十歲前的高作家是典型的固定思維者，比起成長目標，更看重證明目標。

幾個月後，高作家考到理想成績。可是，高作家剩下的是什麼？雖然他每天死命看考古題題庫，可是真的記起來的內容沒多少。托福考試的目的是，幫助想去海外留學的學生培養一定的英文實力，確保在國外的校園生活能順利。然而，一心只想著拿到好成績的高作家，學的不是英文，是考古題題庫。最後高作家根本沒去留學，白白浪費了寶貴光陰。

以證明目標為導向，想向他人證明自己的能力才進行的學習，很容易在不知不覺間妥協，然而妥協能達成目標，獲得想要的成果，卻無法有所成長。

證明目標的副作用2：迴避

一個兩歲能閱讀、四歲能彈奏莫札特、五歲能解微積分、八歲能講三國語言的孩子，會被人們封為神童。試想這個神童的未來吧，似乎不管在哪個領域都能成為佼佼者，走向康莊大道。不過實際上，小時了了，大未必佳，在心理學家亞當・格蘭特的著作中，指出小時候被稱為神童的孩子們的未來，不比小康家庭的平凡孩子們好。

這些神童的成就為何不如預期呢？答案相當矛盾，是因為人們的期望過高。這些神童自出生以來，總是獲得眾人的讚美和肯定。不僅如此，他們每次考試都能名列前茅，父母和老師已經習慣了他們的傑出，他們也變成了證明目標導向的固定思維者，證明自身能力變成了他們的人生目標，一旦證明不了自己的能力時，他們就會迴避。

如果有一個人用既有的彈奏技巧，彈奏莫札特的音樂作品，無論彈得多好，他也絕對無法成為最出色的演奏家，因為必須要有他人望塵莫及的獨創性演奏才有可能；如果有一個人懂得所有現有的科學知識，他也絕對無法成為諾貝爾獎得主，因為必須提出能推動科學發展的創新理論才有可能。也就是說，必須要有「獨創性」才能成為佼佼者，每個領域皆是如此。不過獨創性得來不易。失敗與不斷挑戰是灌溉獨創性的肥料，被證明目標包圍的神童們，怕被看穿自己沒能力，畏懼失敗，才會一味的迴避挑戰。

神學家齊克果曾說：「勇於嘗試是暫時失足；不敢嘗試是失去自我。」神童們的表現印證齊克果所言。迴避挑戰的神童們失去名為神童的自我，這是證明目標帶來的另一種副作用：「迴避」。

不過，這種情形僅會發生在神童身上嗎？遺憾的是，答案是否定的。心理學教授馬修．利伯曼的書中指出，學生們就學後成長與證明目標會產生增減變動，前者減，後者增。墨守成規的教育體系，會替學生制定好目標：大學入學考試。以大學評價一個人存在價值的教育風氣也由此而來，所以學生們的目標導向出現變化也是合情合理，而學生們會有這種改變不僅是校方的責任，家庭教育也有責任。因為家庭教育也會影響孩子，養成孩子的固定思維。如果一個孩子有著與生俱來的才能，從小在欠缺愛、僅重視成績成就的父母膝下長大，試問這個孩子還能擁有何種思維方式呢？

所幸，思維方式和目標是可以改變的。人之所以要積極學習就是為了「成長」。儘管我們無法避免用考試成績證明我們的能力，可是我們可以在心底刻下名為「成長」的遠大目標，再進行學習。這樣做，有助於我們不被外在成就與環境影響，找到堅持學習的自我。請讓自己成為以成長目標為導向，而非以證明目標為導向的人吧！

宏偉、艱難又大膽的目標——BHAG

唐納德·貝里克是一名醫生，同時也是醫療品質策進會的會長。他發表過一項患者管理分析結果——每十名患者中有一人被下錯誤的處方。這個結果十分衝擊，意思是每年有數萬患者死於醫療疏失。貝里克認為，嚴格控管醫療過程能降低死亡率，提出各種改善之道。不過醫學機構沒接納他的意見，因為那樣做等於承認自己的錯誤，貝里克苦思該怎麼做才能改變他們的心意。

後來，貝里克逮到機會，利用去醫學大會進行演講時，大膽宣示目標：

「十八個月內拯救十萬人的生命！」

除了宣示目標之外，貝里克還邀請一位因醫療失誤而痛失愛女的母親到現場，那位母親流淚表示，如果貝里克早三到四年策畫這項活動，自己女兒就不至於喪命。

貝里克的演講讓醫學機構都動員起來，兩個月後，有一千多家醫院加入改善醫療疏失活動。儘管光靠貝里克的改善方案，要改變所有醫院數十年來的習慣作法並不容易，所幸還是有許多醫院遵行了貝里克的方案。那些參與活動的醫院，十八個月後出現了什麼樣的變化呢？

根據數據顯示，那些參加活動的醫院，在十八個月中共預防了十二萬兩千三百件不必要的死亡，拯救了超過十萬人的性命。

貝里克的目標，使人聯想到美國管理學家詹姆．柯林斯在《基業長青》一書中提及的「宏偉、艱難和大膽的目標」（Big Hairy Audacious Goal，BHAG）。柯林斯指出要達到心中規畫的ＢＨＡＧ目標，需時十到三十年，因此ＢＨＡＧ目標可說是一種長期目標。在查爾斯．杜希格的《為什麼這樣工作會快，準，好》書中提到，ＢＨＡＧ目標是幫助學術界達成許多大膽又有魅力的長期研究目標，讓革新和生產性得到驚人突破。

為什麼有魅力的長期目標能驅使人們行動呢？這是因為宏偉、艱難和大膽的目標能驅策人們的情感。

卡內基．梅隆大學研究團隊二〇〇四年進行與捐款相關的一項有趣測試，參加測試者接受高科技機器問卷調查後可以得到五美元報酬。可是，這份報酬不是直接給受測者，而是裝在信封連同一封信一起交至受測者手上。在那個信封裡有國際兒童募款團體的捐款請求信。信上內容分為兩種：

一、三百萬名馬拉威共和國的兒童，正承受糧食短缺之苦。從二〇〇〇年起，嚴重的暴雨迫使尚比亞穀物產量減少了四十二%，導致三百萬名棄兒籠罩於死亡威脅下，四百萬名（全國人口的三分之一）安哥拉共和國人民，不得不離開故土遠走他鄉，一千一百一十萬名以上的衣索比亞人民，亟待您的糧食援助。

二、各位捐出的錢會幫助一名非洲馬拉威共和國的七歲女孩露奇亞。露奇亞家境貧困，承受著飢餓的煎熬，可能會危及生命。各位舉手之勞的善事能改變露奇亞的生活。憑藉各位資助者的幫助，救兒童保護基金會將聯合露奇亞的家人及村民的力量，使孩子吃飽穿暖，並且提供受教機會、基本醫療補助及保健教育。

讀第一封信的人平均捐款金額為一點一四美元，但讀第二封信的人平均捐款金額足足有二點三八美元！比起三百萬名兒童面臨失去生命威脅的致命數據，揭露一個孩子的生活更能打動人心的理由是，第一封信觸動的是人們的理性，第二封信觸動的是人們的感性，正如十八世紀英國哲學家大衛．休謨（David Hume）的名言：「理性是熱情的奴隸。」**情緒能驅使人們行動**。

讓我們回想唐納德．貝里克的演講，他提出大膽且具有魅力的長期目標，溫熱了人們的胸膛，加上因醫療事故失去孩子的母親登上講台，動搖人們的心，人們的情緒一旦被打動就會付諸行動。

各位的宏偉、艱難和大膽的目標是什麼呢？如果沒有宏偉、艱難和大膽的目標，也無須失望，現在開始找就行了，社會成功人士有時會說：「我小時候就有這個夢想，從未變過。」

這種從小到大懷抱同樣夢想的事的確有可能發生，只是鳳毛麟角。還是有很多偉大人物小時候沒有確切的目標，時不時就改變未來的夢想，在完成各種目標的過程中，才找出自己真正想做的事。

各位請不要等到以後才尋找宏偉、艱難和大膽的目標，從現在起制定宏偉、艱難和大膽的長期目標吧，就算目標不完整也無妨，畢竟將來很有可能會改變目標。把制定長期目標想成是朝著目標努力而賦予的報酬就行了。那要如何制定長期目標呢？

一、**不停的反問自己「為什麼」在做現在的事**：為什麼要學習？為什麼要考試？為什麼要上好大學？為什麼在這家公司上班？用「為什麼」的方式，挑起自己對自己的積極關注。

二、**想一想你最尊敬的人**：那個人做了什麼，如何生活，將其視為榜樣。

三、**想一想人生最後一刻**：你會用什麼面貌迎來人生臨終時刻？你度過了什麼樣的人生？你一生中做了哪些事？想想看吧。

之所以寫這本書，是因為我們有改變自己國家的宏偉、艱難和大膽的目標，也相信要達成這個目標，得好好學習。這個宏偉、艱難和大膽的目標，使我們每天滿腔熱忱，驅使我們行動。

目標遠大的迷思

宏偉、艱難和大膽的目標有兩項缺點：

一**是我們會試圖用目標本身具備的魅力，辯解現實的不足**。換言之，就是我們利用只存在於想像中的目標，消除對自己耍廢、虛度歲月的失望，每天陷入惡魔的絮語：「就算我現在是這副德性，將來我會變成最棒的，沒關係。」這正是心理學家歐亭珍所說的「正面幻想」。幻想會蒙蔽人們的雙眼。

二**是目標設得太高難以企及，沒能成為宏偉、艱難和大膽的目標，反而會想直接放棄**。

杜克大學的研究團隊，在某測試中把一個輪胎纏繞到每一位運動選手身上，請他們得到出發信號後，十秒內全力疾走到終點線。第一次測試在一百公尺終點線發出信號，選手們十秒平均疾走成績是六十三點一公尺；第二次測試在兩百公尺終點線發出信號，選手們十秒的平均疾走成績是五十九點六公尺。選手們的第二次測試疾走成績，和第一次測試疾走成績出現四公尺差距，差距相當大，為什麼會這樣？

要運動選手們十秒內跑一百公尺，是絕對可實現的目標。可是要他們在十秒內跑兩百公尺，是難如登天的目標，全世界跑得最快的尤賽恩・博爾特，兩百公尺跑出了十九・十九秒的紀錄。因為十秒跑兩百公尺是過於大膽的目標，所以澆滅了選手的欲望，壓低了選手們的瞬間爆發力。

過於宏偉又具挑戰性的目標帶來的沉重壓力，會讓人放棄作為。因為無論多努力，過於宏偉的目標，都只會讓努力的時間化為無意義的塵埃，所以人們自然會想遠離那個目標。該如何解決這個問題呢？難道我們就此放棄懷抱偉大的夢想？不是的。我們要懷抱危險又大膽的目標，可是，不能訂定目標後就放任不管。我們**要拆解訂定好的目標，確定這個目標是具體明確的、可衡量的、可達成的、有現實性的、有時程規畫的**。

可實現的小目標

具體明確的、可衡量的、可達成的、有現實性的和有時程規畫的目標，簡言之，就是「可實現的，可實際描述的中短期目標」。

為什麼目標必須有可實現性？我們在第一章學過，為了不失去期待，需要「小小的成功」，一一完成可實現的細分化目標，會帶來小小的成就，幫助我們把不可能的目標變為可能的目標。

高作家第一次寫書的時候也一樣。高作家拒絕了第一次的出書邀約。當一個出書作家是很有魅力的目標，但是出一本書不是寫兩三篇專欄文章就可以了，得寫幾百頁才行。一開始，高作家認為這是不可能的目標，是因緣際會下才改變心意，挑戰出書，最終寫出第一本書，並且第一本書的頁數就超過四百頁。

高作家的目標實現法是，**把看似不可能的目標拆解成可能的目標**。高作家雖然一口氣寫不出幾百頁，不過一天寫四頁還是有可能的。所以，為達成四百頁的目標，高作家採用可實現的中短期目標策略，把遠大目標切割成每天四頁的小目標。就這樣每天實踐一天寫四頁的小目標，一兩天後，高作家發現一天寫四頁雖說不易，卻不是不可行。高作家產生了信心，在一百天後達成了四百頁目標。

請你**試著把長期目標拆解成今天可實現的小目標**。未來就是今天的累積。

把可實現的小目標詳盡具體寫出來，有助於提高完成目標的效率。

紐約大學彼得．戈爾維策領導的研究團隊，告訴一組學生，如果追加提交聖誕夜如何度過的報告能獲得額外加分，不過報告截止期限很趕，訂在十二月二十六日，不出所料，只有三十三%的學生交出了報告。

研究團隊又向另一組學生出了跟上一組學生一樣的作業，但追加了特別條件：報告內要明確寫出寫報告的地點，比方說，「我在聖誕節下午兩點到三點之間，在富坪站的星巴克寫這份報告」。結果很驚人，足足有七十五%的學生交出了報告。這項測試揭示了，**制定出明確具體的目標，並且列出幫助達成目標的實際行動內容，能提高實際行動的可能性**。

心理學者安琪拉．李．達克沃斯在她的書中提到，研究團隊把求新求變的受測者分為三組，替每位受測者都設定了目標，發現成就越高的人，越擅長設定「和實際行動相關的目標」。《紐約時報》得獎記者查爾斯．杜希格在書中提到，二〇〇六年某兩位研究學者，研讀了約四百篇與設定目標相關的論文，結果指出，困難但經具體化的目標達成率，高於簡單可衡量的目標達成率。

整理上述內容，可以得出結論：首先，設定宏偉、艱難和大膽的目標（BHAG）；其次，將其拆解成有助達成目標的可實現中短期目標；然後，制定實際行動的計畫，要在何時何地完成今日任務。像這樣，一天一天實現短期目標，最終會達成宏偉、艱難和大膽的目標。時間會幫助我們。

影響一生的時間管理法

若想得到時間的幫助，必須妥善管理時間。許多人煩惱時間不夠用，特別是上班族。仔細想想，時間真的不夠用嗎？難道不是我們在不知不覺間流失了寶貴的時間？

申博士在讀研究所時，沒有任何計畫，唯一的計畫就是，一週得準備一次研究室會議發表資料，不過會議發表難度不高。

申博士念研究所的目的，絕對不是希望順利度過每次團體會議的發表。他的表面目標是獲得博士學位，而終極目標是學習到與博士學位相符的洞察力和研究能力。某一天，申博士觀察了自己的研究論文內容、學習時間及學習頻率，發現情況不妙，這樣下去，五六年後好像不會成為優秀的博士，瞬時感到一股強烈的不安，意識到自己不做些什麼是不行的。

於是，申博士下定決心做好時間管理。為了善用時間，申博士野心勃勃的制定好計畫，然而事與願違，申博士感受不到自己的成長。好像哪裡出了錯卻摸不著頭緒，就這樣一天天虛耗。在一次偶然的機會下，申博士發現了一種時間管理法。雖然這種管理法與申博士的博士課程無關，卻大大地影響了申博士的人生。

做實驗的研究人士，會養成寫研究筆記的習慣，把每天的實驗結果記錄在筆記上，偶爾也會利用筆記記錄腦海中閃過的點子或研討會的會議內容。做研究的學生都會隨身攜帶研究筆記。某一天，申博士帶著研究筆記參加一場研討會，在專注力渙散之際，隨意翻看研究筆記，看著滿冊都是隨便記錄的實驗結果，卻完全想不起當時做了什麼研究，於是隔天起，申博士在研究筆記上從左至右畫出了二十四格，以二十四小時作為劃分，打算記錄每小時做的事。

一開始，申博士選在午晚餐時間或是下班前寫筆記，卻有很多時候想不起那個小時做過的事情，於是，申博士改成每兩個小時寫下正在做的事。起初申博士不過單純想記錄做過的事，以後再追加「好」、「普通」、「不好」的專注程度評價，慢慢地，申博士不覺間養成詳細記錄的習慣。日後重看筆記時，申博士得到了體悟。

首先，申博士了解，自己在不是親自做實驗的時間，容易專注力低落；實驗儀器在運作進行實驗的時候，明明可以看論文或是做其他事，但他沒那樣做，浪費了很多零碎時間；還有，申博士本來以為扣掉做實驗的時間，每天起碼會學習四到五個小時，結果計算之後，他發現，真的有在看論文或讀書的時間不過二到三小時，更糟的是，如果那一天專注力低落，一天的學習時間往往不到一小時。

像這樣，申博士每天有系統的記錄做過的事，清楚看見往後該努力的方向。他在養成記錄習慣之後，接下來做的事就是：重整時間觀念。申博士對任意浪費時間抱持戒慎恐懼的態度，如果在筆記上的專注度評價寫下「普通」或是「不好」，他就會覺得很罪惡。重整完時間觀念之後，申博士接著制定了有效利用時間的策略。每天至少花三小時全神貫注的學習，並且把做實驗時多出的零碎時間拿來研讀論文，只有把時間做最有效的利用時，才會給予自己「最好」評價。

申博士在時間管理的具體記錄上，堅持了一年以上，結果如何？他兩年內完成了博士論文與剩下的實驗結果。憑藉實驗結果，兩年內在一流的期刊上成功發表五篇個人論文。不僅如此，畢業一年前，除了進行自己的博士論文之外，也參與了研究室和其他學弟妹的實驗。畢業後，申博士所屬研究室的兩位後輩，接手申博士的研究主題，用傑出的論文取得博士學位，至今於該研究主題，研究室仍投入五十億韓元以上的研究資金。這一切都是申博士開始時間管理的結果。

透過申博士的經驗，我們可以明白，若要妥善管理時間，不該泛於空想，應客觀、具體了解自己的時間運用。各位從現在開始，像申博士一樣，記錄一週內每小時在做什麼事，若能追加時間評價會更好。應該有很多人確認一週以上的數據後，會驚訝的發現，能有效利用的時間比預期得多，接著，在量與質的方面，制定有效時間的策略。若能澈底掌握自己可利用的時間，進一步設立那些時間內可實現的短期目標，就能大大提高實現目標的機率。

如果想做的事情太多，時間不夠分配怎麼辦？這時，得決定優先順序。自我開發大師史蒂芬．柯維，提出以「緊急性」和「重要性」為標準，決定事情優先順序的方法。急迫性可能是時間緊急，也可能是心理緊急，包含馬上想做的事，事情大致可分為四類：

（一）緊急又重要的事（緊急性○，重要性×）。

（二）不緊急但重要的事（緊急性×，重要性○）。

（三）緊急但不重要的事（緊急性○，重要性×）。

（四）不緊急也不重要的事（緊急性×，重要性×）。

（一）和（四）不需要太過在意，因為人人都判斷得出什麼是緊急又重要的事。比方說，大部分的人如果明天有重要考試，都會非常心急，會選擇立刻準備考試；至於不緊急又不重要的事，大部分的人也許會嘗試，不過大多三分鐘熱度，例如，對圍棋沒興趣的女性，不可能一直看圍棋TV頻道。比較難判斷優先順序的是（二）和（三）。

人們傾向輕忽重要但不緊急的事情，反之，習慣把不重要但緊急的事擺在高優先順序。舉例來說，比起念書，人們大多會選擇無意義的上網。每個人都知道念書很重要，可是大多數的人不覺得念書具有緊急性，現在不念書也不會有人嘮叨，而且念書很無趣，所以習慣在行動計畫裡排除了念書，又或是本來就把念書列在行動計畫上，可是，無意義的上網就算不在行動計畫中，人們還是會去做！上網不是不好，但口口聲聲沒時間念書，卻把時間花在上網，會讓自己離想實現的目標更遙遠。

歌德曾說：「重要之事絕不可受芝麻綠豆小事牽絆。」**請先寫下一週內每小時的時間運用，再列出達成目標所需的具體行動**，接著，把所有的行動切割成四部分：必做又重要的事；緊急又重要的事；不緊急的長期目標；為了自己的幸福而認為的重要事，將它們排出優先順序，制定好計畫，然後善加利用時間即可。

如歌德所言，當重要之事不再受芝麻綠豆小事牽絆時，目標會在不知不覺間大步流星的走近我們身邊。

申博士的見解

如何找出自己的夢想目標？

我經手過的諮商案例不下數千件，其中有些問題算是老生常談，人們問最多的是：「不知到底該怎麼做才好？」他們不知如何制定人生目標，也不知如何實現制定好的目標。如果把人生比喻成一個人的夢想或目標並不過分。換言之，設定好目標後，實現目標的過程，就是一個人的全部人生。這麼重要的事，方法當然不可能簡單。尋找夢想目標的過程，就足以帶來幸福。至於該如何找出夢想目標呢？這次聊聊我尋找目標和實現目標的過程。

我的人生目標很明確：成為有貢獻的人。雖然不確定要貢獻什麼，在大韓民國的經濟構造下，我認為有所產出是名利雙收的上上策。另外，一想到我產出的商品能幫助全世界的人的生活，心中就有股莫名激動（這種感覺近似第一章文末見解篇提到的，我的第一篇論文被海外各大學引用時的心情）。因為懷抱這種夢想，我下定決心進入三星集團，成為產出顯示器開發者。因緣際會下，某些飄渺的夢想變成了明確的目標。

雖然我在國外生活過很長一段時間，可惜英文閱讀理解能力尚嫌不足。為了增加英文詞彙，我翻閱過一些教材，苦於沒有能掌握我的英文水準的書，決定製作自己的詞彙本，開始著手蒐集英文詞彙數據，進而分析、架構，再以那些數據為依據，製作出英文重要詞彙的清單，印刷成書。光是製作清單就花了我一年多的時間。既然都做好了，就想與朋友分享，於是我印刷了約五百本，並把成果上傳臉書。沒想到得到驚人的回響，有素昧平生的人表示想購買我的書。結果，兩天內五百本書售罄。迅速銷售一空的消息讓我非常慌張。我的書甚至登上語言學習類書籍的每日銷售排行榜第一名，事情還沒結束，有專門出版語言書籍的出版社，詢問我有沒有意願精校後再版。那時，我第一次出現了死前想完成的目標：出版單字書！

我拜託臺灣和日本的朋友，打聽看看他們國家的書籍排行榜上有沒有單字書，朋友們雖然沒辦法全面調查，不過，就他們所看到的部分是沒有。確認過這個事實後，我和出版社簽約，開出了明確的簽約條件：一定要賣到日本、中國和臺灣，如果辦不到，簽約作罷。出版社接受了我的條件，我心花怒放的想著，就算市面反應冷清，起碼我的日本和臺灣朋友會買一本吧？雖然是小錢，可是我創造的內容變成了出口貨，不是嗎？想想就興奮。

我一邊上班一邊準備再版單字書，時間完全不夠用，於是在妥善完成交接流程後，我離開了公司（離職原因眾多，準備單字書大概占了三〇%）。離職後，我全心投入製作單字書，花了兩週時間估出總工作時長，假如持續這種工作效率，預計十個月後能出版單字書。

在出版社告知我預定出版時間後，我真的非常認真工作。由於是辭職正式投入籌備出書，加倍點燃我的熱情。我先研究一般出版作業流程，出版社會聯絡他國的版權代理，購買人氣書籍的版權。也就是說，我要把單字書賣到其他國家，就得先稱霸國內書籍市場。這是我的計畫A。

我左思右想，如何才能成為書市第一名？最初找不到想法，因為我對出版完全沒經驗，只能重新設定新的短期目標。我從以前就在準備一本散文集《畢業禮物》，那本書是以過去諮商經驗為基礎寫成的，考慮到書名的特殊性，出版社有意配合畢業季發行，把出版時間定在隔年二月。但是《畢業禮物》的出版計畫產生變數，發行日推前。因為《畢業禮物》出版目的很明確，要打進畢業季市場，所以順利的進入了散文類書籍排行榜前十名。

當時，我把單字書的工作時間減半，抽空完成散文集，因為如果單字書的計畫不如預期，出版日程有可能延後，但《畢業禮物》一定要在二月前截稿。我忙著趕稿，連休息的時間都沒有。雖然我早知道計畫往往趕不上變化，不過當我真的投入寫稿後，更覺得這句話沒錯。因為總是會發生不可控的意外，這次也不例外。考慮到散文集稿件進度與所剩時間，我不得不縮減單字書工作時間，即便如此，我在最後一個月，還是天天熬夜，才勉強趕上二月前出版的計畫。我覺得自己完成了非常了不起的工作，為新書的上市準備了十項行銷項目。

由於我是默默無名的作家，要打進暢銷市場比預期難上十倍，果然空想和實戰有著天壤之別，我自以為很強的十項行銷項目中有八項不如預期。萬一單字書出版時，我也用了同樣的行銷策略，一定會完蛋。幸好我準備好的十項行銷策略有兩項成功了，之後我們也完善了其中幾項失敗的行銷策略，讓《畢業禮物》成功進入散文類圖書排行榜前十名，成為暢銷書籍，也算是略有成效。

忙完《畢業禮物》，我得繼續準備單字書。作為短期目標的《畢業禮物》出版，讓我獲得一定程度的成就感和自信的同時，我醒悟到出書需要更多準備。承受著龐大的心理壓力，全力以赴。單字書出版日訂在六月，我已經計畫好出版後全家到濟州島旅遊，沒想到在最後關頭多出追加修訂作業，出版日程也因此延後了兩個月。由於事先父母與小舅子都說好要去濟州島旅行，沒辦法更改行程，我只好按原定行程前往濟州島。在旅遊期間，我獨自留在住處或帶筆電到附近咖啡廳或餐廳工作。就連坐車移動的時候，我也在車內工作。因為只有不眠不休的趕工，才有可能趕上最終截稿期限。近三年的作業終於迎來尾聲，我的單字書《英文大字彙》得以面世。

我把散文集出版時學到的經驗升級，準備了更多的行銷策略。因為出版單字書的出版社不是專門出語言書籍的大型出版社，所以這次也很難打進語言學習書的市場，多虧我先出版過暢銷散文《畢業禮物》，幾個販賣地點比出版散文集時的配合意願相對更高。就這樣，我一步步實行我的策略，二〇一六年七月炎夏，《英文大字彙》登上的不是語言學習類書籍排行榜的第一名，而是風光登上綜合書籍當日銷售量第一名。沒過多久，日本和臺灣最好的語言學習書籍出版社，與我簽訂出版合約。

回首準備出書的時間，真的是一段漫長的旅程，博士課程我修了五年，可是過去三年的工作密度，就像讀了十年的博士課程般。回顧三年的歷程，自覺收穫良多。首先，我因為時常回覆朋友的提問發現了自己的目標，還有我經常有機會遇見社會成功人士，請教他們在爬到現在的地位之前，制定目標或計畫的方法。他們告訴我的故事都差不多，說想不起自己怎麼開始的，好像不知不覺中已經朝某個方向走去，等自己認知到時，才開始制定實際目標。

很多人彷徨失措的說自己沒有夢想，也沒有明確目標，我想告訴各位，一開始最重要的是積極嘗試各種事情。也就是說，尋找目標也能成為一種目標。我想強調的是，各位在決定好目標之後，必須制定精細的計畫，如果學習能力和計畫，不巧出了差錯的時候，無須慌張，掌握問題點予以修正，重新實踐計畫，藉此培養實際行動的推進力和耐心。

再次提醒各位，一定要把人生終極目標和長期目標，拆解成短期具體目標，目標絕不可籠統空洞。等到明確目標後，盡可能制定詳盡計畫，這包括了時間管理。不規畫時程的計畫，就像不記錄比賽成績的世界田徑選手大會般，是沒意義的。

無論是獲得諾貝爾獎，或是研發拯救全世界的技術，又或是成為億萬富翁，都是件不容易的事。努力歸努力，終究得看運氣，但假使各位的人生中有讓各位心臟悸動的遠景，和實現遠景的系統化短期計畫，我敢保證各位都能達到一定的成就。加油！

朝聖者之路給我的禮物

陽光耀眼照在漢江，我帶著激動的心情向她告白。該說是二十一歲的青春霸氣嗎？距離第一次見到她還不到半個月，她看著我默不作聲。耀眼的漢江在心急的我的眼裡變得黑暗，我暗暗後悔，心想：「啊，是我太急了」時，她開了口。

「好哇，我們交往吧。」

漢江重新變得耀眼，我小心翼翼的牽起她的手，她笑著回握了我的手，那時的我不知道，以小鹿亂撞的心情開始的我們的愛情，會走過未來的十八年，直到現在還在繼續。現在的她作為兩個孩子的母親，陪我走在人生的路上。

有很多人告訴我認識半個月就交往，很快會分手。起初，他們說：「交往一百天是關卡。」過了一百天後又說：「很難撐過一年。」過了一年後改口：「幾乎沒人能交往三年以上。」過了三年後說：「你們太早交往，走不到結婚。」和人們的預期相反，我們交往十年後「順利的」結了婚。當然，十年的歲月並不是沒有關卡，遇過兩到三次的危機，諷刺的是，最危險的關卡出現在決心結婚後。

「聖雅各之路在哪裡？」

那時我們在決定蜜月地點。她很常去背包旅行，所以蜜月地點理所當然地由她決定。她說：

「在西班牙。」

我們手頭並不寬裕，去歐洲負擔有點大。可是她喜歡旅行，還有這是一生一次（？）的蜜月，所以我沒反對。

「不過，榮成，我們要走八百公里。」

走八百公里？一聽到她這麼說，我的臉立刻僵硬。準確地說，聖雅各之路是從法國的聖讓皮耶德波爾出發，到西班牙西邊的聖雅各。

一開始，我無言以對，我連一個公車站的距離都沒走過，突然要我走八百公里簡直難以想像。加上第一條路線是翻越庇里牛斯山。庇里牛斯山分隔法國和西班牙邊界，是座長約四百三十公里的山脈，有著海拔超過兩千公里萬年積雪的中央峰頂，和雄偉壯觀的連綿天然屏障，對我這個登山絕緣體根本是難以想像的事。更別說，我們沒有事先訂好住處，必須背背包上路，背包平均十公斤重，十公斤耶！

更大的問題是，一般背十公斤背包的成人一天平均行走距離為二十五公里，走八百公里得走三十天以上，有哪一間公司會核准三十天以上的假？結論是，為了去蜜月得辭職。我雖充分理解她的心情，但是我拒絕了聖地牙哥的提議，結果她說：「不去聖地牙哥，我不結婚。」

這是什麼鬼話！第一次我以為是開玩笑，後來發現，她來真的。為此，我煩惱了好幾天，就算先不管徒步這件事，回來後生活還是要繼續，我們能克服失業的困難嗎？這些話我不是沒告訴她，每次她都理直氣壯的回我：「我養你不就好了！」過去十年這句話沒說錯。我和她交往的時候大多還在念書，學生再努力打工也贏不過一般上班族的「現金流」。

我愛她，職場遠遠比不上我愛她的心，所以，決定按她的意思做（當然，她為了達成目標，故意把話說得很強勢）。婚禮一結束，她連新娘妝都沒卸，就背著十公斤的背包朝我大喊：

「高榮成，上路吧！」

大長征的第一天，我呼吸著凌晨的空氣，登上庇里牛斯山的那瞬間，突然醒悟到自己的愚昧。我俯視著山下，看到言語無法形容的絕景，和來自世界各地的人們，一起朝著聖雅各的目的地走去的畫面，實在令人內心澎湃。我和她互相告訴對方，來這裡來對了。我們一邊笑著聊天，一邊以相機拍下美景。

但沒過多久，我們的身體開始出現異狀，再走五公里，拍攝美景的相機收進了背包，我們也停止聊天，喘不過氣的呼吸和被將近十公斤的背包壓著的身體在告訴我們，拍照和聊天都是奢侈。

當我們走到十公里的時候，我抱怨道：「這算什麼蜜月。」她也開始嘔吐。平時沒嘗過的痛苦終於反應在身體上，看到那樣的她，我再也說不出抱怨的話，攙扶她重新上路。

過了十五公里後，她攤坐在地上哭了出來，我也累翻了，但一定要翻越山脈才有住處，我們沒有回頭路。我扶起了她，咬緊牙關往前走，痛苦屢屢動搖著我們。當她的眼淚哭到乾的時候，我們總算翻過了庇里牛斯山。

我們也想過放棄，才走二十公里就累得半死，精疲力竭，雖說「聖雅各朝聖之路」的第一段路線——庇里牛斯山的難度最高，可是該如何撐過剩下的七百八十公里。

我們打開背包沖澡後，去了背包客餐廳，她的臉上寫著「放棄」兩個字，老實說，我也想放棄，萬萬沒想到她說出了和身體狀態相違背的話：

「榮成，我們再走一天吧，不要想著八百公里，想著再走一天就好。」

這不是我想聽的話，但是，她的話瞬間喚醒了我，儘管不知道未來會發生什麼事，不過我想和她在一起。

我們依靠著彼此又走了一天，不用多說，旅程並不輕鬆，也有脫離登山路線、迷路的時候。另外，旅行開始不到五天，我的右膝出現異常症狀，走下坡得倒退走，可以說是吃盡了苦頭。她的身體也撐不住，隨時都在嘔吐。

我們一天平均走二十四公里，最後的四到五公里真的是身心狀態都到了谷底，承受煎熬，使出吃奶的力氣。不過，過了十五天，事情起了變化，我的膝蓋恢復正常，她也不再嘔吐，我們不再脫離路線，許多事變得熟悉。最重要的是，現在我們不費吹灰之力就能消化一天路程，一面和其他徒步者聊天，一面享受大自然與當地料理，不知不覺間，當天該到達的住處映入眼簾。

旅行過了三十三天，終於，看到了那遙遠的聖雅各，原以為絕對走不到的我們，走了八百公里。我在抵達聖雅各時知道了：

我們走的不是八百公里，只是一天。

如果有人問我人生最棒的選擇是什麼，我會毫不猶豫回答：「她。」接著會回答「聖雅各朝聖之路」。這三十三天的旅行震撼了我的人生，聖雅各贈與我許多禮物，其中最珍貴的是，告訴我實現目標之道，這比任何經驗都來得使我成長。

聖雅各是一項宏偉、艱難和大膽的目標（BHAG）。因為這個目標過於有魅力，走完全程的徒步者屈指可數，實際上，我們遇見了兩個有一年經歷的女性背包旅行客，她們說聖雅各朝聖之路，是她們有過的旅程中最棒的旅行。

另外，這個目標相當具體、明確、有清楚的路徑圖。雖然偶爾會脫離路線，不過，最終目的地非常明確，馬上就能找回該走的路。要是某人有著明確的夢想與遠景，有讓心悸動的艱難目標，即使偶爾動搖，偶爾走上歧途，但這個人有很高的機率能找回自己應走之路，我也是如此。

夢想、遠景與偉大的目標之所以艱難，是因為它們隨時在慫恿我們「放棄」。為某事全力以赴，也不免遇到聚集所有努力仍覺得那個目標很遙遠。那是相當危險的瞬間，因為我們會迷失自己做事的意義，總感覺事情不會順利，如何克服這種危險瞬間？答案是設定「短期目標」。

還記得旅行第一天，她對想放棄的我說的話嗎？

「再走一天吧。」

八百公里好像是走不到的，但一天，力所能及，那就再走一天吧。透過拆解目標，設定短期目標，我們品嘗到「小小的成功」。小小的成功成為我們面對宏偉、艱難的目標的原動力。「辦到了」的成就感賦予「辦得到」的自信感，讓本來看似棘手的事情開始變得簡單。

另外，設定短期目標有助做出縝密的計畫。如果把八百公里作為目標進行規畫，免不了手足無措。我們出發蜜月旅行時沒做好詳細的計畫就出發，當把目標縮減為一天，我們搖身一變成了傑出的計畫者，前一晚澈底規畫起床時間、確定行走距離、檢查路線、決定住處、估算抵達時間、抵達住處後要做的事和支出計畫等。剛開始落差很大，經過幾天實行誤差，制定了最合宜的計畫，大部分的事也都在預料之中。目標細部化的力量實在了不起。

最重要的是，達成一次宏偉的目標這件事，本身是一次深刻的教訓，我領悟**目標再遠大，一天一天辛勤奮鬥，刻苦努力，必定有抵達目的地的一天**。此外，絕不要還沒嘗試就先覺得辦不到，走不到的路只是沒走過而已，應該想著沒試過不能輕易放棄，不能迴避。

大家都登過山，不過，有些東西只有爬到山頂才看得到，實現一個宏偉的目標能開闊人生的視野，逐漸看見本來人生中看不到的東西，實現不了目標的人，看不到絕景。

我至今仍記得，從印度回來的她，看到我去接機的眼光。我第三次為她著迷。我迷上第一次見面的她，生下第一個孩子時的她，還有，那天從印度回國的她。幾個月不見，從印度回來的她，有了超乎我想像之外的成長，她看到了我所沒看到的東西。她看到的不是單純的「印度」。周遊印度的她，看的彷彿不是人生和人類，而是存在的真義。

如果能實現一開始想像不到的目標，你將獲得禮物：一雙新「眼睛」，而那雙眼睛會賦予你用什麼東西都換不來的，屬於你的人生「寶石」。

迄今，我仍珍藏著聖雅各之路給的禮物，好好生活著。

夢想著重訪故地……

第五章

點燃學習動機

「不自由，毋寧死。」

—— 帕特里克．亨利 ——

喪失動機，人也會失去活力

A企業家：A是一位年至花甲也不知厭倦為何物、充滿熱情的企業家。他不是單純的事業家，靠著熱情經營事業的同時，也是哥倫布騎士會會員、路易斯安那汽車批發商協會、巴頓魯治港口委員會會長，以及連任多屆地區銀行理事長，活躍於各大社交活動。某一天，他與太太相伴出遊，中途昏迷，旅行因此中斷。幾天後恢復健康的他，卻有了一百八十度的轉變。他缺席了二十年來從未缺席的獵鹿活動，每件事都興趣缺缺。他的血液檢查沒問題，身體機能檢查也非常正常，只不過他失去動力，經常望著半空發呆。

B教授：B是一位對寫作充滿熱忱，再忙也會在清晨起床寫作、充滿熱情的教授。B教授身邊的人，把B教授的強烈責任感當作榜樣。某一天B教授突然變得無精打采。他告訴主治醫生：「我覺得有氣無力，精神跌到谷底，好討厭早上起床，每天都是硬逼自己起床。」

C檢察官：C檢察官某一天倒楣的被馬蜂螫了，身邊的人都很擔心，幸好本就健康的他很快就康復。只不過自從被馬蜂螫到後，他就變得很沉默，不跟妻兒交談。不只早上不想起床，如果太太不嘮叨的話，連澡都不洗，失去了往日積極奮發的模樣。

D少女：十九歲的D少女暴露在二氧化碳下，因而失去意識昏倒。沒過多久就醒轉的

D少女，此後變得厭世，就連動手指頭都不想動。某一天，她在草地上立起雨傘遮蔽陽光，躺在草地上。當時D少女的父親有事，沒確認女兒的情況。陽光隨時間移動著，D少女卻一動也不動的躺著，沒有移開位置，再多躺一下，她的臉就會被陽光曬傷。無精打采支配了少女。

以上A、B、C和D的共通點是什麼？如各位所見，他們在某個瞬間徹底喪失專注和積極，即喪失「動機」。

動機會誘發目標行為，在過程中激發三種心理機能：一、**賦予學習者行動的活力**，或是推進學習者的行動，讓學習者願意參與學習，有心學習；二、**揭示學習者的行動方向**：說明為何不玩遊戲卻要學習的原因；三、**調節學習者的行動持續性**：解釋為何學習者會朝著目標，不斷的學習。

在保羅．埃根的《教育心理學》書中，某項研究表明，被賦予動機的學生會有以下三種特性：

一、對學校抱持積極的態度，非常滿足於學校。
二、不輕易放棄有難度的課業，持續學習，在學校幾乎不惹麻煩。
三、處理資訊的水準高，在同年級中有傑出的學習經驗。

學習者的動機會強烈影響學業成績、考試結果和一切。如今的我們，面對科技的快速進步、基礎知識領域快速擴張與瞬息萬變的職場要求，擁有持續的學習動機，不僅是為了我們的學習，也是為了使我們的人生獲得成功的必備要素。

為了讓所有學習者能產生動機，本章我們會幫助讀者們了解，哪些要素能賦予強烈動機，像是期待、成長型思維模式、自我效能感、設定目標等。動機賦予對於學習相當重要。

內在動機vs.外在動機

一九七一年，美國羅徹斯特大學心理學教授愛德華．迪西和理查．萊恩，進行實驗，探討動機對學習意志和能力的影響。

他們的實驗團隊，提供受測者七塊三次元的塑膠箱碎片，可以組合成數百萬的樹枝型態，接著實驗團隊發給受測者不同的圖片，請他們用各自的圖片上的圖形，在一小時內組合出四種不同型態。同樣的實驗進行了三次，在每次實驗進行的過程中，實驗主持人會在中途離開約八分鐘，並且告訴受測者：「在我暫時離開時，大家想做什麼就做什麼。」

換言之，受測者不用聽從實驗團隊的指示，不組合碎片也沒關係。在第一次實驗中，受測者在兩百四十八秒內竭盡全力的組合碎片；在第二次實驗中，實驗主持人在離開之前，告訴所有人只要成功組合出一種型態，就能得到一美元賞酬，受測者在三百一十三秒內全神貫注的組合，比起第一次試驗，組合成功的機率提高百分之二十六；在第三次實驗中，實驗主持人宣稱錢用光了，不會再給錢，結果受測者專注在組合碎片的時間，減少到一百九十八秒，比起第一次和第二次實驗，各少了百分之二十與百分之三十七。

以上的古典實驗，揭露了內外在動機之間的關係。內在動機是個體不受他人強迫，為了自己進行的行動，最常見的內在動機因素就是滿足、競爭力、興趣、學習和挑戰。在實驗主持人離開的八分鐘，驅策受測者繼續組合碎片的就是內在動機的力量。相對於內在動機，外在動機是各種外在因素驅使個體進行活動，常見的外在動機有個人的稱讚、成績、優惠、證照、物質報酬。第二次實驗，實驗主持人宣稱有賞酬的目的，就是想誘發受測者的外在動機。

這項實驗告訴我們，外在動機如何削減內在動機，收到賞酬的受測者，被增強了外在動機，當受測者再也收不到賞酬時，連他們原有的內在動機也會被削減。

從長遠看來，內在動機比外在動機的影響力更大。內在動機能使個體朝期望目標前進。比起為了得到好成績而學習，或是為了賺錢而工作的人，真心覺得學習和工作本身很有趣而行動的人，會取得更高的成就。習慣依賴外在報酬的人，一旦考到不好的成績或沒賺到想要的錢，很可能會喪失欲望，可是如果是本身就喜歡學習或工作的人，不管外在情況怎麼變化都沒關係，他們仍然會持續學習或工作。

一般人普遍認知，內在動機和外在動機是兩極化且無法共存的，認為外在動機會帶給內在動機負面影響，就像前面的實驗一樣，然而，這種想法大錯特錯。

你為什麼學習、工作？如果問有動機的人這種問題，就能理解內在動機和外在動機其實是混合體，譬如，高作家寫這本書的動機如下：

一、寫書是高作家的職業，身為一家之主必須賺錢。
二、希望這本書能幫助到許多學生和上班族。
三、想寫一本好書，成為受大眾肯定的作家。
四、希望能出第八本書和創下熱賣佳績。
五、寫書極富挑戰性，不過寫書過程會有突飛猛進的成長。
六、渾然忘我於寫作，非常幸福。
七、寫書必須研讀其他書累積素材，非常有益。

高作家寫書的動機中一、三和四是外在動機，二、五、六和七是內在動機。我們可以藉此看出，內在動機和外在動機是混合在一起的，高作家不認同外在動機會減損內在動機的說法。

這樣看下來，各位是不是覺得哪裡有點怪，為什麼外在動機減損內在動機的同時，還能發揮綜效呢？

這是因為當人們進行簡單的行為時，外在賞酬很可能帶給內在動機負面影響，但如果人們被賦予「成長」的證明時，反而會增強內在動機。所以，在學校比起頒給學生們第一名和優秀獎，校方不如頒發個人最佳紀錄獎、成長獎之類的獎項，會更有效刺激學生們的學習內在動機。

能夠發現自己的成長與自身能力的進步非常重要。即便是用外在賞酬，使個體感受到自身的能力有所提升，個體還是會進一步期待自身的潛能，如果個體認知到自己是有潛能的，被賦予了內在動機，那麼就算之後外在賞酬消失了，內在動機效果還是有可能存在，就像我們在第一章中學過的期待、成長型思維和自我效能。對個體來說，一兩次的外在賞酬是一份禮物，而隨著外在賞酬，個體會產生強烈的內在動機。

儘管如此，從長遠觀點來看，個體在學習或工作時，誘發個體的內在動機比提供外在動機更重要。還有，如果個體對未來抱有期待，具有成長型思維，相信自己是有潛力的，有意志的要完成目標，也會引起個體產生自主性的強烈內在動機。

自主性是內在動機的核心

匹茲堡大學進行過一項非常有趣的動機實驗。毛里西奧・德爾加多博士，帶領的實驗團隊請受測者進入拍攝大腦影像的核磁共振成像儀器（MRI），讓受測者在躺平的狀態下看著螢幕。德爾加多博士告訴受測者，核磁共振成像儀器的螢幕，會隨機出現一到九之間的數字，請受測者在螢幕數字出現之前，先按鈕預測出現的數字會大於或小於五。

德爾加多博士自認這個實驗很枯燥乏味，受測者應該很快會放棄實驗，但他錯了。受測者非常喜歡這個實驗，如果猜對數字，就會放聲歡呼，如果猜錯，失望表形於色。德爾加多博士對受測者的反應嘖嘖稱奇，進而仔細觀察他們的大腦影像，發現無關預測結果準確度，受測者每一次進行預測的時候，人腦基底核都會受到刺激。

根據神經學家的說法，人腦的額葉負責下決定，紋狀體負責接收額葉的命令，把大腦產生的動機傳達至基底核。所以受測者一邊進行實驗，一邊產生動機，甚至，在實驗結束後，有些受測者覺得這項實驗的結果有捏造的嫌疑，向實驗團隊提出回家進行實驗的要求。

各位還記得這章開頭的A、B、C和D四個人嗎？這四個人全都突然意氣消沉，再也產生不了動機。這就是「紋狀體」受損導致。

之後，德爾加多博士稍微調整實驗內容，讓一組受測者親自預測數字，另一組受測者從電腦預測的數字中做選擇。出現了驚人的實驗結果。親自預測數字那組受測者的大腦被刺激，相反地，從電腦預測選項做選擇的那組受測者的紋狀體毫無反應。

回過頭來看，在第一章提過的「習得性無助」實驗：一群狗在被電擊時，有停止電擊的選擇權，其他被電擊的狗沒有選擇權，結果，大多數沒選擇權的狗陷入習得性無助。習得性無助等同於個體沒有動機的狀態，因為狗無權掌控自身狀況，也認為選擇權不在自己的手上，當狗意識到自己喪失自主性的時候，就會陷入習得無助感。

狗都會如此，何況是人？擁有決策權會讓個體產生內在動機。即便個體所有需求都被滿足，但個體不擁有決策權的時候，就不會感到滿足。總結來說，**自主性是內在動機的核心，當個體的自主性被掠奪時，其他動機也會一併消失。**

所以說，在學習或工作方面，個體擁有選擇權，相信自己對周遭情況有一定的掌控權，感受到自主性，這對動機賦予相當重要。

有自主權時，學習效果更佳

在韓國EBS電台拍攝的紀錄片《不會學習的孩子》中，節目製作組邀請十二名小學四年級的學生進行測試。一開始，老師用略顯嚴肅的表情告訴其中六名學生：「我準備了八十道問題，一個小時內要把問題全部解完，哪裡都不能去，我等一下回來檢查，知道嗎？」

在老師出去後，學生開始解題。大部分的學生過了二十分鐘就開始坐立難安，專注力渙散，勉勉強強的撐過剩下的四十分鐘。

六名學生在一小時後解完了八十題，製作組問他們問題難不難，學生們眾口一詞說很難。

老師給了剩下的六名學生不同指示。老師不強迫這六名學生一定要解完八十題，反而給學生「選擇權」，他們可以自己決定，要解哪一個科目的問題，以及打算解題的數目。而這六名學生不用解完全部的八十題，只要解完自己決定的題數，就有自由進出教室的「權限」。

不只如此，這六名學生在規定的解題時間內想休息就休息。不過事情出乎意料，這六名學生雖然會偷懶貪玩，但玩一玩之後又會回來繼續解題，就這樣過了一小時，這六名學生仍保有解題專注力。不僅如此，這六名學生的最終解題數，超過了他們自己先前決定的解題數，且有五名解完了八十題。在測試結束後，製作組詢問這六名學生考題難易度的時候，他們給予了正向的答案：「很簡單」或「很有趣」。

由此可知，如果強迫學生解題，反而會削弱學生的專注力，也會讓學生覺得問題難度偏高；相反地，如果給予學生自主權和自由，反而能讓學生們保持專注，直到解完所有的問題，而且學生會覺得問題很簡單，享受解題時光。

製作組問這十二名學生還記不記得試題內容？在強迫氣氛下進行解題的六名學生中，僅一名記得試題內容；在自由氣氛下進行解題的六名學生中，有五名記得試題內容。

實際上，刊載於二〇一一年《自然》期刊的某項研究指出，當個體習得新資訊時，個體對於該資訊的記憶，取決於個體是否擁有某種程度的權力，即**當個體有自主權的時候，學習會更好**。

在自由氣氛下的學生比在強迫氣氛下的學生，得到了更好的成績，班導驚訝道：「我們原本以為『放飛孩子是不行的』，今天進行實驗後，我有點吃驚，沒想到有沒有自主性，會讓學生的成績出現差異。」

老師都會有錯誤的認知，那麼學生家長呢？從學前教育、超前學習、補習潮和人生，全賭在上大學的教育風氣看來，多少能理解為什麼有那麼多父母強迫孩子學習。可是，像這種奪去自由的學習，無法培養學生們的內在動機，雖然因為上大學非常重要，所以學生們迫不得已的學習，但是等他們考上大學，學習就會變成最無趣的事。

申博士每次演講都深刻感受到自主性的重要。申博士親自主辦的講座，包含問與答，時間最少是兩小時起跳，最長有過三小時二十分鐘不休息的經驗，坐著聽三小時二十分鐘的演講！驚人的是，儘管演講超過三小時，可是聽眾參與度仍相當熱烈，會造成這種現象的核心關鍵就是自主性。

提及講課，通常會想到老師或講師「單方面」傳達知識，我們對講課的印象都是：強烈的被動及缺乏自主性。不過申博士把講者和聽眾面對面溝通的比重加大，把聽眾從被動聽講轉為主動參加聽講。申博士通過問與答，誘導聽眾的主動參與度，而申博士演講時也經常走入聽眾席，與聽眾互通聲息，進行溝通交流。

演講不是被動聽講，申博士會賦予聽眾們主動參與的意識。演講一開始的時候，大家難免尷尬，但隨著演講的進行，觀眾的參與度會逐漸提高，等到問答時間開始，聽眾的提問此起彼落，直到正式演講結束，有七成以上的聽眾不肯離開演講場所。積極參與演講的聽眾，不知不覺間著迷於申博士的演講，一聽說申博士講了超過三小時，大家都嚇了一跳。像那些因為時間有限而無法進行過長的問與答的演講，就算演講時間再短，聽眾的演講投入度也顯著低落。一樣都是演講，讓聽眾具有自主性，提高聽眾的主動度的演講，和沒做到這一點的演講，兩者聽眾的演講投入度會出現明顯差異。

上班族讀者應該明白，不是上了大學或上了班，學習就畫下句點。學海無涯，不斷學習才能成長，達到更高的成就，過更成功的人生。但是如果學生們從國小、國中和高中就失去自主性，那麼長大成人後就很難產生求知欲，去主動積極的自學。

維吉尼亞理工學院暨州立大學，採用「百貨公司模式」（Emporium model）教學法，讓大學生在沒有教授的介入下，僅憑軟體幫助，獨自解決課題。學生們按自己的學習進度，複習學習資料，想解多少題就解多少題，需要時才請求教授的援助。

採用百貨公司模式的課程，能保障學生的充分自主性的同時，也培養了學生的主導性與主動性。十年來美國有七所大學採用這種教學課程，獲得巨大的成功。接受這種課程的學生的學習量，超出了其他用正常模式教課的學生。

我有選擇權；我能掌控自己的情況；我相信學習也好、人生也好，都取決於我的作法。這種時候，個體會比任何人更富有動機，不達到自己設定的目標誓不罷休。

申博士的見解

動機賦予勝於解決問題

「你們能在一個月內背四千個單字嗎？」

這是我演講時經常問的問題，通常聽眾的反應一下子就冷掉了。很多人說不定活到現在背過的單字還不到四千個，哪有可能一個月內背完？

但我接著又會問第二個問題：「如果你們能在一個月內完美背好四千個單字，我就給十億元。這樣你們背得起來嗎？」

毫無例外，每一次聽眾都對第二個提問驚訝不已，全場騷動。幾分鐘前冷淡的臉龐不知消失到何處，人人面露微笑，還有人舉起手來躍躍欲試。就這樣，我賦予的新動機，打破了聽眾的能力臨界點。

其實，有很多父母向我詢問，關於子女學習的建議，賦予明確動機是我一貫的回答。一般學生就算長時間補習或是請家教，英文閱讀理解能力依舊不好，考試照拿低分。這些學生與其說是用錯了學習方法，更有可能是沒被賦予足夠動機，使他們進入學習的忘我境界。

當那些向我提問的父母明白了原因後，我會建議他們：既然補習不能提高孩子的成績，不如省下補習費，把那筆錢當成子女獎學金，如何？當父母真的這樣做之後，百分之八十以上的孩子，在幾個月內背起幾年來都背不起來的單字。考試結果更是大有進步。賦予動機能超越學生的能力臨界點，體驗自己不曾知道的新能力。

前面學過內在動機和外在動機，外在動機會減損內在動機，且從長期觀點看來，內在動機必須成為學習的核心。那麼，要在什麼時候、以什麼方法利用外在動機呢？

各位先試著把動機想成心臟，當我們沒有動機，心臟會停止跳動，變得有氣無力。萬一有人心臟突然停止，我們通常會施行何種措施？心臟停止的時候，會採用心臟電擊器，從外部給予強力電流衝擊，這樣一來，那個人的心臟就會重新跳動。

動機賦予並無二致，我的意思並不是說真的有氣無力的時候，外在動機會比內在動機更有效，而是說，那種時候我們更加需要外在動機。如果要仿效除顫機般，從外部賦予動機，則需要超過臨界點的衝擊，我們的意志才會重新活過來。我們應該要利用小小的成就，培養內在信心，使動機能正常運作，並且克制使用外在動機的次數。想像一下電擊完恢復正常跳動的心臟吧，倘若繼續電擊已經恢復正常跳動的心臟，毫無助益之外，反而會造成性命危險。

必須思考的是，如何讓內在動機的核心引擎持續運作。我們學會需要「自主性」的燃料，才能啟動內在動機。如果學生上學念書的目的是為了追求個人成長，那麼就如同扣下了內在動機的扳機，不會再覺得學習很棘手。

相對於學校生活來說，真正棘手的是職場生活。如果我們在公司裡能遇到優秀的上司，也具有業務主導性，而且業務內容能讓個人和公司都能成長，那麼內在動機就會自然而然的引領我們努力工作，問題是，遇到這麼好的公司的機率很低。那麼，該怎麼辦才好？這時不要試圖從公司裡找答案，得從自己身上找答案。先進行自主性高的學習或是運動，會得到意外的驚喜。

人類的情緒絕對不會受限於特定範圍，舉例來說，假設有個人明天要出發進行十天九夜的旅行，今天工作再累，但「撐過今天就行了！」這個人很有可能愉快的結束今天的工作。反之，有個人假設和交往十年的戀人分手，那麼一定會搞砸工作，因為分手的情緒會擴散影響到他其他的生活。動機賦予也是同樣道理。當我們在公司裡感受不到自主性，就需要個人主動學習，縱使沒人指使，也要替自己的未來發展做打算，主動學習。就算我們的內在動機在公司中沒被啟動，也不能讓我的內在動機火花熄滅。內在動機無法熊熊燃燒也好，起碼維持在某種程度，就足以帶給職場生活正向影響。還有，等到機會到來的那一日，沒有熄滅的動機火種，可以帶給我們人生新的開始。

其實我還在上班的時候，碰過開發項目不順利，以致團隊重組的情況。雖然工作內容都一樣，但因為人力縮減，所以業務壓力加倍沉重。再加上工作團隊極可能半途解散，每個人都非常不安，苦苦撐過每一天，壓根無心思考自主性。

下屬的壓力指數越來越高，我也不例外，在如此令人窒息的工作環境，個人學習和運動，成為我當時人生的活力素，有效的消除了我工作時的鬱悶。我勉勵其他同事一起讀書和運動，幾乎所有的同事都加入了讀書運動的行列。我們發現利用短暫午餐時間讀書或運動的效果最佳，原本無精打采的人，也能變得活力充沛，儘管只是暫時性的，但那份活力稍微感染到工作上，內在動機自然而然的得到擴散。有一個令人鼓舞的事例，當時，我們部門有一個被稱為嘮叨的小精靈的員工炳植（假名），他讀書讀出興趣，啟動內在動機，跑去報名網路大學，結果被編入大學電子系三年級，獲得了網路大學學位，而他把進修學習到的事物又回饋到工作上。

我經常告訴人們，不管是工作或學習，動機占了百分之五十一。意思是，不管做什麼事，動機賦予都是最重要的，可說是重中之重。有很多向我提問的人，他們的問題應該放在解決問題動機，而不是著重於找出解決問題的方法。按照不同的情況，利用外在動機，提高實現目標的可能性，再用內在動機實現目標。既然這一章是談賦予動機的章節，讓我們充滿活力的結束吧。

大家加油！

有自主性，工作表現才精采

世界首富巴菲特以獨特的經營方式著稱。他不會親自管理員工，而是選擇放手讓員工自主決策，萬一員工需要他的回饋，可以先連絡他。巴菲特早上讀書，下午隨時待機，方便員工聯絡。巴菲特賦予員工完全的決策管理自主性，當被人們問起他不嚴格管理員工的理由，他釋疑：「我不會買一間非我不可的公司的股票。」

因此，《紐約時報》評價巴菲特不是最棒的經營者，而是最棒的授權者。

自主性會給組織產能帶來什麼影響？谷歌公司利用九十分鐘的工作營培養員工信心，使其相信能自己掌控調整工作內容。同時介紹一些實際事例，像是結合自身興趣或價值與工作，替自己量身打造工作內容。幾個月後，谷歌公司把參加過工作營的員工，和沒參加過的員工各方面的數值做比較，結果表明，認為自己有工作掌控權的員工們的幸福指數及業務執行能力，都呈現上升趨勢，上升效果能持續六個月以上。此外，感受到自主性的員工，比未曾感受自主性的員工的升職機率高出七成。

自主性指的是個體能自我決策管理，從而感受到主導權與責任感，產生自我控制心態。主導性、責任感和自制，比任何東西更能喚醒內在動機，從而使人們實現更高的工作成果。

或許有人會說，像谷歌那種公司才能談自主性，但並不完全如此。雪菲爾大學教授伯帝領導的研究團隊，二十二年來研究了三百零八家公司的生產性。結果顯示，有一項要素比傳統經營工具（譬如全面質量管理和即時化生產技術），更能促成壓倒性產量。那項要素正是公司賦予員工更大的權限與裁量權。企業光是賦予員工自由，就能提高人均百分之九的附加價值。而這三百零八家公司絕大部分是製造業，不是一般所想的經營風氣自由的科技企業。因此我們可以知道，即使是標榜管控的製造業，只要賦予員工有適當的自主性，就能大幅增產。

換個方向想，在職場上感受不到權限的副作用是什麼？通常認為那些手握決策大權的公司代表、高層或是上司所承受的壓力，是基層員工難以比擬的。位高權重壓力大，所以才拿優渥的年薪待遇，但事實果真如此？

在英國曾有過調查職位和壓力之間關係的研究，目的是想找出幫助公司高層的方法，不過，研究結果跌破所有人的眼鏡。相較於頂著高位頭銜而增加的責任感和壓迫感，失去自主性，束手無策帶來的壓力，才是職場人最沉重的包袱。

二〇一二年，哈佛大學研究團隊有關壓力賀爾蒙——皮質醇之相關研究顯示，員工的皮質醇數值遠遠高於高層領導。各位知道皮質醇數值持續居高會怎樣嗎？會對健康造成致命性的打擊。

爾後，某個英國研究團隊發現職位越低，越容易患上嚴重危害健康的壓力性疾病。擁有重要決策權的公司高層，實際壓力比下屬低，同時長命百歲的機會也較大。在二〇〇四年其他的研究中也指出，基層員工的早期死亡率比最高層人士高出四倍，罹患精神相關疾病的機率也高一些，該研究團隊對此表示：「比起職位低的人，職位高的人，長壽可期。」

對人類來說，自主性就是「要求」。當我們發現自己在職場上無能為力時，生產性不用多說，增加的壓力足以危害健康。萬一，公司高層不知道這個事實會怎樣？一旦公司發現生產性下滑，公司高層會以愚笨的懲戒方式，更加強勢管理下屬，造成下屬的生產性更下滑，陷入惡性循環。

撇去單純的內在動機問題，工作自主性會大大影響到我們的健康和幸福。自主性會活化工作。

第六章

努力不會背叛

「要跑回本壘前，不能不先跑過一壘、二壘和三壘。」

—— 貝比・魯斯 ——

「一萬小時定律」錯了嗎？

二〇一四年有一則短暫熱門的網路報導，內容是關於日前學術界權威期刊《心理科學》刊載的某篇論文研究結果：「不管付出多少努力，缺乏天分就很難追上。」

這篇報導以密西根州立大學研究團隊，針對八十八項天分與努力的研究為基礎，指出，人們「投入努力的時間」，影響人們之間的實力差異比例不過百分之四，而在遊戲、音樂、運動方面，投入時間多寡的差異，對於實力的影響也不過差了百分之二十。簡言之，沒天分的人付出再多努力也不可能成為大師。

許多看過這篇報導的人表示：「我就知道是這樣。」這是一篇極具衝擊性的報導內容，因為一般人都認為天分對運動或藝術領域有很大的影響，但如果連「學術」領域都是如此，不管我們付出再多的努力，也只會影響我們百分之四的實力，幾乎等於努力和實力無關。我們一直以為，比起其他領域，「努力」在學習上應該占很大的比重才對，這篇報導等於在說，我們過往的認知是錯的。正因如此，這篇報導底下的留言，以及某個網路論壇上關於這篇報導的爭論四起，大多數人都對「努力」的效果感到懷疑。

某個有權威的週刊刊登的一篇研究，也對八十八篇論文進行了統合分析，得出和這篇報導相同的結果，似乎沒人能反駁這篇報導的事實。

這篇報導等於是對全球暢銷作家麥爾坎・葛拉威爾的著作《異數》中有名的「一萬小時定律」，進行了強力反駁。「一萬小時定律」提出，只要我們願意在某個領域付出長達一萬小時的努力，假以時日，就能成為該領域的專家。「一萬小時定律」，是「努力」比「天分」重要的代表理論。

如果這篇報導屬實，人們付出的「努力」將失去意義，特別是在學習方面，努力學習的人與不努力學習的人，兩者的學習成績差距居然不到百分之四。事實果真如此？

努力是絕對的

一萬小時定律，是佛羅里達州立大學的現任心理學教授安德斯・艾瑞克森提出的觀點。一九八〇年代後半，艾瑞克森在德國馬克斯・普朗克人類發展研究所工作，潛心思索傑出表現的專家。

柏林藝術大學就位於馬克斯・普朗克研究所不遠處，有三千六百名學生，並以擁有超高水準的音樂學院學生著稱。在音樂領域中，人們想成為小提琴演奏家的門檻比較高，而艾瑞克森曾對小提琴演奏者做了深入的研究。他和音樂學院教授將十名小提琴主修生分成三組：第一組是資優組，這組的學生有潛力成為獨奏家；第二組是優秀組，優秀組的學生實力不如第一組，但還是可能成為專業小提琴家；第三組是良好組，良好組的學生實力不差，但仍遜於前兩組，比起一流的小提琴演奏家，更有可能成為音樂教師。另外，艾瑞克森還從世界級的德國交響樂團中，選拔出十位正值活躍期的中年小提琴家，資優組學生最有可能在未來和他們走上一樣的路。

艾瑞克森深入訪談了這三十名學生，詢問他們如何學習小提琴，諸如從幾歲開始學、跟誰學、通常個人練習時間多長等。他也請學生們寫出自己的一週時間安排，特別是小提琴練習時間。艾瑞克請學生們以十五分鐘為單位，描述小提琴練習過程細節，試圖澈底掌握這些學生迄今為止的學習過程，與現在使用的學習方式。

研究結果相當有意思。首先，三組學生的回答相差無幾，學生們一致認為，「獨自練習」是實力進步的最重要因素。雖然有他人協助、接受音樂教育、多聽音樂很重要，但獨自學習才是成長核心。

大家應該記得在第二章提過成績名列前茅的學生，無論一天過得怎樣，一定會確保三小時以上的個人學習時間。說穿了，就是要保留與自己碰撞的時間。其次，這三組學生各陳己見，有學生主張睡眠相當重要，睡不好就無法專注練習，會讓練習效率大打折扣。至於睡眠的重要性，會在第九章深入討論。

最後，除了聽音樂之外，三十名學生一致表示，所有的練習中都感受不到「樂趣」。

因為這些學生的練習目的，不是成為小提琴業餘人士，而是要成為小提琴家。他們沒有餘裕享受練琴樂趣，全都因為高強度練習而疲憊，沒人喜歡練習。

學習無條件的享受這句話，適用於學習本身沒特別目的的時候。如果學習者想透過學習，達成某些目的，比方說考試合格、寫論文、出書等，對學習者而言，很多時候學習過程是一場折磨。學習者能否得償所願，成為自己學習領域的專家，取決於學習者能否克服折磨。

不過，這三十名學生有一個不同之處，那就是他們的獨自學習時間。艾瑞克森的調查結果顯示，有望成為未來音樂教師的良好組學生，在十八歲之前，獨自學習時間平均三千四百二十個小時；有望成為還不錯的專業小提琴演奏家的優秀組學生，在十八歲之前，投資獨自學習時間平均五千三百零一小時；有望成為明日之星的資優組學生，在十八歲之前，獨自學習時間平均七千四百一十個小時。其中，資優組練習時間最少的學生，練習時間仍然超出良好組練習時間最長的學生。

那麼，世界級水準德國交響樂團的中年小提琴演奏家，在十八歲之前，投入的獨練時間是多久呢？答案是平均七千三百三十六小時。這個數據與資優組學生的獨練時間驚人的一致。

艾瑞克森教授在他的代表作《刻意練習》中提到：「從這項研究可清楚看出兩件事：

第一，要成為傑出小提琴家必須投入幾千個小時練習，沒有捷徑，也沒有花少許時間就能達到專家程度的『天才』；第二，就算是這些被德國頂尖音樂學院錄取的小提琴資優生，投注極大量時間練習演奏技能的人，其表現平均都優於練習時間較少的人。」

這種現象不限於音樂領域，各領域的相關研究，諸如音樂、舞蹈、運動、西洋象棋和遊戲等，都指出學習者會被分配到良好組、優秀組和資優組的最關鍵因素，也是投入獨自練習的時間，即便是資優組中，更努力投入獨自練習的人，也比相對不努力投入獨自練習的人，表現得更出色。

那麼一般學習又怎樣呢？艾瑞克森認為，實力取決於努力程度的結果，能套用在所有的學習上，他斷言：「從目前進行的各種研究結果看來，沒有不投入大量時間就能開發超凡能力的人。據我所知，至今還沒有科學家下過這種結論。」

決定成就的是天賦，還是努力？

在美國，曾有人進行了天賦和努力何者對成就更重要的問卷調查。調查結果指出，認為努力比天賦更重要的人多出兩倍；以職場新人為對象的相關調查中，認為勤勉比天賦更重要的人足足高出五倍；在運動能力與音樂人的相關調查中，也得到相同的結果。人們一貫認為努力比天賦更重要，於是我們透過自己經營的臉書「人生學習」實施問卷調查，結果不出所料，韓國人認為努力比天賦更重要的占大多數。

不過，在臉書進行的問卷調查，無從考證答題者是否認真作答，所以我們對結果存疑，進而進行了下一項測試。這次的測試對象是在第一次問卷調查中，回答音樂方面努力比天賦更重要的專業音樂人。我們請這些專業音樂人聽了兩位鋼琴家的一段演奏，追加說明兩位鋼琴家的背景。一名鋼琴家在幼年就展現了音樂天賦，另一位音樂家是具有毅力的努力型，實際上，兩段演奏出自同一人之手。測試結果和問卷調查結果完全相反。天賦型音樂家比努力型音樂人，獲得專業音樂人們更高的評價。

一般人以為商業領域更看重勤勉多過天賦，卻也出現相同結果。我們把來自數百家公司的受測者分成兩組，分別提供一位天才型成功企業家及一位努力型成功企業家的自我介紹，給不同的兩組。之後，再給受測者兩位企業家的事業提案書。這次的測試結果顯示，受測者給天才型企業家的事業提案書的評分，高於努力型企業家的事業提案書。努力型企業家的創業資本要再多四萬美金，經營公司的資歷要再多四年，才能得到和天才型企業家相同的待遇。

透過第二次的測試，我們能清楚看出，比起努力的人，人們更偏愛有天分的人。這與第一次的問卷調查結果不同。一個人成就高低取決於天賦，而不是努力，這種想法會引發嚴重的問題。天賦，如字面意思，是上天賦予的能力，凡人無法改變，而成就竟然取決於我們無從改變的事物。舉例來說，假如有人在某個領域沒能嶄露頭角，那麼當他知道成就取決於天賦時，他會推卸責任，滿口「我沒有才能」，停止付出努力，如此一來，這個人就失去了成功的可能。很多事情需要突破能力的臨界點，一開始辛苦是不可避免的，但是待我們把自身水準提升到某個地步，便熟能生巧。另外，某些人受限於年紀、自身情況和身處的環境，不得不把某些事當成業餘愛好時，成就會比專業人士低，不過一旦他們全心投入、涉足專業領域之後，卻能取得壓倒性的成就。

高智商兒童能快速學會西洋棋，但包含西洋棋大師在內，西洋棋高手的智商並不比一般人高。西洋棋高手的智商與實力毫無關聯。而在其他棋種的研究中，甚至有結果指出，圍棋高手們的智商低於一般人，無論視覺空間能力或是西洋棋、象棋的實力，都跟智商沒太大的關係。從小就開始學圍棋的孩子，絕對能快速入門，但若孩子陷入天賦決定論的迷思，只要碰到超越不了的難關，就會快速放棄下棋。

門薩會員的智商門檻最低是一百三十二，諷刺的是，諾貝爾獎得主的科學家，大多不具備成為門薩會員的資格。發明電晶體，獲得諾貝爾獎的威廉．肖克利的智商是一百二十五；DNA超螺旋結構發現者詹姆斯．華生的智商是一百二十四；被譽為現代物理學界天才中的天才的理察．費曼的智商不過一百二十六。

有研究揭露，要成為成功的科學家，智商起碼要一百一十以上，但擁有更高智商的科學家，並未取得更大的成功，也就是說，智商和科學家成就高低的關係不大。

不過，我們有必要思考一下這件事：成為成功科學家的智商起碼要一百一十以上。如果我們想獲得某領域的博士學位，真的得非常非常努力的學習，從大學時算起，我們通常要埋頭苦讀十年才可能拿到博士學位。如果說，智商有百分之五十的機率取決於遺傳基因，從大腦具有可塑性這一點來看，說人腦不會改變，努力贏不過天分實在很奇怪。因為智商一百一十，所以成為博士的嗎？難道不是因為努力學習成為博士，才讓智商達到一百一十的嗎？

如果有人一年讀兩百本以上的書，各位會怎麼看待那個人？從天賦決定論的觀點，大家應該認為那個人天生就愛讀書。天賦決定論者無法想像，有個人在三十歲前一年讀不到十本書，之後卻變成一年讀超過兩百本書，並且出版了八本書。這種人實際存在，就是高作家。高作家到底是怎麼辦到的？

如果有個人在亞洲頂尖大學獲得博士學位，他所寫的各篇論文被學術人士無數次引用，甚至與諾貝爾物理學獎得主在權威期刊一起發表共著文獻，各位會如何評價這個人？難道不會覺得他天資聰穎嗎？究竟這個人學生時代成績如何呢？第一名？事實上，這個人在國高中時期，不要說全國，就連全校也不曾名列前茅，更別提他修習博士課程時，總是徘徊在被退學的邊緣，這個人就是申博士。申博士到底是怎麼辦到的？

我們只能說，這一切唯有「努力」才辦得到。

學習之前，先鍛鍊自制力

浩燦小六的時候認識了申博士，浩燦媽媽拜託申博士當浩燦的數學家教，浩燦的體格比同年孩子魁梧，動作遲鈍，不擅長運動，專注力不足，喜歡問問題，但不是因為真的好奇，只是隨口亂問罷了。浩燦第一次數學考試成績考了三十四分，扣掉瞎矇矇對的，只答對了兩題，幾乎是什麼都不懂。申博士判斷光教浩燦數學，是無法提升浩燦的成績，得先幫他打好基本功。

申博士向浩燦父母說明光教數學不夠，打算教導浩燦更重要的學習基本功，如果父母不同意，申博士自願放棄這份工作。申博士說服了浩燦父母，按自己的方式開始教學。

申博士經常陪浩燦玩耍，邊玩邊「跑操場」。浩燦身體笨重，體力又差，運動時常常跟不上其他朋友，以致自信心低落。就像前面提過的，浩燦喜歡提出無意義的問題，缺乏專注力，申博士需要增強他的專注力，幫他進入「忘我」狀態。申博士認為最好的解決方案是運動，於是申博士陪浩燦一起跑步運動，某一天兩個人甚至一起跑了十公里。十三歲的青少年浩燦和三十歲的大叔申博士，靠著一起踢足球、打棒球，稍微拉近了關係，浩燦對申博士逐漸產生了感情紐帶。

在和浩燦產生感情紐帶後，申博士正式教浩燦學習的方法。申博士選擇了別樹一幟的教學方法——每當浩燦答錯，比起直接告訴他正確答案和解題過程，申博士反過來要求浩燦說出不懂的地方，如果浩燦說不出哪裡不懂，就讓他琢磨一小時。浩燦曾花兩小時思索哪裡不懂（我們在第二章已經學過後設認知的重要性）。

某一天，申博士課上到一半告訴浩燦：「浩燦，老師離開一下，你先自己看書。」然後躲在後頭暗中觀察浩燦，大概過了三十分鐘，浩燦從口袋掏出手機，做起別的事的瞬間，申博士就像突襲犯案現場似的，一把抓住浩燦：「浩燦，我們不是約好了嗎？」拿出手機的浩燦說自己錯了（這種過程必須要老師和學生之間有充分的信任才行，老師硬是這樣做，極可能招學生反感）。

其實，國小生能專注學習三十分鐘，已經是非常了不起，但申博士想培養浩燦更高的專注力。申博士又再進行了命運的測試。他再次告訴浩燦他要出去，然後躲起來觀察浩燦學習的模樣，這次大概過了一小時半，浩燦又掏出手機，申博士再度逮住浩燦，浩燦說因為申博士一直不回來，想打電話聯絡。此話合乎情理，但是申博士告訴浩燦：「如果決定學習，就算天崩地裂也只能專注學習，這是原則，不要在意老師來不來。」浩燦答應了，最後一次，也是第三次的潛伏中，兩小時過去，浩燦一動也不動的埋首學習。

中博士會如此積極教導浩燦，是因為浩燦幼年被醫師判斷有注意力缺乏症。中博士不惜採用強硬方式，也希望教會浩燦一項能力。這項能力不只對浩燦的學習也對他的人生很重要，那正是「自制力」。

就這樣，中博士花了兩年時間，培養浩燦的自制力，那之後的浩燦變得怎樣了呢？幼年有著注意力缺乏症，曾考出三十四分的浩燦，升上高中後，在班上總是名列前茅，名次不是第一就是第二。這是兩年來培養的自制力的成果。

努力不懈最需要的能力，就是「自制力」。人們藉由「棉花糖實驗」理解到自制力——為了長期賞酬而壓制短期衝動的能力，具有多麼強大的力量（儘管對於棉花糖實驗，各方見解不同，但關於自制力的重要性，目前還沒人持反對意見）。之後，多方研究證明，自制力有帶頭作用，驅策人們發揮意志力、耐力、持久力、恆毅力（絕不言棄的態度）及勤勉等，各種實現學業成就和社會成功的必備要素。

儘管很多人意識到自制力有著巨大影響，但由人們常說的「有」毅力或「沒有」毅力，而不是說「培養」毅力或「沒培養好」的毅力中，可看出很少人認為自制力可靠學習培養，大多是誤以為自制力、韌性和意志力是與生俱來的天分。其實，自制力是可以透過練習而得，就像浩燦藉由運動鍛鍊出肌肉一樣。

心理學者鮑梅斯特指派受測者長達幾週的自制力任務。每個受測者被賦予的任務內容不同，某些受測者得記錄下飲食；某些受測者得持續運動；某些受測者要寫家計簿；某些受測者規定不能用慣用手刷牙。

經過一定時間後，鮑梅斯特讓所有受測者一起接受語言測試，禁止他們使用某些特定字詞，舉例來說，絕對不能說粗話，文章中不能出現「老子」這種單字，並且必須寫出完整的句子。測試結果顯示，和沒接受過自制力訓練的一般人相比，參加過各種自制力訓練的受測者得分更高。

藉此，可以了解兩件事：首先，**自制力可以靠訓練得來**，再者，**一旦養成某種特定行動的自制力，這份自制力也能在跨領域發揮正面影響**。實際上，參加了鮑梅斯特自制力任務測試的受測者，在回歸日常生活後，也發揮著不同於以往的自制力，像是比過去少抽菸、少喝酒、少吃垃圾食物、少看電視、對日常瑣事更有耐心。最重要的是，他們更常「學習」了。

加州大學心理學教授馬修・利伯曼的自制力測試也指出，透過視覺運動進行的自制力訓練，有助調節情緒、抑制情緒。「觸類旁通」這句話也適用於自制力。可以理解成，在棉花糖實驗中，願意忍十五分鐘不去吃眼前的棉花糖、以獲得兩個棉花糖的孩子，長大後參加大學入學考試，會比不能忍耐十五分鐘、先吃掉眼前棉花糖的孩子，考出更好的分數，找到更好的工作，拿到更優渥的年薪。腦科學也支持這項見解。

腦科學學者主張，右大腦的腹外側前額葉皮質掌管所有範疇的自制力，像是壓抑情緒、克制玩樂之心、提防失言等。儘管人們在不同地方發揮自制力，但大腦被啟動的部位卻相同，都是腹外側前額葉皮質。

總結而言，我們在不同地方發揮的自制力，雖然外表看似不同，但內在心理機制相同。我們可以根據大腦的可塑性，強化自制力。浩燦不只是被申博士訓練出能一個人靜下心坐好、抑制看手機的衝動，申博士也透過和浩燦一起運動，培養出浩燦的自制力，這也成為浩燦日後努力學習的原動力。

前面學過的信心、目標和創造動機，都能帶來堅持不懈、努力奮鬥的力量。如果我們能進一步培養出抑制短期衝動的「自制力」，各位都能成為不輸任何人的「勤勉王」。

一萬小時定律是錯的

一萬小時定律是錯的。一定會有讀者覺得這句話莫名其妙，前面我們都在極力主張努力的重要性，怎麼突然沒頭沒腦的說一萬小時定律錯了。實際上，一萬小時定律不是艾瑞克森創造的，是麥爾坎·葛拉威爾在《異數》中引用艾瑞克森的「只要努力一萬個小時就能成為大師」這句話，加以渲染誇大一萬小時，特意命名的。

艾瑞克森指出，葛拉威爾提出的一萬小時定律，存在幾項誤解。首先，我們可以斷言，要成為專家或大師需要努力，不努力不可能成為專家，至於所需時間多寡視領域而定。比方說，先前提過的小提琴主修生資優組學生，如果該組每一個學生都花上十年，認真練習七千小時以上，就能被稱為專家嗎？不，他們只是學生。學生可能還需要多練習一萬小時，才能成為真正的專家。

相反地，在第三章中登場，短時間內成為記憶大師的喬許怎樣呢？他只花了一年時間就成為全美記憶力大賽冠軍。而他在一年內努力的時間不到兩千小時。

當然，葛拉威爾也有委屈之處，依書中整體脈絡看來，葛拉威爾論述成為大師需要一萬小時的努力的同時，也不忘強調環境有著不亞於努力的關鍵力量。如果一個人出生在清寒家庭，需承擔生計，哪來這麼多時間學習？可是，二〇一四年那篇網路報導，無視葛拉威爾書中的整體脈絡，逕自把一萬小時定律解讀成「只要花一萬小時，任誰都能成為某個特定領域的專家」。葛拉威爾雖然解釋過這一點，不過說真的，他的書中並不是完全沒有這種意思，只能說他是咎由自取。

總之，要想成為任何領域的專家或大師，需要「充分的努力」，但努力總時數是不一定的。

艾瑞克森補述了一點：光靠單純的努力不足以成為某領域的專家，如果沒用對方法努力，努力就會背叛我們。艾若克森稱正確的努力方法為「刻意練習」，且強調了努力的量在刻意練習中的重要性。

養成天賦的「刻意練習」

選手金妍兒，被譽為韓國史上最優秀的女子花式滑冰選手，因為她技術性和藝術性兼備，特別是她的三圈半跳——第一次跳躍、後內點冰跳到後外點冰跳，歷年來只有金妍兒能完美的展現三圈半跳，所以，外界經常把金妍兒與韓國歷代花式滑冰女王作比較，有趣的是，越早期的花式滑冰女王，實力越遜色。花式滑冰初創期的花式滑冰女王要是現在上場，不要說當上國家代表，連地區預選都很難通過。

上述現象是體壇普遍現象。一九〇八年的馬拉松世界紀錄是兩小時五十五分十八秒，目前馬拉松世界紀錄刷新為兩小時兩分五十七秒，足足減少了五十分以上。現在年紀小於三十四歲的男性，如果沒跑出少於三小時五分的紀錄，絕無可能參加波士頓馬拉松賽。

跳水比賽也一樣。一九〇八年的夏季奧林匹克男子跳水賽中，一名男選手跳水翻轉兩周，險些出事後，專家表示在跳水賽中跳水翻轉兩周危險性較大，不建議選手嘗試，但現在呢？連十歲的跳水選手也能輕鬆跳水翻轉兩周，更不用提高中生跳水選手能翻轉四周以上。

不論音樂也好，記憶也好，甚至食量也是。一百年前的天才鋼琴家如果來到現代，很有可能彈得比高中音樂班學生差勁。一九七三年，人類最多能背誦圓周率小數點到五百一十一位數，而二〇一五年，印度人杰維爾・米納卻背到了圓周率小數點後七萬位數。另外，雖然未經官方認證，日本人原口證也曾背誦出圓周率小數點後十萬位數。除此之外，大胃王大會也不斷刷新紀錄，超乎人們的想像。

這些事情，日常中時有所聞，由於是過去的事，往往聽過就算，不過，大家不好奇嗎？為什麼過去天賦異稟的選手，到現代竟變得如此平凡無奇？

艾瑞克森給出了解釋：「由於二十世紀下半葉各個領域的人都投注了越來越多時間練習，更複雜先進的訓練技巧同時應運而生。諸多領域都有此現象，具高度競爭性的領域更是如此，例如音樂演奏、舞蹈、個人和團隊運動、西洋棋，以及其他競技活動。隨著練習的量與複雜度提升，這些領域中的人士能力也日漸強大，其進展未必隔年就清晰可見，以幾十年為單位來比較卻十分驚人。」

過去的人和現代人的天賦可能不相上下，之所以會出現差距，毋庸置疑是因為使用了正確的學習方法，也投入足夠多的努力。來！我們不要讓這種差異湮滅在歷史洪流中，試著套用到自己身上吧。天賦異稟卻使用百年前的練習方法與練習量培養實力的人，和才能平凡卻用當前最棒的學習方法，外加高強度練習量，兩者之中可能後者會展現更強實力，在比賽中獲勝機率更大。

艾瑞克森強調，**用正確的方法努力比練習量更重要**，因為正確的方法能提升數倍的努力效率。這也是我們寫這本書的理由，認真學習和使用正確的方法學習都很重要。艾瑞克森把正確的方法命名為「刻意練習」。

學習與刻意練習的七項特點，如下所述：

一、**用具有一定水準的系統化整理法進行練習**：透過學習、教育學、認知心理學和腦科學整理出有效的系統學習法。

二、**不斷的挑戰稍微超出自己能力的事**：因為人們必須要持續測試自身能力極限，這並不容易，但光是練習克服能力極限就足以讓我們成長。以讀書舉例，如果有個人一開始得聚精會神才看得下書，一直到他能輕鬆閱讀，能寫書評、與他人討論書本內容，還能發表，這個人才算有所成長。

三、**練習建立明確、具體的目標**：前面已經說明過「目標」的重要性，以及何謂具體有效的目標。

四、**必須全神貫注，有意識地行動**：光是遵從老師或教練的指導是不夠的，還得專注於自身練習的具體目標，才能適時調整，以掌控練習過程。

五、扎實基本功才能成為大師：急於求成而跳過練習過程，日後會因基本功吃苦。輕忽基本功的人，想成為專家無異於癡人說夢，就像在我們學習高級內容之前，一定要先學過初級和中級內容才行。

六、建構、倚仗心智模式。

七、獲得回饋，並且依據回饋改變行動。

心智模式和回饋不只是對學習方面，想成長為某個領域的專家也很重要，接下來讓我們一起深入了解這兩種概念。

建構優秀的心智模式

一名在新生兒加護病房工作的護士，已經專心照顧一名新生兒好幾小時。新生兒加護病房是照顧患有某些先天性疾病新生兒的地方。此際，護士突然有股不好的預感，這名新生兒理應泛著粉紅色的皮膚，卻出現間歇性蒼白，某個瞬間，新生兒的臉開始發黑，護士吃驚的呼叫醫療團隊。

醫療團隊立刻圍在新生兒身旁，緊急使用人工呼吸器。醫療團隊判斷新生兒的肺無法正常運作，得施行急救措施，替新生兒開胸插管，將空氣引出體外，讓肺能恢復供氧。

但是，打一開始照顧嬰兒的護士並不這麼想，她認為問題出在心臟，嬰兒皮膚會發黑是因為心包膜氣腫。心包膜氣腫是空氣進入包圍心臟的心囊，壓迫到心臟，妨礙心臟跳動的現象，不急救會有生命危險。她告訴了醫療團隊她的想法。

可是，醫療團隊指了指心電圖螢幕，螢幕顯示嬰兒的心臟沒問題。透過心電圖螢幕，可看出嬰兒心臟一分鐘跳動一百三十下，波形持續而平穩。護士沒放棄，把聽診器壓在嬰兒胸口卻聽不到心跳聲。嬰兒的心臟停止了跳動。

這名護士連忙壓胸施行心肺復甦術，把針管遞給在一旁的醫生，大喊是心臟問題，恰巧X光掃描結果出來，證實了護士的診斷。醫生將針管插入嬰兒心臟，緩慢的抽出壓迫心臟的空氣，嬰兒原本發黑的皮膚這才逐漸恢復粉紅色澤，撿回了一條命。

事件發生後，醫療團隊才檢查出心電圖螢幕故障。而救回嬰兒生命的護士，是如何知道問題不是出在肺，而出在心臟？

在新生兒加護病房，醫療團隊最棘手的是，判斷哪個嬰兒不舒服、哪個孩子健康，因為有時病懨懨的嬰兒恢復速度出乎意料的快，而有時看似正常的早產兒會突然病危。豐富的經驗，是在新生兒病房中的重要工作要素之一。救回心臟有毛病的嬰兒的那名護士，有多年照顧新生兒的豐富經驗，過去曾看過因心包膜氣腫而丟了性命的嬰兒，她具備判斷嬰兒情況的知識，所以就算心電圖螢幕故障，也能救回嬰兒。

能在特定環境中看出某些事相互之間的框架模式，稱為「心智模式」。如果我們對於某個對象有優越的心智模式，不只能預測該對象現在的狀態，也能預測其未來。救了嬰兒的護士，就擁有對嬰兒的優越心智模式。各領域的專家、教授、大師都具有優越的心智模式。各位只要把心智模式理解成安裝在手機的應用程式就可以了。

擁有優越的心智模式，對學習大有裨益，因為心智模式有助理解情報、幫助記憶、分析情況，以及做出正確的決定。

在某項測試中，施測者請圍棋選手下了幾十路棋後停手，接著把未完棋局給其他圍棋高手和一般人看五秒，要求兩人按原局擺出。一般人只擺上了約五顆棋子，但圍棋高手毫不猶豫的擺出原局，一子不差。同樣的測試，換成西洋棋也一樣。施測者請西洋棋選手對弈後中斷棋局，其他西洋棋高手看五秒棋局，就百分百記下了棋局，一般人連兩到三顆棋都擺不出來。

這就是心智模式的力量。圍棋高手有多年圍棋學習經驗，下過幾千盤以上的棋局，背下無數的棋譜，苦思冥想過每一著棋。這些圍棋高手已將圍棋知識系統化，儲存在長期記憶中，只看五秒棋局也能立即掌握情況，按原局擺出。如同我們在第三章所述，儘管短期記憶能力有限，不過藉助長期記憶的力量，仍能克服短期記憶的局限。當然，不是說只要是圍棋高手就一定能完整背下每一路棋，圍棋高手擁有的是，一眼看出整體棋譜的能力。

結果，越學習越有效率的事實，和馬太效應（Matthew effect）有異曲同工之妙。換言之，**懂得越多的人，越容易串連各種已知狀況**。

另外，有一個有趣的事實。萬一棋盤的落子棋路不屬於任何棋譜，而是不按棋譜任意落子會怎樣呢？測試結果顯示，給圍棋高手和一般人看隨意擺放的棋局，圍棋高手和一般人差不多，幾乎背不出棋子位置。

在此，我們能了解心智模式的另一個特徵。心智模式有著特定領域，透過圍棋建構的心智模式，和透過西洋棋建構的心智模式，是個別獨立的。圍棋高手看到沒背過的棋局，表現與常人相同。同樣的道理，我們對某領域精通熟練，不保證我們也會精通其他領域。

由上所述，可以知道各種雙腦訓練項目根本毫無意義。看到一個孩子很會拼拼圖，就覺得他一定很會學習。這是個徹頭徹尾的誤解。很會拼拼圖，就只是很會拼拼圖而已。因為我們學習的領域都是有系統的，我們不能單獨學習、熟悉、記憶不同領域的知識，卻不把這些領域知識加以整合。

試想手機應用程式，手機的每個應用程式是獨立的。打開遊戲應用程式，就不能使用臉書，所以我們不用被號稱能讓頭腦聰明的各種雙腦訓練項目、遊戲和拼圖迷惑。號稱能讓頭腦聰明的各種雙腦訓練商品，曾有一度席捲全球消費市場，直到二〇一四年，有六十九名科學家出面表示：「那些標榜能幫助雙腦訓練的商品都是騙人的，大家知道吧？」學習沒有捷徑，想學習好某個領域，唯有潛心學習該領域的知識。

每個人與每種領域的心智模式的量和質不一樣，量就是要投資大筆時間，那麼要怎麼提升心智模式的質？方法就是獲得回饋意見。

有研究指出，即便是有幾年資歷的醫生，假如沒有接受他人的回饋意見，一段時間過去，看待自身實力的客觀能力，會比僅有兩三年資歷的新手醫生還差，這正像第二章中看過的，透過學習回饋意見，了解現在懂什麼、不懂什麼、必須了解什麼，重新制定明確、可實行的計畫和有效策略，即進行刻意練習。

可惜的是，學生相當牴觸回饋意見。二〇〇七年某項研究指出，百分之五十的大學生，不會看專業科目教授給的作業回饋意見，剩下的學生雖然讀了回饋意見，但幾乎沒有學生搞懂回饋意見的意思，更別提在下一次的作業改正上次作業的疏漏。

想建構優秀的心智模式，就不能忘了以下三點：

一、**專注力**：盡可能讓自己專心。另外，打造專注的環境也很重要，希望各位能細讀第十章。

二、**回饋意見**：不要害怕從專家或同事獲得學習回饋意見。除此之外，也需要自我回饋，藉由解練習題、多考試、討論、發表等各種方法，**確認自己了解了多少學習的內容**。前面已經學到自我回饋，能增強後設認知與長期記憶。說到底，人們透過強化後設認知和擴展長期記憶，能提升心智模式的質與量。

三、**修正**：從學習回饋意見中，確認自身學習情況後，就必須依回饋擬定修正策略、計畫和行動。如果能意識到自己的問題進行修正，學習就能達到最大的效果。無論聽了多優秀導師的建議，藉由多出色的書確認了自己的問題點，若不實際修正，於事無補。各位讀完這本書，找出自己學習策略的問題點，就趕緊修正策略和計畫，好好修正吧！

努力不會背叛！

高作家看了這一章開頭提到的報導：「不管付出多少努力，缺乏天分就很難追上」，覺得很奇怪。因為不只個人親身經驗，高作家也透過許多文獻了解到「努力」的重要性，因此，高作家找出那篇報導原文，仔細閱讀。

首先，撰寫那篇報導的記者，是根據《紐約時報》的〈Do You Get to Carnegie Hall? Talent〉中出現的論文〈Deliberate Practice and Performance in Music, Games, Spots,

Education, and Professions: A Meta-Analysis〉為基礎，寫出了那篇報導。高作家閱讀報導和論文原文後，明白記者傳達了錯誤的事實。

那位記者寫著：「不管付出多少努力，缺乏天分就很難追上。」不過，這只是誘餌式標題，該篇論文中並沒有提過這種話。該篇論文主要針對我們在前面看過的艾瑞克森的刻意練習能解釋多少傑出表現，進行統合分析，做出結論：「刻意練習對傑出表現很重要」，但沒有重要到如艾瑞克森所說。簡言之，該篇論文並未拿努力和天賦作比較。

此外，在該報導中出現的「密西根州立大學漢布里克教授研究團隊，以八十八篇研究努力與天賦的論文為對象，進行研究。」「研究結果指出，在學術領域，實力的差異取決於，投入努力的時間比率為百分之四。音樂、運動、西洋棋等領域的實力差異，努力的時間影響比重為百分之二十到二十五。」等內容，皆傳達了錯誤資訊。刻意練習和「努力的時間」，是不同的概念，該論文中沒有比較努力和天賦，而是針對刻意練習對表現的影響，進行了統合分析。

該報導甚至提及：「該篇論文結論是，在任何領域，假若不具天賦，不管多努力，成為大師的可能性很低。」這完全是報導不實，在《紐約時報》刊登的論文原文中，也找不到這句話。

令人擔心的是，這種不實報導很可能毀了某人的人生，該篇報導的留言和讀者反應，大部分都是「努力無用論」和「天賦決定論」。

真相是，報導內容錯誤，留言也錯了。當然，我們無法保證每個人用正確的方法認真學習，就能變成愛因斯坦、麥可喬登、梅西和尤塞恩·博爾特，但讀了本書的讀者，只要使用有效的學習方法，努力學習，必能躋身專家和專業人士行列。

用對方法努力，努力絕對不會背叛你。

申博士的見解

成為傑出者的祕密

三星研究所和研發室有很多碩博士學歷的人，我在職時，光是我們部門有碩博士學位的比例，就超過百分之七十，高層主管約九成以上是碩博士畢業。不只三星，在國際市場嶄露頭角的國際企業所屬的研究室或研發室人員，大部分都擁有高學歷。不過，我在過去工作的研發室裡，遇見了澈底顛覆傳統觀念和偏見的最優秀工程師。

當時我進公司沒多久，就參與了所有首席研究員和負責人都會出席的會議。在這麼多人參與的會議上，一眼就能看出哪些人會是下一任部門領導者。那些有著堅強實力、主動提出自己意見的人，通常是該部門的菁英，即未來準部門領導人。

我在那場會議第一次認識Y首席研究員。他敢於反駁常務，提出與常務相反的意見；樂於給他部門的負責項目建議，還有他會針對好奇之事提出疑問。這使他在幾位首席研究員中嶄露鋒芒。會議結束後，我自然的詢問一位前輩，Y首席研究員是哪一所大學的博士學位，卻得到衝擊性十足的答案，前輩說：「Y首席研究員是高中畢業。」我一度懷疑自己的耳朵，可是Y首席研究員的確連大學都沒畢業。

在製造中心裡以一級職員身分進入公司的高中學歷者很多，不過，研發室幾乎沒有這種人（附帶一提，大學學歷進公司是三級職員；博士學歷進公司是五級職員）。研發室沒有一級職員，是因為研發室職員如果只有高中學歷，會跟不上研發室的工作進度。在這種狀況下，明明只有高中畢業，卻比起其他碩博士畢業更具專家風範的Y首席研究員，大大的衝擊了我。與此同時，我也對他產生好奇。

隨著我和Y首席研究員所屬部門的業務往來增加，我們聊天的機會變多。我和Y首席研究員聊天，和他所屬部門員工一起工作，總算明白Y首席研究員為何能成為最優秀的專家。

首先，Y首席研究員有著多年製造中心現場實務經驗，雖然我認為學習研究時間短是他的弱點，但相對的，他親自站上生產線累積下來的實務經驗，是他的優點。他在高中畢業後馬上進入公司，比起其他研發室首席研究員，多了十年以上的實務經驗。再加上，他在製造現場工作拓展出來的人脈，使他獲得寫教科書和論文絕對學不到的技術性訣竅，這也是Y首席研究員的最大長處。

不過，單憑豐富的實務經驗絕對無法在研發室生存，要不然豈不是所有製造現場的人來到研發室，都會變成最佳菁英。Y首席研究員為了保有自己的獨門優勢，孜孜不倦的提升成為專家需要的能力。有一天，員工全部下班，Y首席研究員留下學習專利權相關資料。還有一次，我們更改了開發產品的基本驅動方式，那時Y首席研究員率先集合部門員工，一起學習新產品的驅動方式。

老實說，在三星中，努力學習的人比想像中來得多，如此看來，單純的多學習，不足以說明Y首席研究員的優秀。又過了一陣子，我了解到他是如何成為超級菁英的。

Y首席研究員絕不害怕提問。即便他有著出色的業務能力。不過，一涉及過深的理論，就會超出他的理解範疇。每當那種時候，他會去找其他擅長該領域、有博士學位的負責人或首席研究員，認真提問。一般人看到這種情況總是愛說：「首席研究員連這個都不知道？」但他並不介意，對於不懂的地方，他會打破砂鍋問到底，直到他理解到某種程度為止。另一個讓我覺得他比其他人更優秀的是，他一次就能澈底搞懂原本不懂的事情，之後和人對話散發出的專家氣息，彷彿他就是真正的專家。

Y首席研究員的多樣才華之最，是寫技術論文。論文要寫得好，真的不容易。在我們研發室的碩士研究員中，很難找到寫得一手好論文的人。Y首席研究員的論文真的寫得很好，他也很擅長指導下屬技術性方面的論文寫作。我說的下屬，包括博士研究員。我還在職的時候，Y首席研究員和他的上司曾因合著論文，在三星顯示電子論文大會上獲得銅獎。

有一天，我詢問Y首席研究員論文寫得好的祕訣，他的回答意外簡單：多讀多寫，還有他說自己身邊有很多論文寫作經驗豐富的博士，他經常向他們請教、練習。既然他都能指導博士研究員論文，我對於他的成長也不那麼意外了！Y首席研究員是我見過的人中，證明只要持續不懈的努力，人人都能變成「萬事通」的最佳實例。

本章提及，想成為專家必須付出相應的努力，同時我們的努力必然要伴隨兩個副詞，那正是「澈底的」和「持續不懈」。換句話說，不是盲目的，而是必須努力的發問。許多夢想成為專家的人，因為沒滿足這兩個態度之一，所以突破不了自己的極限。

尤其東方人，大多不習慣發問，很多時候得不到回饋意見。想獲得正確回饋意見的第一步是，不要因為自己的不足而難為情，鼓起勇氣，持續的與時間競爭。不要漫無頭緒的努力，要確保獨自學習的時間。

大多上班族和學生會說自己沒時間。忙於工作和學習而沒時間是事實，但即便只是善加利用週末的時間也會創造變化。先不說如果每個週末學習十小時，十年後累積一萬小時的算術問題（其實我非常推薦這個時間活用法，但絕非易事）。

我們不用時間觀點，改用讀書觀點，聊善用週末這件事吧。每個週末努力看一本書不難，一年累積下來就能超過五十本，兩年就有一百本。如果是專業書籍，不是一般書籍，一次讀一章節，一年能讀八本。潛心研究某個特定領域兩年，就能累積足夠的內功，甚至包含和專家討論在內，持續不懈的學習某個特定領域五年，我們會變得怎樣（這年頭，只要累積好充足的內功，很簡單就能透過網路，和該領域的專家討論、分享意見）？我們會發現自己的驚人成長。

重新強調一次，只要澈底的、持續不懈的努力，人人都能成為某個領域的專家。

第七章

情緒，是學習的引路人

「人生因擔心微不足道的小事而短暫。」

—— 查爾斯．金斯萊 ——

教五歲孩子認字是好事嗎？

英國劍橋大學教授烏莎・戈斯瓦米以五歲和七歲的歐洲兒童為對象，進行了一項有趣的測試。戈斯瓦米想知道，兩個孩子分別從五歲、七歲開始看書。等到升上小學中高年級後，哪個孩子會有更傑出的閱讀能力？為了尋求答案，戈斯瓦米研究了來自三個國家說著不同母語的孩子。

高作家認為答案很明顯，知識就像是資本，就算利息都是百分之一，但是一億的本金和一百萬的本金，能得到的利息有著天壤之別，投資本錢越雄厚，獲利也越高，知識也是如此。擁有更多知識的人，日後知識獲取量理應高出相較知識少的人。實際上，學齡前兒童之間的詞彙能力差異，會在孩子念完小學後產生更顯著的落差。考慮到所有變數，較晚開始學習的孩子，很難追上較早開始學習的孩子，所以高作家理所當然的認為，五歲開始閱讀的孩子的閱讀能力，會比七歲才開始閱讀的孩子更高，豈料在戈斯瓦米的研究結果中，七歲才開始閱讀的孩子，閱讀能力卻勝出五歲就開始閱讀的孩子。

因為戈斯瓦米研究中沒有說明具體理由，使高作家更加好奇。他身為兩個孩子的父親，且非常重視孩子的閱讀教育，因此找了許多資料深入研究。結果，他了解到很可能是某個主因及其延伸出的兩種理由的緣故（更明確的說，這三者很可能存在關聯性）。

家有孩子的父母就會懂，因為孩子大腦的發展特性，所以孩子的語言詞彙能力進步神速，認字和背誦速度卻相對較慢。孩子在六歲以前聽力高，文字認知能力低。俗話說：「孩子在聽力方面是天才，在閱讀能力方面是傻瓜。」要到七歲才開始會認字。這是讓孩子提前學習文字的意外副作用。

父母過早讓孩子認字，孩子會用還沒做好準備的大腦認真背誦。等到孩子背下幾個單字後，父母為了確認孩子認得多少字，進一步讓孩子看書。

五歲的孩子這時會看什麼書呢？會看媽媽在兩到三歲時為孩子念過的書。這一類的書通常一頁只有一句又短又簡單的話，而且是用孩子「原本就知道」的詞彙組成。因為孩子的大腦還無法維持高專注力，所以五歲的孩子很難在一天內一口氣學習好幾個小時。孩子在一天的短暫學習時間內，持續學習的時間不長，卻努力閱讀一些原本已知的詞彙與過於簡單的句子。

如果在同樣的時間，父母不是讓孩子自己看書，而是唸書給孩子聽會怎樣？一個五歲孩子大概能聽一頁有三到四句的書，而且是有豐富詞彙的長句子。前面說過孩子在聽力方面是天才，在閱讀能力方面是傻瓜。在一天的短暫學習時間裡，一個孩子用有效率的耳朵聽有著豐富詞彙和複雜結構的句子，另一個孩子用效率低的眼睛看本來就知道的詞彙和非常簡單的句子。

經年累月，兩個孩子的語彙能力和理解能力會出現明顯差異。孩子閱讀能力高低的關鍵，不在於孩子何時開始認字，而在於進入孩子大腦的語彙和句子有多少。因此，五歲開始閱讀的孩子的閱讀能力，會比七歲開始閱讀的孩子的閱讀能力差。在孩子七歲前認字沒那麼重要，反而是父母應該要多唸書給孩子聽。

除此之外，還有另一個問題。孩子的認字教育大多由父母負責。然而，父母不是教育專家，習慣給予孩子情緒化回饋，對學習抱有高度期待的父母尤為嚴重。孩子認字能力差，父母會感到煩悶，表情不好，言詞尖銳。平常口口聲聲「你真棒」的父母，唯獨在學習時會露出不好的表情，孩子會怎麼想呢？尤其父母是孩子全心依賴、深愛的人，這時候，孩子的情緒會受到傷害。而情緒和學習有著緊密的關係。孩子受到父母情緒反覆的影響，會認為讀書是不好的行為，從而喪失學習主動性。

情緒影響決策和學習

一名患有嚴重憂鬱症的男人，找神經科學家安東尼奧．達馬西奧。達馬西奧替那名男子進行了檢查，起初看似沒什麼大問題，這名男子記性好，智商又高。等到達馬西奧給男子看一些驚心動魄的照片，比如嚴重車禍，才揭露了這名男子的問題。原來這名男子感受不到任何情緒，就連看到非洲兒童忍受著飢餓、為病痛折磨的照片，他也無動於衷。

然而，不帶情緒冷靜的生活，為什麼會讓人生一團糟？雖然聽起來不太好，可是我們明明看過不少擁有冷靜出色大腦的人，過著吃香喝辣的好日子。其實，感受不到情緒比想像中更致命。

達馬西奧結束檢查後，請那名男子決定下一次回診日期，三十分鐘過去，男子始終下不了決定。達馬西奧透過後續研究，發現情緒不只在決策管理方面扮演重要角色，我們誤以為是獨立的「感性」和「理性」，其實也存在著關聯。

人們普遍認為學習只與理性有關，但根據達馬西奧的研究，理性無法獨自存在，是與感性如影隨形。經腦科學家泰利．道爾對人腦的實際觀察指出，人腦掌管情緒與知識學習的部位，錯綜複雜的糾纏在一起，因此推測，情緒會帶給學習很大的影響。

在戴維．蘇澤博士的一項研究中，他請受測者玩紙牌遊戲，有四組疊起來的紙牌，要輪流抽出一張紙牌，各組紙牌的賞酬和罰金有極大的落差，某些組賞酬和罰金落差大，有些組賞酬和罰金落差差不多。

受測者不知道這件事，第一次隨便抽了牌，隨著紙牌遊戲的進行，受測者學習到不同組的紙牌的風險性不同，於是，大部分受測者都採取保守策略，避免抽風險高的紙牌，只抽報酬和罰金都很低的組別紙牌。

在此，有一項有趣的事實：這種學習不光靠理性計算就行了。有種叫皮膚導電反應方法，主要是觀察人類細微感情變化的檢測方法，像是出汗與否。皮膚導電能察覺受測者本人也沒察覺的情緒變化。起初，受測者隨意抽紙牌的時候，皮膚導電沒有太大的反應，當受測者知道各組紙牌存在不同風險性的那一刻起，受測者對於抽取風險高的紙牌組別，開始出現了皮膚導電反應。隨著紙牌遊戲的進行，受測者不斷累積情緒資訊，情緒資訊影響了受測者的抽牌策略。

為什麼人們會選擇安全策略？想一想第二章中登場的迴避損失，就能簡單理解。人們比起因報酬獲得的幸福，因損失感受到的痛苦會放大二到二點五倍。其實遊戲時間一拉長，不管抽風險高或風險低的紙牌，兩者實際損益相差無幾，只差在受測者的情緒感受。

如果受測者一直抽風險高的紙牌組，情緒會受到很大的損傷，所以受測者才傾向選擇保守策略。在類似的研究中，專家學者主張情緒不只會影響決策管理，在數學之類的一般學科的學習上，或是社會學習方面，情緒都有很大的影響力。在人們渾然不覺時，情緒會帶領人們進行學習。順道一提，紙牌遊戲中，也有受測者不採用保守策略，一直抽高危險性的牌。這類受測者感受不到大腦腹內側前額葉皮質的損傷，感知不到自身情緒，那名找上達瑪西奧的男子，就是腹內側前額葉皮質受損患者。

不知道各位有沒有聽說過，投入感情背單字會背得特別快的說法？這不是子虛烏有的傳聞，根據腦科學家道爾的研究，人在記憶某事的時候，接收到的情緒刺激越大，記憶持久力越好。換言之，人們處於興奮狀態下的記性，比不興奮的狀態的記性好。人們對特定資訊投入情緒，就像是對「遺忘」的攻擊展開防守。

各位應該都明白情緒和學習有多麼密不可分了吧。既然如此，再來看看正面情緒和負面情緒，兩者分別對學習有什麼影響？

負面情緒vs.正面情緒

韓國EBS電台的紀錄片製作組，對韓國慶尚道山谷小學四年級學生進行測試。製作單位把學生分為兩組，兩組的數學平均分數相近。製作人讓兩組學生參加一樣的數學考試，考前先給兩組學生不同的指示：請一組學生寫下五項過去一週難受和煩躁的負面經驗；另一組學生寫下五項過去一週開心、幸福和興奮的正面經驗。

兩組學生分別寫下負面經驗和正面經驗後，進行數學考試，考試結果如何呢？寫負面經驗的那組學生，平均分數七十三點五分，寫正面經驗的那組學生，平均分數七十八點六分，兩組學生的平均分數出現高達五分的差距。主考負責人山谷小學老師坦言：「很訝異，原本半信半疑。十分鐘的經驗回想，居然造成五分這麼大的差距，讓我嚇了一跳。」

為什麼會出現這種現象？羅森維在《左腦思考，右腦執行》中提過，高爾夫推桿實驗可以說明負面與正面情緒如何影響潛意識。美國普渡大學心理學者潔西卡・維特博士，找來三十六名高爾夫選手，請他們在不到兩公尺的距離推桿到直徑五公分的球洞。然而，球洞周遭環境跟一般高爾夫球場不太相同。一次是測試團隊透過放映機在球洞周邊投影出比原球洞更大的五個圓洞；另一次測試團隊透過放映機在球洞周邊投影出比原球洞更小的十一個圓洞。球洞明明一樣大，只是視覺上不同。高爾夫球選手說，第一次推桿的球洞比自己平常練習的球洞小，第二次則說比自己平常練習的球洞大，實際上，球洞大小是一樣的。

那麼，高爾夫球選手的推桿成功率是多少呢？有趣的是，即便是同一人對同樣大小的球洞推桿，看起來較大的球洞的推桿成功率，是看起來較小的球洞的兩倍之多。由此可知，就算是同樣的對象，但隨著認知不同，人們的實踐力也會有變化。推桿到視覺效果較小的洞，會使高爾夫球選手產生不安的負面情緒；反之，推桿到視覺效果較大的洞，會使高爾夫球選手產生比平常更有自信的正面情緒，不是嗎？

社會心理學家芭芭拉・弗雷德里克森主張，負面情緒會窄化人們的認知，正面情緒則會擴張人們的認知，其論點合理性獲得腦科學數據的支持。

大腦最先接收情緒資訊的地方，是網狀活化系統，所有的情緒資訊如不先通過網狀活

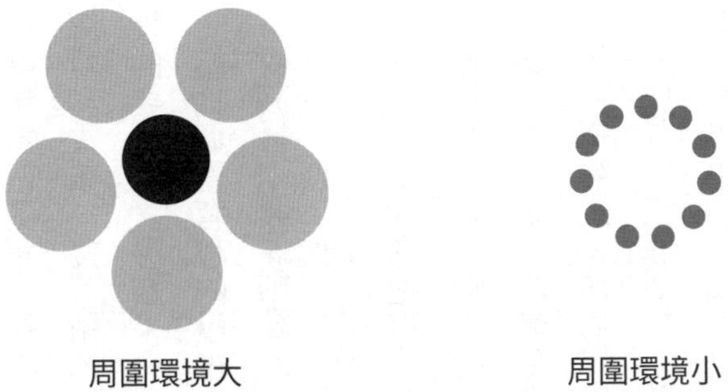

認知帶來的成果變化

化系統，就無法傳送到處理更高級情報的大腦。因此，網狀活化系統，在資訊處理方面具有舉足輕重的地位。然而，網狀活化系統不會隨便讓所有資訊通過，只會把自身判斷後覺得重要的資訊傳送給大腦，類似一種過濾裝置。原因是，外界情緒資訊量過大，站在學習者的立場，當然希望自己在學習時需要用到的知識和資訊，能用特別會員的資格輕鬆入場，遺憾的是，有比學習資訊更高級的ＶＩＰ。人腦重視個體的生存多於個體的學習，假如發生不好的經驗或壓力，造成個體產生負面情緒，網狀活化系統會優先考慮個體的生存，給能幫助個體生存的資訊最高的優先權。結果，雖然個體負責處理上課或學習情報的大腦部位未被啟動，但個體負責處理生存機能的大腦部位，因為學習到負面情緒被啟動，造成學習的負面效果。

相反地，像是創意能力、思考能力和判斷力等的正面情緒，會產生學習的正面效果。前面提到的弗雷德里克森教授，給實驗參加者一桶圖釘、一桶火柴和一袋蠟燭，要求他們不讓燭液掉到地面，蠟燭得貼在牆上。請各位思考如何解決這個問題，這沒有想像中簡單，需要創意才辦得到。首先，受測者得倒出桶子裡的圖釘和火柴，接著用圖釘把桶子固定在牆上，再作為燭台使用，才能完成弗雷德里克森教授的要求。實驗結果發現，在解這道問題的時候，施測團隊如果給受測者好吃的東西，或是給他們看有趣的漫畫書，或是請他們大聲朗讀正面詞彙，會比沒這麼做的時候，受測者有更高機率發揮創意力。

在一項以四十四名實習醫生為對象的實驗中，實驗結果也指出，正面情緒擁有強大的力量。施測團隊把醫生分成三組：讓一組醫生吃了好吃的東西；另一組醫生閱讀人道主義治療行為宣言；剩下的一組醫生什麼也沒讓他們做。之後，請三組醫生看某些疑難雜症的病癥，並且請各組醫生發表診斷結果。最有效率且做出最正確判斷的是，被誘發正面情緒的第一組醫生。他們做出了比其他組更有深度、更詳細的診斷。

此外，正面情緒在區分圖形空間問題和邏輯模式推論問題，也展現了更快速的思考能力。結果可知，比起負面情緒，當個體有著正面情緒時進行的學習更有效率。

消除考試與上台場焦慮

有比重要的考試更讓人緊張焦慮的事嗎？申博士參加大學入學考試的時候，太緊張以致尿急，所以每次的考試休息時間都在跑廁所，不出意料，總是尿不出來。當時申博士心想：「考試中途真的想尿就尿在褲子上吧，大不了丟臉一次。」當時的心情，現在想來「又悲傷又搞笑」，卻有效的緩解了申博士的緊張情緒。高作家在大學考試的時候，也曾因過度焦慮，一看到考卷，腦袋一片空白。考試焦慮會帶給成績什麼影響呢？

杰雷爾．卡薩迪教授，以兩百七十七名大學生為對象，實行預測考試焦慮的「認知考試焦慮量表」。他給學生們一定的時間閱讀教材後才進行考試。考題全是選擇題。研究結果指出，考試焦慮和考試成績有一定程度的關聯。也就是說，考試焦慮指數越高，大學生在選擇題型的考試裡得低分的可能性越高。

卡薩迪教授透過後續研究了解，學生的考試焦慮指數越高，無論是理解問題、根據問題內容作答的推論問題，或是歸納性問題等，都會獲得低分。

那麼該如何克服考試焦慮？首先看看成效低落的解決對策：絕對不要焦慮，焦慮這個詞想都不要想。

考試當天早上自己對自己或是別人對自己，說：「拋開焦慮！」有可能反而更焦慮。

這種壓抑所有想法或情緒的方式，稱為精神控制，而大部分的精神控制都會造成反效果。

俄國大文豪托爾斯泰，小時候他哥哥讓他站在角落，叮囑他絕對不能想到白熊，結果，托爾斯泰滿腦子都是白熊的念頭。心理學家韋格納教授設計了一項實驗，想確認托爾斯泰這個小時候的故事是不是事實。韋格納教授要求一組受試學生五分鐘內不要想白熊，另一組受試學生可以自由想白熊。實驗結果顯示，要求不要想白熊的學生比能自由想起白熊的學生，更常想起白熊。

不只是白熊，當個體痛苦的時候，如果被要求不要意識到痛苦，個體的痛感反而會更加強烈；當某人睡不著覺的時候，要求不要再想東想西，反而會讓那個人更加睡不著。

平息焦慮的最好方法之一，是詳細說明或寫下焦慮的細節，而不是努力遺忘焦慮，這種平息焦慮的方式稱為「情緒命名」。

加州大學馬修．利伯曼教授，讓一些成人受試者看了許多照片，再請這些受試者選出最適合該照片的感情表達詞彙。比方說，受試者看到在貓眼前的老鼠照片，只需找出「恐懼」之類的詞彙即可。研究結果發現，假若受試者在看到照片的時候能選出適合詞彙，則能消除看到照片時的負面情緒。事實上，**在考試前寫下對於考試焦慮的高中生，考試成績會比其他高中生更好**。

如果觀察過人腦，就知道情緒命名能緩解焦慮的原因。當受測者替情緒命名的時候，施測團隊同時觀察受測者的大腦，發現受測者主要負責理性的前額葉皮質的活動增加，而負責情緒的杏仁核的活動卻減少。由此可知，當我們出現考試焦慮的時候，比起刻意想擺脫那份焦慮，不如冷靜下來，仔細說明現在感受到的焦慮，並將其寫出，我們在此過程會不知不覺的冷靜下來。

此外，如果我們還能以其他觀點描述自身情緒，效果倍增。哈佛商學院教授艾莉森·布魯克斯，使用能檢查音量、音感和拍子準確度的任天堂程式，請大學生唱歌。在大學生唱歌之前，布魯克斯要求一組學生大喊「好緊張（焦慮）」；另一組學生大喊「好開心（興奮）」；剩下一組學生沒提出任何要求。結果顯示，沒被要求的組，音量、音感和拍子準確度是百分之六十九；被要求強調焦慮情緒的該組學生，音量、音感和拍子準確度是百分之五十三，但在唱歌之前，被要求大喊開心的該組學生，音量、音感和拍子準確度高達百分之八十。在某一項演講實驗中也指出，請受測者用興奮的情緒重新定義恐懼情緒時，會有效提升受測者的演講能力。

用正面情緒重新定義負面情緒的效果，不僅限於考試當天，假若我們平常就學會這樣做，會對我們的整體學習大有裨益。當我們每次**產生負面情緒時，就用正面詞彙重新定義那份負面情緒，或是寫出負面情緒的具體細節**，這些都是日常中維持正面能量的好策略。還有，每天寫感恩日記，或是經常和好朋友互聊優點，不但能維持日常正面情緒，就像前面看到的一樣，也能大大提升學習效率。

擔心鬼基因

有些人面對大學入學考試、公務員高考、特考等重要考試或面試，或者是重要發表，無法消除焦慮，原因很有可能來自遺傳。

臺灣師範大學張俊彥教授知道自己孩子的實力不差，只是考試考不好。張教授一開始認為是因為太緊張，但也懷疑是不是受到遺傳影響，於是二〇〇七年著手研究遺傳和考試成績的關係。張教授以七百七十九名基本學力測驗國中應考生為受試對象分析，檢測這些國中應考生血液中抽取出的DNA基因，是否會影響考試結果的要素。研究進行了六年，張教授發現，的確有能影響考試成績的基因存在。張教授注意到的是COMT基因，COMT基因負責調節多巴胺。多巴胺是一種為了實現目標非常重要的神經傳達物質，但如果多巴胺濃度持續過高，會導致大腦超負荷，機能無法正常運作。而通常在個體接受重要考試或面試時，多巴胺有過度分泌的傾向。

張教授主張COMT基因分為三類：戰士型、擔心鬼型及中間型。有戰士型基因的人，因為焦慮緊張而分泌出的多巴胺，比有擔心鬼型基因的人多出四倍，意謂著戰士型的人比擔心鬼型的人能更快克服問題。看完這一章的讀者，絕對能充分理解，這兩種基因的人會出現什麼樣的考試成績。比起有擔心鬼型基因的學生，有戰士型基因的學生的中文、英文、數學、社會及科學等各學科成績來得高。而擁有戰士型基因的受試者，占全體百分之五十；擁有中間型基因的受試者，占全體百分之四十；擁有擔心鬼型基因的受試者，占全體百分之十。

在張教授的研究裡，另有值得我們關心的事情。撇開考試不談，張教授提出的三種基因，在我們的日常生活中扮演什麼角色呢？多巴胺是代表性的動機賦予賀爾蒙，維持一定濃度的多巴胺，能維持人們日常生活中的學習欲望。至於在日常生活中，多巴胺分泌少，有擔心鬼型基因的人的學習動機，會比有戰士型基因的人高嗎？

張教授的研究支持了這項事實。比起有戰士型和中間型基因的人，有擔心鬼型基因的人，在日常生活中的語言能力、記憶力、思考力及問題解決能力等各種方面，更加傑出。

張教授的研究以新觀點看待「考試」一事。當遺傳基因能左右考試成績時，一考定終身的制度有多少實效性？實際上，在張教授的研究點出這個問題之後，臺灣付諸公論，秉持考試是為了幫助孩子成長，臺灣政府機關對基本學力測驗進行了改革。

也許有正在準備考試的讀者，會擔心自己是不是有擔心鬼型基因，我們給這類讀者一些建議。

不用擔心，因為十個人裡有一個人擁有擔心鬼型基因，各位沒有擔心鬼型基因的可能性更大，反而，有戰士型基因的人具壓倒性比例。就算有擔心鬼型基因的人，也不需憂慮，在日常生活中，擔心鬼基因的人占有優勢，這不是更好嗎？只要學會用我們介紹的策略克服考試焦慮即可。在考試制度方面，張教授的研究非常重要，但在個體方面，無視這項研究的結果會更好。因基因決定論而糾結，絕對開不出自身潛力的花朵。如能用正確的方法努力，各位大可忽略天賦才能論，憑藉自身之力達到專家水準。

十九世紀小說家查爾斯．金斯萊說過：**「人生因擔心微不足道的小事而短暫。」**

申博士的見解

花心思把樂趣加進學習

「如果我有一小時可以砍一棵樹，我會先花四十五分鐘把斧頭磨利。」

這是美國林肯總統的名言。這句名言帶來的啟示不是盲目的努力，而是強調徹底準備、高效工作的重要性。那麼我們想好好學習、工作，該準備什麼呢？雖然能做的很多，其中之一是刻意發掘工作與學習的興致，或說是興趣。以林肯的名言比喻，就是用名為愉快的磨刀石磨利鈍化的注意力。實際上，一旦進入職場，要我們一直對手邊工作抱有強烈興趣無疑是痴人說夢。我們真正需要的是，誘發些許興致，至少不會覺得學習或工作得很勉強。

以下是我在新加坡念博士課程時發生的事。某一學期，我擔任了電子系大二生基礎迴路實驗課的助教。當時，我手上有超過十堂課，不是同一個班的固定助教，而是要負責進行不同班級的教學。

由於基礎迴路實驗是必修課，有很多非自願來聽課的學生，不知道是不是因為是第一個與主修科目相關的實驗課，所以學生們上課很沒活力。即便如此，當時我正處於對學習法和創造學習動機很感興趣，決定在某一班進行較特別的嘗試。我試圖在教學時縮短教理論的時間，馬上進入實驗方法說明，不過那次我把實驗方法說明的開場改成了說故事。

「大家都知道蘋果公司吧？有不少同學用的是iPhone。這裡，我要提出一個問題。蘋果公司的標誌是蘋果，卻不是普通的蘋果，是被吃了一口的蘋果，對吧？各位知道是為什麼嗎？」

我一說起蘋果公司的標誌故事，瞬間吸引了學生的注意，不管是打哈欠的學生，或在滑手機的學生都側耳傾聽。

「大家知道艾倫．圖靈嗎？圖靈提出機器學習的概念，被譽為電腦科學之父。要是沒有他，人類非但沒有電腦可使用，說不定人類發展至今仍會停留在工業時代。雖然他是個傳奇人物，遺憾的是，他的人生卻以悲劇收場。他生活的時代視同性戀者為罪犯，在一九五二年，艾倫被以同性戀嫌疑罪名逮捕，化學閹割取代了坐牢處分。兩年後，他吞下塗有氰化鉀的蘋果自殺。

「圖靈的人生奔向悲劇結局的同時，美國又推動了新革命。在一九四七年，貝爾實驗室發明出半導體。圖靈的機器學習和半導體發明，兩者缺一，人類歷史就不會發展到今天這個地步。這樣想想，要是圖靈不死，繼續結合發展半導體與電腦的話，人類的發展會到什麼地步呢？率先想到這件事的人就是賈伯斯。他認為如果真是這樣，人類能用更先進的技術活在比現在更好的世界。賈伯斯惋惜無法實現的悲劇，決定使用咬一口的蘋果標誌以悼念圖靈。今天要利用歷史發明出的半導體進行基礎迴路實驗。說不定，大家也能用今天學習的知識改變人類的未來，所以一起用心做實驗吧（我第一次聽到這個故事的時候也是驚嘆連連，後來才知道不是事實。有位記者問賈伯斯是不是為了悼念圖靈才把標誌設計成這樣，賈伯斯答道：『啊！如果是那樣，會更帥氣呢。』）。」

學生反應熱烈，課業參與度高昂，更積極針對實驗提問。雖然我用了和其他班級一樣的教學方式，可是，課程提早二十分鐘結束。一週之後，我評閱實驗報告，在二十名學生中，有四名學生感謝我告訴他們這麼好的故事，有一位有趣的朋友，把報告上的學校標誌換成蘋果公司的標誌，並且寫上「悼念艾倫．圖靈」一不到十分鐘的簡短故事，意外的提高學生的學習效率。就這樣過了幾週，一位研究室朋友，也是同一門基礎迴路實驗課的助教，來找我吃飯。我問他怎麼這麼早下課，他說這一班學生實驗做得特別好。猜得到是哪一班嗎？沒錯。就是那些追悼圖靈的學生。

以這件事為契機，我在工作教學或做其他事情的時候，會努力思考什麼樣的故事能刺激人們的興趣，即使興趣再小也沒關係。比方說，和討厭數學的同學聊些數學史；對厭倦做研究的同學，列舉有名科學家傳記中克服逆境的部分。至於我自己，不管學習什麼之前，比起漫無目的的開始，會努力展望未來藍圖，找出學習有趣的部分。相對而言，抱持興趣開始的工作或學習，更容易獲得好成果。既然聊到這裡，稍微延伸擴充林肯的名言，把砍樹速度加快：「如果我有一小時可以砍一棵樹，我會先花四十五分鐘把斧頭磨利。還有，準備五首輕快的歌。反正要砍樹，就開心的砍吧！」

試想，砍樹砍到沒力氣的瞬間，傳來電影《洛基》的〈虎之眼〉，激發新的力量（相反地，想像放的是抒情歌，光是想像就覺得全身力氣要蒸發了）。人們做任何事很大程度上受情緒因素的影響，所以，不要茫然的努力，想一想要怎麼愉快的工作、學習。

高作家的深化學習

人為什麼不幸福？

我要以徐恩國教授的《幸福的起源》一書為中心，細聊兩件事。

二〇〇六年的世界盃決賽，法國與義大利對戰當時，曾發生過一件在足球史上的有趣事件。決賽加時下半場，原本走向球門的主將席丹突然一百八十度轉向，改用頭鎚義大利後衛球員馬特拉齊，結果席丹被判退場，法國爭冠失利輸給了義大利。之後席丹頭槌的原因揭曉，馬特拉齊對席丹和席丹姊姊使用了影射種族歧視的字眼。就像作者說的，那一瞬間，席丹從「法國國家代表隊的主將，一瞬間變成一個姊姊的弟弟」。

席丹在頭鎚事件後變成法國人心目中的「英雄」，他的頭錘場面被製成雕像，立在法國知性象徵的龐畢度博物館前。在世界盃結束後，法國總統席哈克招待足球隊共進晚餐，席哈克對席丹說：「你是個熱血的人，所以法國愛你。」

徐恩國教授表示，法國社會具備讓人變得幸福的有利條件，盡可能尊重個人價值和情緒，兼容並蓄的文化創造了幸福。國際幸福度出現了一項特徵：亞洲新與國家的幸福水準比經濟水準要低，諸如韓國、日本和新加坡等。眾所皆知，這幾個國家有共通的文化特質，正是集體主義。而個人主義和集體主義，是劃分幸福水準的重要鑰匙。

整體而言，收入所得高，幸福度也會高。不過，二〇〇八年某項研究指出，如果排除個人主義的統計數據，則國家所得與幸福的關係會隨之消失。集體主義文化的弊端之一是「心理自由」。自由的界線是不妨害他人，個人按自己的意思隨心所欲的生活。然而，集體主義文化動不動批判隨心所欲的生活觀，迫使個人迎合群體。

這樣看來，人們喜歡指摘他人，卻對他人的評價敏感，進入組織後這一點變得分外嚴重。

最後，慢性緊張和疲勞隨之而來，壓力指數飆升，離幸福越來越遠。再來看看徐恩國教授近期的測試。他要求美國和韓國大學生們寫下最近愉快的經驗（例如，旅行），評價其幸福度，再讓其他人看自己寫下的愉快經驗，告知他們的反應。

這項測試條件之一是，其他人要告訴受測者，他們的經驗其實沒那麼愉快；另一個條件是，其他人要大力肯定受測者的愉快經驗。過一段時間後，再讓受測者重新評價那次的旅行。如預期地，實驗結果出現了文化差異。

美國受測者不受他人評價影響，但韓國受測者動搖了，接收到其他人對旅行不怎樣的評價，韓國受測者改口表示，不覺得旅行有第一次評價得那麼有趣。集體主義文化經常讓個人曝光在他人的評價下。

人生主導權不是操之於己，反而受他人觀感束縛。在公司、在學校、在同學會……我們需要感受到多少的心理自由，才能不被他人觀感和評價約束呢？

使我們無法幸福的另一個主犯是「物質主義思維」。

「我人生最重要的目標，就是享有富裕的物質生活。」在二〇一〇年某項研究中發現，對於這個問題，全世界回答「是」最多的國家是韓國。在韓國某新聞媒體實施的調查中，同樣揭露，同意「有錢人等於幸福」最高比例的國家也是韓國。以Y大學大學生為對象，問他們什麼時候感到最幸福，大部分回答：「中樂透。」

美國伊利諾州曾對樂透得主做過研究，以現在的幣值計算，他們獲得的獎金大約是一百萬美元。令人吃驚的是，二十一名樂透得主，中樂透後一年的幸福感和鄰居相差無幾。

為什麼會這樣？讓我們試著用進化論解釋。

為求生存就得進食，所以吃東西的時候會覺得愉快和幸福，可是如果持續維持一次進食後得到的幸福感呢？我們就不會去覓食。不常去覓食，就會感受到生存威脅。時間過去，幸福感消失，肚子接收到飢餓的不愉快訊號。要再次狩獵，就需要把快樂初始化。所以，時間過去，無論是幸福感或不幸福感，人類大腦都會予以消除。中樂透不僅僅是幸福，也有可能變成詛咒。

美國加州大學教授艾倫．帕杜西提出範圍——頻率理論。總而言之，經歷過一次強烈的經驗後，會產生參照標準，對於日後生活中遇到的事，只要落於標準容忍範圍內，就不會有任何情緒感覺。

我剛開始寫部落格的時候，訪客數一千就很感激。第一次達到千名訪客數的時候非常開心。「一天有一千個人來看過我的部落格！」幾個月過去，每日平均訪客數超過一萬人。由於我的部落格的特性，週末訪客人數慢慢減少，我決定不受訪客人數干擾，專注寫好部落格。不過，看到六七千的數字總覺得可惜，明明以前一千個人就很感激、開心。是人都有可能會這樣，想裝灑脫，卻不自覺在意起訪客數。

人類大腦就是長成這樣。所以說，中樂透或許是一種詛咒。實際上，透過與樂透有關研究可以發現，樂透得主紛紛表示，中樂透後，感受不到看電視、購物、和朋友吃飯等以前感受到的日常小確幸，這是重大刺激留下的嚴重後遺症。

徐恩國教授主張，最幸福的條件之一是「人」。根據芝加哥大學的卡喬波教授團隊的長期研究，現代人死亡的主要原因，不是車禍或癌症，而是孤獨。實際上，帶給人最大壓力的是社會排斥，比如，霸凌。人類遭到共同體的隔離，承受嚴重壓力，會帶給其他免疫系統致命的負面影響。

喬治．威朗特的著作《美好的晚年》，提到的七種幸福條件中，有兩項與人際關係有關。有安穩的家庭生活和擁有幾個能舒服坦承內心的朋友時最幸福。可惜的是，一旦聚焦到錢，掌握幸福鑰匙的人就會被輕視。《科學》期刊刊載的某篇論文提到，錢會讓人產生一種目空一切的心情——「自我滿足感」，覺得「就算沒有你們，我一個人也能活得很好」。

這篇論文進行了一項測試，施測團隊請某些受測者把螢幕保護程式設為滿天飛的鈔票；而另一些受測者的螢幕保護程式，則被要求設為野生動物。施測團隊再從旁觀察這兩組受測者的熱心助人程度。當他人請求幫助的時候，看著野生生物螢幕的受測者，願意抽出一百四十八秒助人；看著鈔票螢幕的受測者，則願意抽出六十八秒助人。

此外，施測團隊同時觀察受測者請求他人幫助的程度。看著鈔票螢幕的受測者，請求他人幫助的機率不到百分之三十，而看著野生生物螢幕的受測者，有百分之六十願意開口請求他人的幫助。在潛意識狀態下，光想到錢就會自動減少和人們的溝通。

二〇一〇年某項研究中，施測團隊詢問受測者，當自己需要幫助的時候，身邊有沒有值得依賴的人，百分之九十六到九十七的丹麥人和美國人給予肯定的回答，相比之下，韓國人卻只有百分之七十八給予肯定答覆；對於覺得自己受到他人的信賴和尊重的提問，百分之九十的丹麥人和美國人給予肯定答案，相反地，給予肯定答覆的日本人和韓國人，分別是百分之六十六和五十六。北歐國家丹麥、瑞典和挪威的幸福指數尤高。

一般人普遍認為北歐人的幸福感，來自高所得與社會福祉體系，不過最重要的是，該地區人與人之間有著高度信賴與高度自由，也就是說，北歐是能期待心理自由和他人的愛的地區。

一個人的力量不足以改變社會體系，但是，各位不妨思考一下：

- 和我在一起的人，見到我的時候能不能享有自由？
- 我是不是把錢當成了幸福的準繩？
- 我的行為舉止是不是正以金錢為中心？

- 我有多信任別人？
- 我是不是正在享受小確幸，而不是追求如中樂透的重大刺激？
- 我有能完全信任的朋友嗎？
- 我在家庭中、在組織中是怎樣的存在？

回答這些問題並不簡單，但若試著找出充滿智慧的答案，我們就能變得更幸福。想更深入了解幸福的讀者，我強烈推薦喬治．威朗特的《美好的晚年》、伊莉莎白．鄧恩和邁克爾．諾頓合著的《快樂錢：買家和賣家必讀的金錢心理學》。

第八章

群聚，讓人更聰明

「人本質上是社會動物。
缺乏社會性的個體，要麼是禽獸，要麼是神。」
—— 亞里斯多德 ——

真正的社會動物

亞里斯多德的著作《政治學》提過：「個體脫離了社會，是微不足道或高於人類的存在。實際上，社會先於個體而存在。不能在社會中生活的個體，或是有自給自足能力認為不需要參加社會生活的個體，不是禽獸，就是神。」

人類是社會性動物。亞里斯多德主張人類是社會動物的理由是，人不是神，只不過人類擁有近乎神的社會能力。馬修．利伯曼在《社交天性》一書提及，過去人類擁有動物沒有的抽象思考能力，因此主張人類得以征服地球，到現在改變主張，強調人類擁有「真正的社會性」，才得以征服地球。後者的主張較前者的主張更具說服力。人類與生俱來的社會性，外加抽象思考能力，使得人與人之間能進行群體合作，藉由集體的力量及想像力實現目的，所以才說人類擁有近乎神的能力。

在生物界中，社會性具有驚人破壞力。演化生物學界的大師愛德華．威爾森主張，在所有的地球物種中，只有人類、螞蟻、蜜蜂和白蟻，才是符合真正社會性條件的「真社會性動物」，只有螞蟻、蜜蜂、馬蜂和白蟻等的真社會性動物，才能在脊椎動物人類的世界，打造群居生活，成為無脊椎動物界的真正支配者。

曾有兩位德國研究學者，測量過亞馬遜一公頃內的所有動物的重量，結果顯示，螞蟻和白蟻的重量是一公頃內昆蟲總體重的三分之二，蜜蜂和馬蜂的重量占了一公頃內昆蟲總體重的十分之一。還有，螞蟻的體重是該地區的哺乳類、鳥類、爬蟲類及兩棲類的總體重的四倍。

結論是，真正征服地球的是人類和螞蟻，兩者的共通點是「真社會性」，也就是說，只有人類和螞蟻具備真正的社會性。

「大腦」能證明人類的社會性存在。通常學者們在研究人腦時，會著重於觀察人們活動時的大腦狀態，但當人們什麼都不做的時候，大腦又在做什麼呢？難道大腦也什麼都不做？

華盛頓大學教授戈登．舒爾曼，研究出人類停止動作時，被啟動的大腦部位相當令人意外，該部位幾乎和社會認知神經網路重疊。大腦基本神經網路與個體的社會性有關，而社會性是人類本能之一。

傑瑞米．里夫金的《移情文明》提及新生兒清楚顯示了人類的社會性本能。在二〇〇七年的一期《自然》期刊論文，針對出生六個月到十個月的孩子進行了有趣的實驗。論文中的第一項實驗，施測者讓孩子看一齣玩偶劇。一名登山客玩偶停留在山麓休息，登山客玩偶的前兩次攻頂挑戰都失敗了，直到後續的挑戰中，登山客玩偶得到另一個玩偶的幫助得以攻頂成功，又或者是登山客玩偶遇到另一個玩偶的妨礙，結果從山上摔下來。玩偶劇結束後之後，施測者把兩個玩偶放到孩子們面前，讓孩子們挑選，六個月大的孩子，全部選擇親切幫助登山客攻頂的玩偶，而十六名十個月大的孩子中有十四名，也選親切幫助登山客攻頂的玩偶。

接著，在該篇論文的第二項實驗中，施測者讓在第一項實驗中幫助登山客攻頂的玩偶離開，所有孩子都沒有流露特別反應。然後，施測者又安排在第一項實驗中，妨礙登山客玩偶登頂的玩偶靠近登山客玩偶，十個月大的孩子因此露出驚嚇的神情，緊盯著妨礙登山客玩偶登頂的玩偶不放，不過六個月大的孩子跟之前一樣沒特別反應。

透過這篇論文的兩項實驗，可得出以下結論：人類評估他人行為社會性的能力，比評價他人的能力形成的更早。人類的社會認知，不是後天學習得來，是先天具備的。

根據瑪格麗特·馬特林的《認知心理學》中提及的一項認知心理學研究表明，人類靠不同的刺激和不同方式辨識人臉。在認知的世界，「人臉」享有特別待遇。人類認知事物時，習慣對構成事物的細節為中心，進行認知作業，唯獨人類在辨識人臉時，會以人臉整體輪廓為基礎認知，而不是著重在細節上。也就是說，人類在辨識人臉的時候，注意到的整體資訊比細節多。大腦認定的人臉，來自眼鼻嘴等部位的合成，還有無論受到怎樣的刺激，人臉都會第一個吸引人的注意。比如說，在移動中的孩子看到人臉的時候，孩子的眼睛會隨著人臉移動。由此可知，大腦非常重視人與人之間互動，也就是人類的社會性。

除了上述的研究，還有非常多的研究結果，支持人類是社會性存在，即我們是無法獨自生存的存在。

近來，大學生的學習有違逆人類本性的傾向。由於就業困難，大學生們完全斷絕外部往來，全心投入就業準備，所以「邊緣人」和「獨食」變成了韓國近年來的流行語。「邊緣人」指的是和身邊的人斷絕關係，努力準備就業的局外人，且「邊緣人」自然而然的會「獨食」——獨自吃飯。

大學生為了全心投入備考，特意精簡社會關係。這樣做不是不好，高作家在專心寫作期間（一到兩個月），也會變成「邊緣人」，問題在於變成邊緣人的時間長短。最近大學生變成「邊緣人」的時間，短則一年，長則二到三年。長時間與社會隔絕、不進行社會活動，對人類來說絕非好事。在韓國EBS電視台的紀錄片《我們為什麼要上大學》中，製作單位採訪一位已經當了兩年「邊緣人」的大學生，詢問他「獨食」不累嗎？那位大學生這樣回答：「沒有歸屬感很孤單，因為我們從小就是『某間國中的某某某』『某間高中的誰誰誰』，上大學自我介紹會說：『我是哪間大學的誰』，現在應該要說：『我是在哪裡工作的誰』，可是現在沒有地方收留我，總覺得我的自我介紹中找不到我的歸屬，心情非常微妙。」

大學生為了克服孤獨，努力找工作，又因為就業，不得已變得孤獨。這是韓國社會現在的悲哀現況。在某份問卷調查中顯示，韓國就業準備生十名中有七名認為自己是「邊緣人」。孤單學習的學生，為了爭取多一點的學習時間才選擇了孤單，很遺憾的，孤單反而造成學習的負面影響。因為，孤單會使人變笨。

孤單會變笨

行為經濟學家塞森迪爾・穆蘭納珊在《匱乏經濟學》中提及一項二〇〇〇年的研究，該研究以自認為孤單的人和自認為不孤單的人作為研究對象，進行雙聽作業。受測者兩耳會聽到不同的訊息，比如說，一耳聽到女人聲音的同時，另一耳聽到男人的聲音，受測者必須按施測者的指示，忽略某一耳聽到的聲音，專注聽另一耳聽到的聲音。

研究結果指出，大多數人的右耳聽覺較敏感，換言之，右耳對言語資訊較為敏感，如果施測者沒下指示的話，受測者會習慣聽右耳接收到的資訊，因此如果要受測者忽略右耳接收到的資訊，專心傾聽左耳接收到的資訊，那麼受測者需要具備忽視右耳資訊的自制力。自認為孤單的受測者在實驗中獲得低分，即自認為孤單的人的認知控制能力，有下降的趨勢。

社會心理學家艾略特・阿倫森的著作《社會動物》提到光是接收到「未來的你有可

能會孤單」的訊息，就足以令智商下滑。羅伊．鮑梅斯特帶領的團隊，以大學生為施測對象，進行一項虛假性格測試。鮑梅斯特分別告訴兩組大學生他們的測試結果，告訴其中一組：你是個招人喜歡的人；而告訴另一組的卻是：你是容易被人疏遠的人。然後，鮑梅斯特再分別替兩組大學生進行智力測試。測試結果顯示，預想未來會孤單的該組大學生的整體智商下滑。另外，在進行類似測試的同時，鮑梅斯特拍攝了人腦的活動狀態，發現預想未來會孤單的人的大腦中，啟動自制力的部位出現了萎縮現象。

美國芝加哥若許大學曾進行一項追蹤觀察。他們觀察老人家們的記憶與認知能力的發展變化，並且嘗試推測已過世的阿茲海默症老人患者的大腦損傷程度。結果表明，與世隔絕的孤獨老人的記憶力和認知能力較衰弱，大腦狀態不佳。相反地，有著豐富社會人際網路的老人，大腦維持良好狀態。

《社會動物》一書中提到一項以青少年為對象的研究，該研究結果顯示，自認為孤單的學生校內成績和考試分數會不斷退步。即便孤單只是暫時的，也會明顯影響到學生的研究所入學考試成績。

職場方面又如何呢？二〇一一年華頓商學院的一項研究指出，越是覺得孤單的員工，在開發業務、決策管理效率、集團貢獻度等所有項目，成果會越低迷。無法融入同事之間，不要說同事之間的綜效，就連個人工作能力都會受到孤單的負面影響。

這些追加研究結果貌似毫無意義，不過綜合來看，孤單會降低一個人的知識作業能力，削減自制力、降低智商，使青少年和大學生的校內與考試成績退步，讓上班族的工作能力下滑。

總之，孤單會使人變笨。

孤單會失去健康

一般會把寒冷拿來比喻孤獨，像是「感覺像墜落冰冷谷底般」，有趣的是，這不僅僅是「比喻」，而是「實際情況」。

同樣在《社會動物》中提到的一項研究，施測者請人們回想孤單的經驗，並且猜測室溫。研究結果顯示，回想孤單經驗的人，猜的室溫低於沒回想孤單經驗的人猜的室溫。兩者猜測的溫差是有意義的差距。此外，在其他測試中，施測者讓受測者跟電腦玩遊戲，施測者遊戲作假，刻意造成某位受測者被孤立的感覺。比如說，原本傳球傳得好好的，受測者的隊友突然不把球傳給受測者，等到遊戲結束後，施測者讓受測者選擇要吃的東西，像是熱咖啡、熱湯、蘋果、餅乾和可樂等，大多受測者偏好選蘋果、餅乾和可樂，但在遊戲中被孤立的受測者，因為覺得冷，選擇了熱咖啡和熱湯。總結來說，寂寞空虛冷不只是比喻，人體真的會因為孤單變冷。

透過上述研究，可以知道人類的社會情緒和身體關係密切，特別是社會性疼痛和生理性疼痛。喬凡尼．弗契多的著作《其實大腦不懂你的心》中提到，嗎啡和泰諾林（編注：TylenolA，生理止痛藥）能減輕生理性疼痛，吃了這些藥也能有效減緩孤單和社會性排擠帶來的痛苦。從腦科學方面來看，社會性疼痛和生理性疼痛，都跟前額葉中間稱為背側前扣帶皮層（dorsal ACC）的組織有關。前扣帶皮層原本是與生理性疼痛有關的大腦部位，不過在各種調節社會性疼痛實驗拍下的大腦照，反映出生理性疼痛和社會性疼痛都與前扣帶皮層有關。加州大學史蒂芬．科爾教授主張，社會排擠經驗不僅會帶給人莫大的壓力，同時也會摧毀免疫系統。另外，在學校被排擠的孩子，得憂鬱症的機率是沒被排擠的孩子的七倍，甚至自殺機率高達四倍，身體被慢性疼痛折磨的機率也明顯較高。

在下一章還會深入介紹健康和學習都很重要。這裡先讓各位了解，僅僅是孤單就足以讓我們的智力下跌，連帶生理機能變差，嚴重影響學習。

打造真正友誼的4條件

學習時間都不夠了，要怎麼克服孤單呢？一般人認為，要克服孤單就得多和人見面，多交朋友，但其實不是這樣的。華頓商學院教授席格·巴薩德的研究提出，無論是學校或職場，還是其他聚會，在組織內，就算只有一位真正的朋友，也可以不讓我們感到孤單。只要和真正的「朋友」在一起，我們就能阻止孤單入侵。

不過，這裡說的能阻止孤單的真正朋友，指的不是同學或小時候的朋友。哪怕見面時再愉快，但如果是不能常見面的朋友，就不能輕易消除我們的孤單。

心理學家朗恩·傅利曼在《打造最佳的工作場所》中提到，能安撫孤單的真正友情條件有四個：

第一個條件是：不管是誰，人們對越常見面的人越有好感，這稱為單純曝光效應。高作家第一次看到經紀公司代表暨歌手的「朴軫永」時，受到衝擊。因為朴軫永出道的那個年代，除了搞笑藝人之外，能上電視的主要都是俊男美女。朴軫永的長相和他破格的穿著，讓高作家陷入混亂。不過，高作家現在很喜歡朴軫永。長時間在電視上看到他，變得熟悉，加上他的魅力，現在高作家對朴軫永很有好感，偶爾還會說他長得帥。

這種現象同樣反映在另一項研究中。在一項測試中，施測者讓四名女性參加課程，第一位女性聽了五次課，第二位女性聽了十次課，第三位女性聽了十五次課，最後一位女性沒聽過課。四名女性在學期中都沒開口過，等學期結束後，施測者讓聽同一堂課的男學生們看這四名女性的照片，詢問男學生們是否記得這四名女性。可是，沒人記得她們，施測者追問男學生對哪一位女性最有好感，結果在課堂上出現次數越多的女性，越讓男學生覺得滿意，熟悉感不覺間牽動了好感。

第二個條件是物理相鄰性：某項以警校生為對象的研究指出，友情和物理相鄰性密切相關。近距離、常見面很重要，因為這樣才會增加人與人的對話機會，一起參加活動的機率也會變高。

第三個條件是相似性：舉凡老家、學校、興趣、喜歡看的節目、支持的政黨和喜歡的藝人等，如果兩人之間有相似之處，則兩人產生友情的機率變大。一項針對有二十年友情的老友為對象的研究結果表明，能建立長期友情的預測變數是「相似性」，所以，作家克利夫．路易斯曾說：「友情會在向對方說出『你也是嗎？我還以為只有我這樣』的瞬間誕生。」

第四個條件是祕密：真正的朋友必須有超越熟悉感、物理相鄰性與相似性的最強烈要素：「祕密」。能分享個人經歷，或是分享難以啟齒的煩惱的人，才稱得上真正的朋友，就算只有一個這種朋友，也能消除「孤單」。如果有這種朋友，請多和他交流，安撫自己的孤單吧。不會因為和朋友交流就浪費了學習的時間，就長遠來看，和這樣的朋友在一起的時間，反而有助提升學習效率。

建議各位多和正向積極的朋友、有相同目標的人一起讀書。首先，大家可以先找同一間學校或公司志同道合的人一起學習。這能滿足四項友情條件中的其中三項：熟悉感、物理相鄰性和相似性。等到大家更熟一點，建立足夠的信任後，大家一邊吃好吃的東西或是一起喝杯小酒的同時，暢聊彼此人生，就能滿足最後條件：祕密。如果同學間的聚會發展成互相教導對方自己拿手的科目，這麼一來，既能撫慰孤單又大幅提升學習效率。

耶魯大學心理學者約翰·巴夫，進行過一項突擊記憶力測試，他比較了獨自背下所有考試範圍的人和為了教導別人而學習的人。相較於以考試為目標而背書的人，為教導他人而學習的人在測試中獲得更高分。

要注意的是，約翰·巴夫在進行測試之前，沒有事先告知那些以教導別人為目標的人要考試，也沒告訴他們教完別人後會測試記憶力。約翰·巴夫讓他們信以為真，以為自己學習單純是為了教別人，再對他們進行記憶力測試。透過約翰·巴夫的研究，可以知道不管我們學習什麼，假若我們學習當下考慮到可以建立「社會關係」，那麼將會有助於我們的學習。假若學習過後，教導他人我們學習到的內容，那麼我們學到的內容，很可能會被劃歸到長期記憶中儲存。

如果大家能找到有相同目標的人結伴學習，分享彼此苦衷，互相勉勵，更進一步教導彼此，不但能消除孤單，另一方面又能增強記憶力，可說是一箭雙鵰。

兩名史丹佛大學的教授，曾經進行過一項測試，想知道歸屬感對大學生成績的影響，這項測試的對象是耶魯大學的學生，原因是有百分之五十八的耶魯大學學生來自歐洲，但來自非洲的學生不到百分之六。占過半比例的歐洲學生，對學校產生強烈歸屬感，相反地，屬於少數族群的非洲學生，對學校的歸屬感偏弱。

兩位教授把大一新生分成兩組，分別閱讀來自相同地方的學長姊留下的文章。一組讀的文章中，學長姊提到原本很擔心能不能適應大學生活，所幸沒什麼大問題，很好地適應了學校；而另一組讀的文章中，學長姊提到在大學生活培養出新的政治見解。也就是說，第二組大一新生閱讀文章沒提及適應學校的話題。

這項測試的結果極具戲劇化。有一名非裔新生讀了第一篇文章，也就是順利的適應學校的文章，結果這名非裔新生獲得偽歸屬感，每學期平均學分上升。偽歸屬感效果長達三年，光讓新生感受到歸屬感，就能提升學期平均分數。

像這樣，社會情緒對我們的智力有著超乎預期的影響。孤單會讓人生病犯傻，但感受到真正的友情和歸屬感的人，會變得聰明。

人際關係的成功關鍵

幼稚園會帶給孩子們什麼影響呢？保羅．塔夫在《孩子如何成功》中提到，一九六〇年代，施測者把孩子分成兩組，一組在幼稚園接受佩里學前教育（Perry preschool），另一組在家學習。施測者花了四十年時間追蹤這些孩子。

施測者進行這項實驗的目的，原想提升孩子們的智商，透過幼稚園教育幫助孩子發展認知技巧，提升學習效率。雖然實驗結果顯示，有接受過佩里學前教育的那組孩子，進入國小低年級時，智商比沒接受過佩里學前教育的孩子們高。可是隨著時間過去，兩組孩子的智商差異不再有意義。佩里學前教育貌似失敗了。

但是，兩組孩子長大成人後，事情發生了變化。曾接受佩里學前教育的那組孩子，在二十多歲時求職成功率，比沒接受過佩里學前教育的孩子們高，並且在四十歲時的年薪會多出兩萬五千美元，牽連到犯罪的機率也低得多。究竟是什麼改變了孩子們？諾貝爾經濟學獎得主赫克曼教授，透過周密的研究，發現兩年的幼稚園生活，增強的不是孩子們的認知技巧，而是非認知技巧，即自制力、好奇心，以及社會性。足以證明，佩里學前教育並沒有失敗。

過著社會生活的讀者，應該有切身感受，不過人生中，人際關係始終是重中之重。世俗主流把人際關係視為成功的重要因素之一，在各種與幸福相關的研究中，人際關係更是登場常客，絕不會被漏談。儘管如此，學校不會教我們人際關係的意義或技巧，只會進行我們知識層面的考試。然而，我們一起工作，一起生活，和他人的良好互動，說不定比大學入學考試考高分或多益考滿分更重要。我們在企畫本書時，達成了共識：無條件要讓各位學習人際關係，因為只有提前了解人際關係的重要性，實踐於生活中，才能期盼職場與人生有好事發生。

要怎麼做才能和他人相處融洽，工作得心應手，生活如魚得水呢？如果要選出人際關係的最關鍵要素，我們認為是「共感能力」。

如何強化共感能力？

二〇〇八年卡內基．梅隆大學和麻省理工學院心理學者，共同研究高成就團隊的特徵。近來，大多數的工作項目都以團隊為單位，個人成就取決於團隊成果，因此，團隊生產性不容忽視。

施測團隊找來六百九十九人，分成一百五十二組，分派每組需要齊心協力完成的任務，有趣的是，任務類型包羅萬象，只要有一項任務做得好，其他任務也能順利完成，反之，假若一項任務失敗，很可能其他任務也會搞砸。

為了解做得好的組的優點，施測團隊先對受測者進行了智商測試。測試結果表明，團隊合作和智商無關，那麼到底傑出團隊的主要特徵是什麼呢？

測試結果發現**傑出團隊的兩項特性**。**一是團隊文化**。順利完成施測團隊指派的任務的組別，所有成員討論時的對話比例相近，反之，沒能順利完成指派任務的組別，在所有成員討論時，有少數人獨占發言的傾向；**另一項特性是社會感受性**，傑出團隊的組員看到其他組員的表情、語氣、聲音和肢體動作，能直觀感受及理解組員的情緒。至於社會感受性的高低，可透過展示人眼和人臉，推測該人物情緒的測試得出。如果我們能從一個人的言行舉止揣測出其情緒，就能知道如何應對。舉例來說，傑出團隊的組員，擅長察覺其他組員的慌張，或發現組員被冷落，而會給予反應，讓團隊氣氛變好。總而言之，組員的共感能力強，團隊成就相對高。

多和人見面，能提高我們的社會感受性，幫助我們發揮共感能力。在各種情況和環境下，當我們和他人發生衝突的時候，會自然而然的去讀對方的肢體動作與表情，揣摩對方心意，做出相應行動。

除了和他人的互動之外，還有一種能提升共感能力的方法。出色的共感能力，指的是善於「想像」。越常在心中練習描繪某個人物的心理和個性，越能提升共感能力。那麼，要怎樣才能多加練習呢？正是閱讀小說。

二〇一一年，加拿大約克大學教授雷蒙．馬爾根據八十六項心理分析研究的結果提出，讀小說時使用的大腦部位，和進行人際關係時使用的大腦部位極其一致。此外，雷蒙．馬爾在二〇一三年的研究結果發現，讀完小說再接受社會智力測試會得高分。以人物為中心的文學小說，最能有效提升共感能力。在閱讀文學小說的時候，我們自然而然的會分析小說主角和主角周遭人物的心理。藉由反覆這種過程，我們無形中能獲得讀懂他人心理的能力。

建議各位在不同的場所多和人交流，還有多閱讀文學小說，形成共感能力，感同身受他人的心，光憑這些各位就能實現成功的人際關係。

提升人際關係的7種技巧

前面了解了人際關係的基礎——共感能力，現在進一步認識提升人際關係的七種技巧，相信會對各位的生活有很大的幫助。

一、**一貫性：**有比負面的人際關係更糟糕的事，那就是正向的人際關係和負面的人際關係反反覆覆，這稱為雙面的人際關係。心理學者伍契諾主張，雙面的人際關係比負面的人際關係更差勁。越多雙面的人際關係，我們的壓力指數、憂鬱症及生活不滿感會越嚴重。為什麼會這樣？正向的人際關係，優於負面的人際關係，是無庸置疑的，而當負面的人際關係不斷持續，適應力強的人，有可能逐漸適應負面的人際關係，但持續的雙面人際關係，會造成人們的不安。當我們猜不透對方反應，不確定性擴大時，容易造成疲乏和壓力。試著想想最親近的人吧，我們大概都能捉摸出最親近的人的言行模式。可是如果碰到一個言行舉止讓我們摸不著頭緒的人，那個人會造成我們的疲憊感，會想迴避那個人。

二、**尊重**：佛羅里達大學賈奇教授，二〇一〇年研究過工作滿足度的影響。賈奇教授閱讀了八十六篇研究，評估過一萬五千名上班族。研究結果顯示，比起薪資水準，有更能提高工作滿足度的要素，那就是「尊重」。當人們覺得被同僚尊重時，職場生活幸福感就會提高。我們怎麼可能討厭尊重我的人呢？只有尊重他人，才能得到他人尊重。

三、**傾聽**：心理學者詹姆斯．佩內貝克，將受試者分組，按各自選擇的主題，諸如老家、畢業大學和工作，請各組成員之間進行十五分鐘的對話。十五分鐘後，佩內貝克問每一組受試者對自己的組的滿意度，結果指出，聊越多話的人越滿意自己的組，結論是說話者會對聽者產生好感，喜歡上傾聽自己說話的人。二〇一二年一項針對職場影響力特質的研究也指出，能言善道又真摯傾聽他人的話，兼備這兩種能力的人，在職場上深孚眾望，尤其是善於傾聽的人，會採取積極傾聽的姿態——身體微微傾向說話者，眼神與說話者對視，且不時點頭回應。假如說話者正在說話，聽者卻迴避視線，身體向後靠，會引起說話者的不悅，如聽者採積極傾聽的姿態，表現出深度共感，說話者沒道理不喜歡聽者。

四、請教：經營策略教授伊塔伊．施特恩及其他學者，針對美國商業與服務業的三百五十家大企業經營階層進行了研究。夢想成為高層主管的上班族不在少數，研究結果顯示，能成為高層人士的人會經常徵詢上級：如何累積成功經歷和如何克服自身的缺點。下級多多請教上級有一石二鳥的效益，不僅能獲得實質情報，另一方面也抓住了上級的心。曠世天才達文西，遇到不懂的事必定會開口徵詢建議。另外，有某些研究指出，如果我們在進行一場協商，過程中徵詢對方建議的行為，會帶來更有利的結果。徵詢建議的人並非蒙昧無知，實為大智若愚。

五、謙虛：加州大學柏克萊分校達赫．凱爾特納教授，帶領的研究團隊主張，職位越低的人，越擅長讀懂他人觀點。西北大學亞當．賈林斯基教授主張，當一個人越是覺得自己「無足輕重」，對他人的共感能力則越高。傲慢會使人喪失讀懂他人心思的能力；謙虛會使人獲得揣度他人心思的能力。試想一個懂得謙虛的人，本身價值就已經得到提升，何況還兼具共感能力，這個人的人際關係該有多成功？

六、讚美：沒有比獲得他人的讚美更讓人幸福的了。不吝於讚美他人，他人一定會對你有好感。讚美比我們預期的更有威力。有時明知不是真心讚美，我們仍舊會喜歡讚美我們的人。羅伯特·席爾迪尼在《影響力》中提及一項在北加州進行的測試，施測者為了獲得某事物告訴受試者三種不同的話。施測者對第一組受試者說的盡是讚美之言；對第二組受試者說的全是負面之詞；對第三組說的話好壞夾雜。這項測試出現了三種有趣的結果。第一、受試者最喜歡讚美自己的人；第二、就算知道讚美的目的是想獲得某事物，受試者的態度也不會產生變化；第三、讚美與負面的話不同，讚美的內容未必要是事實。由此可知，人們面對讚美有多軟弱無力。因此，不要吝於讚美！

七、犯錯：心理學家艾略特·阿倫森，把有著採訪內容的錄音，放給參加問答大賽的學生們聽，一則是完美的採訪內容，另一則是採訪過程中參雜摔破玻璃杯的聲音，加上受訪者說：「我的媽啊，咖啡灑到西裝了啦！」出現了相當有趣的結果。比起完美無瑕的受訪者，學生更喜歡犯錯的受訪者，心理學者稱這種現象為「出醜效應」。當我們知道對方的缺點和錯誤，會覺得對方更有人性，因而更喜歡他，這會有助提升對方的聲望，但不是任何情況都適用出醜效應。學生們一共聽了四則錄音，一則是普通人的訪談，另一則是專家訪談。出醜效應適用於專家，用在普通人身上反而會產生反效果。普通人不刮鬍子，穿著邋遢，踩著一雙拖鞋就出門，會被認為沒禮貌，換作是大學教授做一樣的穿著打扮，人們卻會覺得「真人不露相」。在人際關係之外，實力也會帶來極大的影響。

有實力和共感能力當後盾之餘，如果能再好好磨練人際關係的技巧，那你的美好前程將指日可待。

申博士的見解

人際關係最難卻最重要

我是卡內基《人性的弱點》的忠實讀者，因緣際會之下，一位外國朋友送了我這本書，我前前後後讀了幾十次，起先我只是當作練習英文，直到領悟到書中真義，對它愛不釋手，有時間就會重溫，幾乎快把書翻爛了。這本書對我影響很深，我人生的分水嶺，便是由看不看懂這本書而決定。

這本書共分成三十個小單元，每個單元有一個小建議，簡單來說，書中有三十個各有深意的建議。我和被我推薦過這本書的人，持續實踐書中這三十個建議，獲得的好處不勝枚舉。

很多人說人際關係是最困難的事之一，假如我們把人際關係定義成一種問題，那麼問題核心就是人。人心比什麼都複雜，而且人心隨時都在變，所以人際關係絕對是最困難的難題。不過，有無數的社會科學研究，正逐漸揭開常見的人格特色。雖說那些研究的結果，並不是百分百適用於所有人，但如果不停的學習人類心理，了解各種人格特色，加以實際運用，人際關係就會逐漸好轉，就像我把經歷過的危機化為轉機一樣。

順帶一提，卡內基的《人性的弱點》，至今仍是美國亞馬遜網路書店最佳暢銷書之一。我想原因之一大概是，儘管書中給的建議源自於早年的經驗，不過卻和現代的社會科學實驗後得出的結論，有驚人的一致吧。

高作家的深化學習

利人利己的新人類

如果說《人性的弱點》是申博士心中最棒的人際關係書，那《給予》就是我心中最棒的人際關係書籍。小時候看的故事告訴我們，善良且樂於助人的人，會過得比貪心且利用他人的人更幸福。隨著長大成人，我們明白了小時候聽過、看過的故事「純屬虛構」。因為比起盡心盡力幫助他人的利他主義者，澈底維護自身利益的利己主義者，過著更好的錦衣玉食生活。就算一開始想著「要樂於助人才對」，轉念一想，又會覺得「我都自身難保了」。我們的思想意識謬誤百出，很多時候，事情不如我們所想的那樣，利己主義者與利他主義者的人際關係成功故事，就是其中之一。

年僅三十一歲就被任命為華頓商學院最年輕的終身教授的亞當．格蘭特，十幾年來潛心研究人際關係，發現驚人事實。他把研究成果寫成《給予》一書。這本書甫出版便成為最佳暢銷書，讓他躋身美國最值得期待的作家第一名。書中把人分成三類：

第一類是索取者：索取者是喜歡索取多於給予的人，所以，索取者比起自己的努力，只有在能回收更大的利益時，才會全力助人。

第二類是互利者：大部分的人都是互利者，追求損失與收益的平衡，基於公平原則行事，秉持互惠互利的原理，幫助他人且維護自身利益。也就是說，給予和收益要對等。

第三類是不常見的給予者：給予者比索取更樂於給予，會站在他人的立場，設身處地的思考能給予對方的東西，不惜時間、努力、知識、技術、點子和人際關係全體總動員。如果身旁有盡心盡力助人的人，多半是給予者。

這三類人誰最有可能成為社會成功人士呢？反之，誰最有可能成為魯蛇？有趣的是，兩個答案都是「給予者」。成功是把梯子，給予者同時存在梯子的最下方和最上方。

讓我們來看看比利時醫學院生的相關研究。醫學院生給予者們的成績有著特別的模式。一年級的成績不特別出色，到了二年級呈現上升趨勢，等到他們成為七年資歷的醫生後，他們的成績會壓倒索取者和互利者，給予者的智商和成績的相互關係，大過於「吸菸和肺癌」「喝酒和攻擊性行動」的相互關係。

為什麼醫學院生給予者起初成績不好，隨著時間過去卻能逐漸上升呢？這是因為醫學院生，不能獨自悶在圖書館裡閉門造車。當年級升高，醫學院生的課堂作業，會從個別作業延伸到小組作業、會診、實習、患者診療等各種任務，要有團隊合作和服務精神才能完成任務。在完成任務過程中，誰會獲得同事的幫助，受到患者的喜愛和前輩、教授的信任呢？正是給予者。

給予者的成功祕訣就是這個。現代社會，無論何事，靠一己之力獲得成功的機率降低了，不管是組織也好，團隊也好，如果想經營事業，就需要值得信賴的投資者和夥伴。再者，當前正處於社交革命的時代，一旦我們從某人處獲得幫助，我們能回報對方幫助的速度也變快了，這也是為什麼只在乎對人們付出的給予者，最後能抬頭挺胸的站上成功梯子的頂端的原因。

當然，索取者和互利者也有機會獲得成功，但是，這兩類人和給予者的成功略有不同。給予者的成功是激烈的，近似瀑布飛流直下，水花向四方飛濺般的成功。給予者給予他人的東西，一旦開始得到他人的回饋，就會產生綜效，炸開成功之路。最重要的是，給予者的成功是一人得道、雞犬升天的，不只給予者自身，給予者身邊的人也會得到好處。

給予者、索取者和互利者，累積人脈的方式也迥然不同。這三類人中，誰最積極累積人脈？正是索取者和給予者。基於給予與獲得的公平原則，這兩類人的人脈狹窄，不過由於前者是從他人獲得利益，後者則是施予他人，所以，兩者的視線總是落在不同人身上。雖說人們當然喜歡給予者，討厭索取者，但實際上沒那麼簡單。

索取者的特徵之一，是有從中獲利的對象。也就是說，索取者為給有力量的同事或是上級，留下好印象而全力以赴。索取者會為了獲得利益，實現目標而全力以赴，所以，索取者偶爾看起來很像給予者，等到索取者達成自己的目的，態度會驟變。尤其是在公司升職或得到權力後，索取者對沒利用價值的同事和下屬翻臉。然而，因為大部分的人都是互利者，所以索取者的行為並不多見。

互利者非常重視公平性，有恩必還，有仇必報。特別是互利者會用毀謗索取者，分享索取者的不當情報，作為復仇的開端，造成索取者的名聲下滑。假若互利者比索取者擁有更大的權力，也會不遺餘力的打壓索取者。

至於有沒有事先認出索取者的方法？過去是不可能分辨得出的，不過近來有方法能辨認出初期索取者。我們可以觀察某些人的部落格或是社交網站，會發現一些以自我為中心、流露出傲慢感、充滿虛張聲勢和高傲姿態的人，這些人很有可能就是索取者。實際上，在美國聘用員工的時候，面試者會利用社群網站的大數據，掌握應聘者的勤勉性、性格、智商和人際關係等，未雨綢繆，事先避開索取者。

另外，給予者和索取者的人脈差異，也會如實表露在疏遠的人際關係。很久沒聯絡的人來電，說有事拜託，假如那個人平時行動像個索取者，各位會想幫他嗎？大概肚子裡早就罵翻了吧。那假如是給予者拜託我們呢？我們會伸出援手的機率偏高。

信賴和理財同理，給予者平常就持續累積人與人之間的信賴，而索取者就像一個不斷提款的帳戶，一段時間過去，給予者能從帳戶中取出許多信賴，索取者的帳戶不但領的一毛不剩，還得另外付銀行利息。從短期來看，給予者的人脈管理看似吃虧，但從長遠來看，給予者擁有的利益是索取者所望塵莫及的。

然而，就像我們在一開始提到的，不是所有的給予者都會成功。成功的梯子最下方也有給予者的存在。那麼怎樣的給予者會失敗？失敗的給予者的共同特徵是，幫別人幫過了頭，或是因為犧牲而精疲力盡，過於把自私視為罪惡，照顧不好自己。

有兩名心理學家為了了解成功的給予者的動機，對加拿大最具權威性的貢獻獎——「加拿大貢獻獎」得主，進行深入採訪，特別觀察給予者的兩種核心動機——自身利益與他人利益。

不出所料，他人的利益帶給成功的給予者極強烈的動機，相較一般人，成功的給予者，提到奉獻和捐獻相關字眼的頻率高出三倍以上，人生目標和他人利益關連的話語也高出兩倍以上，驚人的是自身利益也帶給成功的給予者相當強烈的動機。成功的給予者的權力目標或成就目標，比一般人幾乎高出兩倍。在設定人生目標清單的時候，成功的給予者提及獲得名聲和實現個人成就，也比一般人多出百分之二十。也就是說，成功的給予者是野心勃勃的野心家。

人們通常認為利己心和利他心，如同磁鐵的兩端相互排斥，不過許多研究告訴我們，利己心和利他心高度獨立，兩者是能共存的。成功的給予者會積極結合利他心和利己心，賦予自身強烈的動機。他們很清楚自己的給予行動會發揮何等社會影響力，確信自己的犧牲發揮出的影響力就是最好的報酬。

亞當．格蘭特把這種人稱為「利人利己者」，重點是給予者、索取者與互利者不是先天決定的，會隨情況而改變。每個人都可能因自己的選擇成為利人利己者，也會按自身情況和條件不同，變成給予者，也變成互利者，偶爾又變成索取者。

當我們遇到好事的時候，要一直像個給予者行動很簡單，但若我們屢屢碰到壞事呢？因為自身問題，我們要一直像個給予者般的行動並不容易，希望各位銘記在心：即便現在我們像是索取者或互利者般的行動，但是，我們隨時能因自己的選擇，變成給予者。另外，不要只憑一個人的隻言片語、片面行動就斷定那個人。

美國有名的風險投資家藍迪・高米沙曾說：「人人願你成功的時候，成功自然會變得簡單。」

希望看著這本書的你，能成長為帥氣的利人利己者！

第九章

身體的學習智慧

「身體知道路在哪裡。」

—— 韓國小說家暨詩人崔仁勳 ——

NASA為何失敗？

一九八八年十二月，美國太空總署將火星氣候探測船送上宇宙。特斯拉電動車的CEO伊隆．馬斯克，身懷雄心壯志，想在火星打造人類能居住的城市。馬斯克想實現夢想，就需要美國太空總署的幫助，因為美國太空總署擁有最多火星的實質情報。一九九八年，美國太空總署朝火星發射的太空船，安穩的進入火星周圍軌道，開始進行火星探索，蒐集寶貴的火星情報向地球回報。這艘耗資一億兩千萬美元的太空船，是美國航空航天技術的最先進科技產物。

太空船進入火星軌道，可不是件簡單的事。太空船進入行星軌道，會受到行星引力影響，如果太晚進入行星軌道，太空船會承受不住行星引力而墜落，但若太空船太早進入行星軌道，又會因過弱的行星引力，朝奇怪的方向飛去。太空船進入軌道的速度，需經過相當複雜精密的計算。

美國太空總署發射的太空船，在升空九個月後逐漸進入火星軌道。受限於從火星後方進入軌道的原始設定，地面通訊中心和太空船，每次通信都只能維持幾分鐘。有一次，地面通訊中心和太空船連線後斷線，本應在幾分鐘重新連線的太空船，卻渺無音訊，好像有什麼地方出了差錯。原來是太空船墜落了。

為什麼會發生這種事？經美國太空總署精密調查後，公布了太空船墜落的原因：太空船為了以適速進入火星軌道而啟動逆推進器，很不幸的，逆推進器轉速過快，造成墜落悲劇。

當初，美國太空總署把太空船每個部位的製造作業，分別承包給各國企業，而各國使用不同的計量單位制，像是製造逆推進器的公司使用英制，而製作中央處理裝置的國家採用公制等，導致太空船每個部位使用的參數單位出現混亂，單純的計算誤差，使驚人預算與無數的努力化為泡影。

更大的問題是，美國太空總署不是不知道這件事，只不過想優先處理其他問題，暫時延後處理這個問題，結果卻忘了。不僅如此，美國太空總署還省略了必不可少的逆推進器與中央處理器的配合模擬測試。假如美國太空總署當初有進行模擬測試，就能發現被遺忘的計算偏誤。

為什麼美國太空總署會在這麼重要的事情上，發生這麼離譜的錯誤呢？這是因為所有參加太空船升空計畫的團隊，都被時間追逐，日以繼夜、不眠不休的工作，無暇顧及細節。此外，基於太空船升空計畫的特殊性，絕無延期之可能。因為美國太空總署必須事先料想太空船進入火星各種可能發生的情形，做好最萬全的準備，所以一旦制定好計畫就得如期推進。畢竟人類無法控制宇宙的動向，不是嗎？

所有人都被緊湊的日程追著跑，沒人有足夠的休息時間和思考問題的餘裕。在所有人都需要休息和思考的時間，卻沒得休息之下，一路奔跑，換來了太空船墜落的慘澹結局。

休息是解決問題之鑰

我們對某件事全力以赴很好，不過我們也學過不是每件事努力都能成功，要用對方法努力。我的意思並不是說，一定要做什麼才是對的方法，有時什麼都不做就對了。認真學習、工作之餘，也需要充分休息，休息也是重要的學習策略之一。休息不僅可以緩解疲勞，恢復體力，此外，我們的大腦在休息時潛意識會發揮力量，處理我們在專注狀態下無法處理的事。

《打造最佳的工作場所》一書中提到某個荷蘭研究團隊進行測試，施測團隊請受測者考慮購買車種，有四款汽車供受測者選擇，施測團隊提供了受測者汽車目錄，上頭寫有每款汽車的特色，其中一款車性能特別好，受測者二話不說，選擇了該款車種。

施測團隊把受測者分成兩組，給其中一組看的目錄上，每個車款各提供四種情報；給另一組看的目錄，每個車款則各提供十二種情報。換言之，前者只獲得十六個情報，後者獲得了四十八種情報。後者必須在非常複雜的情況下做出購買判斷。

接著，施測團隊又把這兩組各自分成兩小組。其中一小組看過目錄後，該組組員有四分鐘能進行有意識的思考及討論時間，選出有意願購買的車種；而施測團隊讓另一小組在這四分鐘內玩猜單字遊戲，不給組員思考空間，只能活用潛意識思考。

測試結果非常有意思。在得到每款車四種情報，並且能夠四分鐘思考的小組組員做出了最佳決策。另外在得到每款車十二種情報，玩了四分鐘遊戲，進行潛意識思考的小組，有三倍以上的機率，比進行有意識思考的小組做出更好的決策。

人們能負擔的資訊量有限，即便是非常複雜的情況下，提供人們思考的時間，人腦也傾向單純化，容易被淹沒在瑣碎情報中而無法考慮整體大方向。可是人們活用潛意識思考時能處理的資訊量，多於人們使用有意識思考時能處理的資訊量。當人們面對的是資訊量少的情況，相較於有意識思考，人們使用潛意識思考，會無法發揮心智能力，完成精細的作業。然而，如果面對的是資訊超量的複雜情況，人們使用潛意識思考，反而能辦到在有意識思考時辦不到的事。

潛意識思考的另一項優點是，有很高機率擺脫原有的線性思維邏輯，創造創意思維邏輯。愛因斯坦每次遇到卡關，一天會拉數次小提琴；伍迪．艾倫一天會沖好幾次澡以獲得點子；龐加萊散步時，發現了富克斯函數和歐幾里得幾何學的相關性；阿基米德在浴缸裡高喊「我發現了」！

總而言之，當我們面對解不開的問題或要做出棘手決策的時刻，還有面臨靈感枯竭時，需要充足的休息時間，才能使潛意識得以發揮力量。

運動是最棒的學習策略

「哪有時間運動？要念書！」

如果有抱持這種想法的讀者，希望你們能仔細閱讀接下來的內容。如果你是考生，而你的父母經常說這種話，也一定要讓他們看這一部分。運動不只能強身健體，也能讓我們的大腦變強壯，是提升學習效率的出色助手。

一九九五年，加州大學卡爾．卡特曼教授，提出人們運動的時候，神經細胞會激生一種被稱為腦源性神經營養因子（Brain-derived neurotrophicfactor, BDNF）的蛋白質。在卡特曼教授提出他的主張當時，科學家們還沒能力弄清楚這種蛋白質的效能，隨著腦科學的發展，科學家們才發現它的驚人力量。腦源性神經營養因子，是血液收縮時分泌出的蛋白質，聚集、儲存在大腦突觸附近。它可以生產新的神經細胞，保護既有的神經細胞，促進突觸之間的連結，是促進大腦可塑性的關鍵，能替我們打好學習和記憶的基礎。至於它是什麼時候生成的？就是運動的時候。

運動時產生的神經細胞，會刺激其他神經細胞，產生長期增強作用，此增強作用被視為形成學習和記憶的基礎的主要細胞機制之一。運動也能使管轄記憶和學習的海馬迴，更健康年輕。

此外，運動能增加血清素、多巴胺、去甲腎上腺素等的神經化學物質。這些神經化學物質，都會增強我們的專注力、大腦的警醒狀態、轉換心情，增益學習正面態度、耐性和自制力等。

總之，運動是讓大腦能更好的學習的必要條件。

讓我們來深入了解，運動帶給學習的正面影響究竟有多大。

一九九九年，伊利諾州內珀維爾公立學校，讓學生維持規律的有氧運動，在那之後，學生們的國際數學與科學教育成就趨勢調查，有了顯著的提升。美國在這項調查的成績排名通常是第十名左右，內珀維爾公立學校的八年級學生們，在科學項目卻拿下全世界第一名，數學項目部分則拿下全世界第六名。此外，該校的休學率降低了百分之六十，學生整體學習態度也有了進步。

心理學家傅利曼在《打造最佳的工作場所》中提到，根據二〇〇五年的某項研究結果顯示，人們只跑三十分鐘跑步機，就能提高創意性，而提高的效果能維持兩小時之久。

二〇〇七年的某項研究結果顯示，全力疾走三分鐘，就能提升人腦中腦源性神經營養因子分泌，提高百分之二十的記憶力。同年其他研究結果也指出，**成人每天規律的做三十五分鐘有氧運動，能讓成人的大腦狀態和智商變好**。

此外，專門為學習障礙學生設立的加拿大城市公園高中的大部分學生，都患有注意力不足過動症，自二〇〇九年起，校方先讓學生跑跑步機二十分鐘和騎自行車運動完再上課，五個月後，幾乎全校學生的閱讀理解能力、作文和數學分數都上升了。

運動和大腦關聯的權威約翰·瑞提醫師，做出總結：「身體是為了進步才被創造的。我們提升身體機能的同時，大腦機能也會跟著進步。人類的祖先利用運動能力尋找食糧，同時間學習和記憶能力也一起進化了。因此，對大腦來說，如果我們不運動就沒有學習的必要。」

既然如此，哪種運動最能提升學習成效呢？

透過二〇一六年芬蘭於韋斯屈萊大學研究團隊的老鼠實驗，我們可以知道哪種運動和學習是天生絕配。研究團隊把老鼠分成三組；其中一組老鼠什麼都不做；另一組老鼠不停在轉輪上奔跑，進行有氧運動；最後一組老鼠做了肌耐力強化運動。接著，研究團隊觀察七週訓練結束後，三組老鼠的大腦變化。研究團隊發現，三組老鼠的大腦狀態各不相同。第一組什麼都不做的老鼠，大腦沒起任何變化；第二組不停奔跑了七週的老鼠，大腦產生了許多新的神經細胞，跑越遠，神經細胞新增越多；最後一組做肌耐力強化運動的老鼠，大腦也生成了新的神經細胞，只不過沒第二組跑步的老鼠多。

雖然這項實驗對象是老鼠，沒辦法直接把結果套用到人類身上。不過，此項實驗足以推論出，**能促進學習成效的運動是有氧運動**，這是非常合理的推論。認知心理學家克雷默在以老人為對象的研究證明，能幫助人腦健康好轉的運動是有氧運動，而非肌耐力運動。還有，前面介紹的幾項研究結果，大部分的受測者做的都是有氧運動。

持續走路和跑步有助學習成效，無庸置疑。

那麼在什麼時間運動，還有運動多久才好？如果平時時間不夠，我們可以邊走路跑步，邊聽某些東西，幫助學習。**最佳運動時間是在學習之前**，因為在運動過程中，我們的大腦中主要負責認知能力的前額葉皮質的血液量不多，無法進行需要高度專注力的學習。大腦中前額葉皮質的血液量，會在運動後急遽增加，讓我們進入最佳學習狀態。約翰．瑞提建議，**成人一週運動四到五次，每次運動三十分鐘是最好的**。

切記，運動是最棒的學習策略。

睡好覺不內疚

美國俄亥俄州哈德遜高中把原本的七點三十分到校時間，延後到八點三十分，讓學生能多睡一點。大家都懂早上能多睡三十分鐘，是多麼「美妙」的事情。不過學校延後上學時間的目的，不僅是單純給學生睡懶覺。因為延後上學時間後，該校全體學生學業成績呈垂直上升趨勢，躍升到俄亥俄州第二名，足以證明充足的睡眠有助提高學業成績。

延後上學時間提高了學生的學業成績的事，不只發生在哈德遜高中，明尼蘇達大學研究團隊，讓美國八所高中的九千名學生八點半到校，以一百分作為滿分的標準，這八所高中的學生平均成績提升了六分。不只美國，類似的研究結果，同樣發生在巴西、義大利和以色列各國。美國科普雜誌《科學人》，刊載的一篇馬克．菲謝蒂所寫的〈學校開始得太早〉一文中，提及以空軍士官學校一年級學生為對象的研究，也出現了差不多的結果。

也許有人會反問那早點睡不行嗎？會這樣問的人，是不了解年輕人的大腦內部構造。進入思春期的青少年會迎來身體急遽的變化，特別是青少年腦內的睡眠賀爾蒙褪黑激素分泌時間比成人晚。此一現象自青少年十五歲開始，到了二十歲達到高峰再下降。青少年腦內褪黑激素會比成人晚一個半到兩個小時分泌，大概是晚上十點褪黑激素分泌達到高峰，是以青少年到晚上十一點才會有睡意。由於特殊時期的賀爾蒙變化，要青少年早睡難如登天。晚睡晚起才符合大部分年輕人的生理變化，當然，即使如此也還是存在個人差異。

《不會學習的孩子》紀錄片中，一位美國心理治療師史黛西．施梅拉提到：「十多歲的青少年晚上十一點才產生睡意的原因是，相較於孩子和成人，他們的褪黑激素分泌時間晚一小時，但是他們必須凌晨五六點起床才趕得及七點的上學時間。我們每天強制青少年清晨六點起床，無異於要六十五歲的老人半夜一點半起床。」

睡眠不足，也會降低我們的智商。《匱乏經濟學》書中提及一項研究，該研究把受測者分成正常睡眠組及熬夜組。施測者隔天一早測試兩組受測者的智商，熬夜組的受測者智商，比正常睡眠組的受測者智商低十三到十四分。參照一般使用的智商分數標準，分成最優秀（130以上）、優秀（120至129）、平均以上（智商介於110至119）、平均（90至109）、平均以下（80至89）、警戒線（70至79）及智能障礙（69以下）。智商十三到十四分是很大的差異，足以讓平均上升到優秀，或是下跌到警戒線。由此可知，睡眠不足會干擾到我們的早上學習效率。

社會心理學家阿倫森的著作《社會性動物》中提到，在德國類似實驗中，研究團隊請熬夜的人和正常睡眠的人解幾道數學問題，前者比後者少解了兩倍以上的問題。職場也是如此，《匱乏經濟學》書中指出，許多論文研究結果一致認為，睡不飽會使上班族失去工作動機，犯錯機率變高，工作注意力渙散。總之，睡眠不足會使人們的生產性低落。

各位應該有過熬夜念書「臨時抱佛腳」、考試結束卻全部忘得一乾二淨的經驗，就是這個原因。

在加來道雄的著作《2050科幻大成真》中提及，最近科學家發現兩種與記憶有關的基因：CREB活性劑和CREB抑制劑。CREB活性劑，是促進神經細胞連結的基因；CREB抑制劑，是抑制形成新記憶的基因。實際上，紐約冷泉港實驗室實驗指出，要十次以上學習訓練才足以誘發果蠅的特定行動，但對果蠅使用CREB抑制劑後，就算果蠅經過十次學習訓練，果蠅也不記得任何一種特定行動。反之，對果蠅使用CREB活性劑後，僅一次的訓練，也能讓果蠅記住特定的行動。同樣的實驗過程施用在老鼠身上，也得出相同的結果。

但是，人們腦內每天分泌的CREB活性劑量是固定的，臨時抱佛腳會急速消耗我們腦內的CREB活性劑。我們必須充分休息，而且是要澈底熟睡，才能重新生成CREB活性劑。當我們減少睡眠時間，以臨時抱佛腳的方式學習，雖然可以藉助短期記憶的力量獲得不錯的成績，但學習內容無法儲存到長期記憶，不算真正的學習。CREB的再生絕對需要優質睡眠。

《社會性動物》書中提到睡覺是為我們的大腦充電，讓大腦休息的最佳方式，但並不意謂著我們的大腦在休息時無所事事。睡眠期間，我們的大腦會統合新記憶和既有記憶，重新分析統合後的記憶。

哈佛大學史帝葛德博士率領的研究團隊主張，質好量足的睡眠，能改善百分之十五以上的記憶力。美國國家睡眠基金會的建議睡眠時間，國小生是九到十二小時、國中生是八到十小時，成人是七到九小時。

如果各位想讓今日學習內容成為腦海中的長期記憶，就無須因為睡了好覺而感到內疚，因為睡好睡足也是重要的學習策略。

午睡、咖啡和糖

如果各位礙於實際問題，無法延長夜晚睡眠時間，無論如何都請確保午睡時間。心理學家傅利曼提到，午睡後與夜晚充分睡眠後的學習效果相當。睡眠研究專家莎拉・麥迪尼克條列出十五項午睡的好處：「增加生產性、增加警覺性、加快運動反射、增加準確性、強化認知能力、強化體力、改善決策溝通、轉換心情、強化創意性、強化記憶力、減少壓力、減輕藥物和酒精依賴、減少偏頭痛和胃炎頻率、促進減重、心臟疾病、糖尿病和癌症罹病率最小化。」

麥迪尼克把午睡說得像是一種藥到病除的萬靈丹，不可盡信，但午睡能驅逐疲倦是千真萬確的。疲倦會降低注意力不說，也會使形成長期記憶的能力顯著下滑。午睡能提升學習效率，無可爭議，大部分讀者應該都深刻感受過午睡的舒爽。

午睡最佳時間與長度，約莫為早上起床七到八小時後，不超過三十分鐘，之所以是七到八小時，是因為長時間清醒的身體積累了疲勞。一般人誤以為吃完午餐一到兩小時後會出現「食睏症」，其實我們在下午湧上的疲倦感，不是因為吃飯，而是因為醒太久。大部分的人吃早餐卻不會發生食睏症，就是因為這樣。還有，過度熟睡，就算醒來也會因為精神恍惚時間變長，帶給夜晚睡眠負面影響。睡二十分鐘左右最好。

近來，部分美國企業意識到午睡的效果，為員工增設便利設施。赫芬頓郵報、寶鹼、思科系統公司等多家公司，重金斥資，為員工設置高科技睡眠膠囊艙。員工一躺進睡眠艙，睡眠艙就會自動播放沉靜的音樂，在員工小睡二十分鐘後，睡眠艙會響起起床鬧鐘。打造睡眠艙的公司，很清楚二十分鐘的重要性。

喝咖啡驅除疲勞怎麼樣呢？美國新聞網站Vox曾報導，提到人腦認真學習，會產出一種依附在大腦受體的副產品——腺苷。人腦受體累積的腺苷超出一定標準，人就會疲倦。除了腺苷之外，我們喝咖啡攝取的咖啡因，也會依附於我們的大腦受體。咖啡因會阻礙腺苷依附在受體上，這正是為何咖啡因能消除疲勞。當我們進入睡眠狀態，腺苷會從大腦中消失，因此早晨來臨時，我們會感到神清氣爽。一天不超過馬克杯兩杯以上的咖啡，能有效幫助我們克服疲勞，提升學習專注力。

如果我們又喝咖啡又短暫午睡呢？科學家指出，相較於只喝咖啡或是只午睡的人，雙管齊下的人，在需要用到默背能力、想像力和專注力的業務方面的生產力，會得到增加，縱使到晚上，這些人也能維持一定時間的專注力，且專注程度不亞於白天。此外，喝咖啡配一些甜點也能增進學習效率。

定期靜心對學習很有幫助。靜心帶給大腦的影響，近似於運動，能增加注意力、專注力，降低壓力，對學習有正面效益。

最後比起單純聽或看，當我們學習時運用兩種以上的感官系統，諸如視覺、聽覺或觸覺，能提高我們的學習記憶力和問題解決能力，稱為多感官學習。

一九六九年施行的某項研究結果顯示：讓受測者只用眼睛看資訊，受測者可以記住該資訊百分之十的內容；讓受測者只用耳朵聽資訊，受測者可以記住該資訊的百分之二十的內容；讓受測者用圖表學習資訊，受測者可以記住該資訊的百分之三十的內容；而讓受測者使用所有的感官系統，受測者可以記住該資訊百分之五十的內容。另一項在二〇〇三年的研究同樣指出，當受測者只使用視覺時，能記住該資訊百分之七十二的內容；當受測者只使用聽覺時，能記住該資訊百分之六十五的內容；當受測者視覺和聽覺雙管齊下——運用多感官學習，能準確記住該資訊百分之八十五的內容。另一項一九九二年的研究結果也表明，使用多感官學習的學生，比不是用多感官學習的學生，運用創意性思維解決問題的比例，高出百分之五十。

多感官學習，能提供我們的大腦更多的記憶線索，所以能增強我們的記憶力。還有，多樣性是創意的核心。用多重感官體驗單一資訊，可以讓我們有效發揮創意力。

坐在書桌前一動也不動，埋首苦讀的人是學習庸才，我確定如果各位能做到學習時偶爾起身活動，養成規律運動的習慣，擁有充足的休閒時間，並且好好午睡，各位的學習效果不只是升級那麼簡單，而是三級跳。

申博士的見解

健康是學習的根本

我人生中最認真運動、最健康的時期，是上班的時候，反而不是大學或是服兵役的時候。那時候我在公司每天定時吃三餐，長期不做運動，結果體重狂飆，健康跟著亮起紅燈。我進公司前從沒超過九十公斤，進公司後，某天我一量體重居然胖到九十四公斤，更不要說體力越來越差，只要會議過長，我就會很睏，還有不用上班的週末，只會宅在家裡一動也不想動。某一天，我突然意識到，我的人生正快速朝電視劇會登場的悲慘中年人的方向發展，於是下定決心開始運動。

首先，我決定從小事增加運動量，打算爬樓梯進辦公室。雖然我的辦公室只有六樓高，但因為那棟大樓也是生產顯示器的地方，所以一樓平均高度是一般建築物的兩樓高，要一口氣爬上去很累人。我每天早上上班爬樓梯，工作時間睏了就搭電梯下樓，重新爬樓梯回來工作。就這樣，堅持了一年不間斷，後來我爬十二樓高度也不覺得累。在我體力顛峰時，曾經一口氣爬二十樓，再搭電梯下樓回辦公室上班。比起單純的有益健康，爬樓梯讓我很有成就感。每天早上上班時間，我看著擁擠的電梯口，然後輕鬆爬樓梯進辦公室，有種專屬於我的小小驕傲。

我也會趁午餐空檔去運動。公司健身房雖然小，但是附設淋浴間。我會在中午賣力運動四十分鐘後沖完澡再去吃飯，飯變得美味不說，壓力也不翼而飛。起初，我很擔心中午運動會不會害我下午上班打瞌睡，不過只要運動量適度，反而能提升下午上班的專注力。我想那是最適合我的運動計畫安排。

我靠著運動，體重從九十四公斤降到了八十四公斤，判若兩人。下屬和員工們親眼目睹我的變化，紛紛加入中午運動行列。經過幾個月的規律運動，大家的體力都變好，下午工作專注度明顯提升（我在工作上因運動而受益良多，所以我經常建議來找我諮商的上班族、研究生，不光是為健康著想，也是替工作和學業著想，一定要運動。實際上，根據養成規律運動習慣的人所言，運動非但不會讓人變累，反會提高專注力）。

尤其是沒人用跑步機的時候，我一定會上去跑。三十分鐘跑完五公里（氣喘吁吁的地步），一個舒服的沖澡，讓上午的壓力不翼而飛。我的工作時間就像分成上、下午各四小時，會有工時縮短的錯覺（如果本書讀者中有管理階層的人，懇切拜託你們一定要給下屬員工運動或是獨自休息的環境。這對公司和個人都好）。

只要沒有加班，我每天固定散步三十分鐘。我的工作地點通常是在第二工廠，和第一工廠相距五分鐘車程，約一兩站公車站的距離，我會走三十分鐘到第一工廠搭公車下班，利用這三十分鐘思考。比起坐在書桌前，邊散步邊思考，讓我更有效的整理工作與個人學習事宜。

持續運動的另一項好處是，有助我進入深度睡眠。以前就算我忙到精疲力盡上床，卻老是睡不著，隔天起床，身體有如千斤萬斤般沉重。自從我開始認真運動，晚上一沾上枕頭，五秒入睡，起床的身體也比沒運動前輕鬆，我可以提前二十到三十分鐘起床學完英文再上班。我想，我對公司的回憶好多於壞，其中一個原因，大概就是有一段我在公司努力運動的時光吧。

我離職後反而運動不足，健康也變差了。我藉口工作忙碌，把工作優先於運動，體力一天天下滑，形成惡性循環。就這樣過了一年多，我因為體力透支，不得不減少工作總時數，專注力也跟著變差。我們必須把運動的優先順序，提前在其他事之前，偏偏我養成先處理眼前的緊急事情的壞習慣。老實說，有些事，我們嘴上說很急，但其實就算先運動三十分鐘再處理，也不會有任何影響。

振作起精神，我重新規畫運動時間，特地聘請專業健身教練，接受專業教練的指點，重啟運動計畫。

套一句古羅馬詩人尤維納利斯的名言：「健全的精神寓於健全的身體。」精神一詞略嫌抽象，現在是創造屬於我們自己名言的時候，「得心應手的學習與工作，皆寓於健全的身體。」

請各位務必每天都要安排時間運動！

第十章

學習效率因環境而變動

「起初是我們建造房子，之後是房子塑造我們。」

—— 邱吉爾 ——

出妙招讓周圍的人主動協助

中博士花了好幾年都改不了第一次學英文時養成的壞習慣，直到入伍後才開始正式學英文，因為是自學，所以不管申博士再怎麼練習，英文會話實力不但不見長，甚至養成了糟糕的英文習慣——口語不流利沒關係，起碼要能唬人。

申博士的英文口語，不如預期來得流利，還養成了亂用口頭禪的壞習慣。申博士喜歡在對話中加入「You know（你懂的），like（嗯……所以說）」諸如此類的口頭禪。他還莫名為此感到自豪，總覺得多說了一兩個英文單字。直到申博士去美國當交換學生，準備過幾次上課發表，還有和朋友對話交流後，才領悟到一直以來學英文的方式出了錯，英文口語不好的人，根本沒必要使用英語口頭禪，雖然有心改掉這個壞習慣，卻不容易。不管再怎麼努力，因為亂用口頭禪的壞習慣，已經根深柢固，所以總是在不知不覺中重蹈覆轍。為此，申博士深感必須祭出極端手段才行。

申博士的老毛病，就是潛意識中講出多餘的口頭禪，他打算藉助朋友的力量，改正壞習慣，所以採取了特別措施。申博士先買來透明塑膠證件套，然後把寫有訊息的小紙條放進證件套，掛在脖上。小紙條訊息如下：

「如果我說了I mean, You know, Like這類廢話，請指正我。」這張紙條之所以具有強大的威力，不是因為申博士得到了朋友的指正，而是因為申博士覺得太丟臉，怕人看到這張紙條，所以一整天繃緊神經。有一個愛惡作劇的朋友看完內容，緊緊跟在申博士屁股後面，只要申博士一說多餘的口頭禪就發出「嗶」聲，不停的捉弄申博士。

結果如何呢？申博士因為很介意脖子上掛的紙條，一整天保持高度警惕，兩天後有九成九的機率不再說多餘的口頭禪。申博士為避免說出多餘的單字，甚而故意放慢說英文的速度，改正老毛病。如今申博士回想當時情景，仍會面紅耳赤。申博士打造了強而有力的「環境」，進而改掉壞習慣。多虧如此，申博士現在不再使用「I mean, You know」之類的多餘的口頭禪。

活用鬧鐘

人們很難改掉學習或工作上的壞習慣，因為習慣是潛意識的行為，如果我們沒有特別留意，會在不知不覺中逐漸形成壞習慣，反之，我們很難在不知不覺間養成良好的學習習慣。我們明明下定決心培養好習慣，但隨著日子一天天過去，那份決心老是會被我們拋到九霄雲外。下面列舉出十五項妨礙學習的代表性壞習慣，及有助於我們提高學習效率的好習慣：

- 早起
- 在固定時間就寢，不做其他事
- 不看電視
- 學習時不滑手機
- 預習
- 複習
- 把自己不懂的英文單字另外整理好，默記起來
- 把解題時做錯的問題整理好，寫進筆記裡
- 一天看一小時以上的書
- 每看完一本書無條件寫書評
- 一天讀一篇論文
- 每天看重大新聞
- 必解教科書後的練習題
- 整理
- 運動

每一項習慣看起來都不簡單。儘管很多人都想養成良好的學習習慣，然而放棄者眾。為什麼我們這麼難戒掉壞習慣，又很難養成好習慣呢？主要是能不能改變習慣取決於有沒有「毅力」。只不過習慣如同浩浩蕩蕩的湍急激流，單憑毅力終難令激流改向，但並非無解決之道，很多人正在使用這個方法而不自知罷了。

上面舉列的習慣目錄的第一項是：「早起」。大部分的人早上怎麼起床？靠「鬧鐘」起床。高作家寫書期間，下定決心每天早上四點三十分起床，想辦到全得靠鬧鐘，問題在於刻意早起是很累人的，我們靠鬧鐘克服早起的困難，卻沒能廣泛應用到其他的日常生活中，像是申博士的塑膠證件套訊息的作用，與鬧鐘無異，幫助申博士戒除了愛亂用口頭禪的壞習慣。

如果我們用上述這種方式打造優質「環境」，哪怕意志薄弱也充分有可能消除妨礙學習的干擾，增進學習成效。讓我們從另一位高作家親身實例，切入習慣目錄第二項。寫書需要高度專注力，因此充足睡眠是基本的條件。高作家必須早睡才能達成四點三十分起床的目標，他考慮到早睡比早起難，所以特地設定了一個能早睡的環境：拜託妻子。

「如果我十點還沒睡就盡情嘮叨我。不要管我怎麼說，你說得越狠越好，直戳我的要害，逼我上床睡覺。」

「我有信心起得來，不用擔心。」高作家超過十點還沒睡覺時，對妻子像這樣辯解過一兩次，可是當高作家被妻子毒舌砲轟後，果然如預期的早早上床睡覺，隔天一早起床專心寫作。

好，接下來透過更多的事例，進一步了解環境設定是多麼出眾的學習或工作策略。

高可見度

奇普．希思和丹．希思合著的《改變，好容易》一書中，提到凱瑟舊金山醫院的護理人員，一天要管理高達八百樣藥品，分配用藥。護理人員通常很難見到醫生，大多只會拿到寫有醫生潦草字跡的處方籤，護理人員必須把處方籤整齊書寫後，再傳真給藥局，等護理人員收到藥品之後，得替患者餵藥、打針和吊點滴。凱瑟舊金山醫院護理人員，平均用藥的錯誤率為千分之一，出錯率算低，不過護理人員的用藥錯誤，偶爾會危及患者生命，加上用藥次數多，即便出錯率再低，一年下來，護理人員總平均犯錯率仍然高達約兩百五十次。難道沒有能大幅降低護理人員用藥出錯率的方法嗎？

過去曾有研究調查，醫院護理人員用藥錯誤的原因，結果指出，護理人員發藥或用藥時會受到周遭環境的干擾，例如，突然有患者喊了正要去分藥的護理人員，而護理人員必須回應患者的請求，護理人員分身乏術，連帶在重要時刻喪失專注力。

舊金山醫院院方提出的解決方案是「發藥背心」——一眼就能看見，有著高可見度的亮橘色背心。與此同時，院方頒布新規則：護理人員執行發藥業務必須穿上發藥背心，還有無論是誰，絕對不能妨礙穿發藥背心的護理人員。

解決方案大成功，在發藥背心方案推行的六個月測試期間，足足降低了百分之四十七的護理人員發藥出錯率。起初因為亮橘色而排斥發藥背心的護理人員，親眼目睹六個月的驚人成效後，也回心轉意——一件發藥背心，守護了無數患者的健康。

醫院的發藥背心或申博士的證件套都很醒目，同理，鬧鐘也必須有高可見度。如果我們把鬧鐘放在視線所及之處便於確認，就能集中精神做想做的事，不受其他無關緊要的事干擾。高作家寫書習慣看大量參考書籍，所以不能在家以外的地方寫作。事不湊巧，高作家家中有小孩，在家很難專心寫作，特別是七歲的大女兒非常愛和爸爸玩。高作家用非常簡單的方式，避免女兒妨礙自己的寫作時間。

高作家平常會把所有的書收進書櫃，要寫作的時候，才把會用到的參考書盡數擺在書桌附近。這樣做的原因有三：一、為了更方便鑽研參考書籍；二、寫作時，高作家光是眼角餘光看到書本封面，就能浮現新點子或是想起那本書的架構；三、給女兒發送信號。女兒看到書不放在書櫃，而擺在書桌附近，就知道爸爸在潛心寫作。高作家的參考書籍逼近一百五十本到兩百本，所以女兒稍微瞥一眼工作室，就知道爸爸在做什麼，不會來妨礙爸爸，高作家也得以專注工作。

另外，我們想提供各位一些值得一試的方法，像是把寫有各種內容的便利貼，貼在一眼能看到的地方；手機主畫面設成有「你又滑手機了嗎？」字眼的照片或圖畫；必讀書籍擺在玄關前或洗手間；用紅筆在教科書練習題上寫下「一定要解題，不解會完蛋！」這些都是高可見度的環境設定法，對提升各位的學習及工作效率卓有成效。坐而言不如起而行，各位請馬上親身實踐吧！

設定期限

任何事都設好期限，把期限日期放在經常能看到的地方，能帶來顯著成效。

心理學家阿摩司·特沃斯基與沙菲爾，對大學生們進行問卷調查，兩位學者告訴大學生，完成調查後會給每個人五美元作為報酬。他們按不同條件，把大學生們分成兩組，對一組學生不設交卷期限，而給另一組學生的交卷期限是五天後。沒設交卷期限的那組大學生中，僅有四分之一的學生完成了問卷，但是設有交卷期限的那組大學生，完成問卷的人數足足占了總人數的百分之六十六，賺到了一個漢堡的錢。

設定期限的力量不光對大學生有效，對需要學習的研究者也一樣很有效。英國經濟社會研究會每年會撥款研究資金，給有提交研究提案書的大學研究人員。有一年，英國經濟社會研究會廢除提交期限，改為一年內隨時都能收件，多有人性啊！可是廢除期限後，大學研究人員的交件率，反而下滑百分之二十。即便是對學富五車、念到博士學歷的人來說，交件期限也扮演著如同「生命線」般的要角。

設定期限的核心，在於當事人究竟能否遵守那個期限。大部分外界賦予的期限，我們無論如何都會想盡辦法辦到，就像學校作業一樣，可是學習是自己的事，且學海無涯，沒有結束的一天。全靠自己設定期限，遵守自己訂下的期限。如果我們在自己設定的期限內完成一定的學習成就，可以給自己一點獎勵，或者如果在自己設定的期限內失敗，就讓自己付罰金也不錯，要不然就是和朋友約定好，或是告訴身旁的人等，上述都是很好的方法。如果我們能自己訂好期限，也能遵守自己訂下的期限，不只是學習，無論我們做什麼事，都能獲得好的成果。

用通勤時間提升英文閱讀力

高作家英文不好，舉凡會話、聽力和寫作都差勁透頂，唯獨閱讀理解能力還算過得去，所以高作家寫作會透過Google蒐尋資料，把英文論文或報告加以活用。雖然高作家現在沒有持續學習英文，所以現在的英文實力不比從前，但在四五年前，高作家還是一個會隨身攜帶世界最有權威、也是傳聞中最困難的英國期刊《經濟學人》的人。

當時高作家通勤打工，必須搭乘往返兩小時的地鐵，他盤算著，反正在家不會念書，起碼在地鐵裡不做其他事，只看《經濟學人》。再說，在地鐵裡帥氣翻閱英文期刊，不是很有品味嗎?!

當然，高作家閱讀英文期刊的模樣，不是那麼有品味，因為有太多不知道的單字，得用紅筆畫底線閱讀。儘管《經濟學人》一週發行一期，可是因為高作家太多不知道的單字，內容又艱澀，看完一期得花上一個月。然而，四個月過去，他讀完一期的時間縮短至三個禮拜；六個月過去，縮短至兩個禮拜；八個月過去，雖然有點吃力，不過時間已縮短至一個禮拜；一年過去，高作家可以輕輕鬆鬆的閱讀完《經濟學人》。

這對高作家來說是非常神奇的經驗，他數不清自己有多少次立志學好英文，但每次都三分鐘熱度。想不到這一次卻靠著活用空間環境，在地鐵這個空間裡達成目標。高作家變得與原來判若兩人，實現了提升英文閱讀理解能力的小小成就。

空間潛移默化的影響

天花板的高度是否會影響人類的抽象思考？在天花板高度三公尺的地方，和天花板高度二點四公尺的地方，進行的抽象思考，會有怎樣的不同？心理學家傅利曼在《打造最佳的工作場所》中提到的研究結果相當有趣。

二〇〇七年，施測團隊以美國萊斯大學一百名學生為取樣對象，請大學生在不同高度的天花板下，進行抽象思考實驗。除了天花板之外，其他條件一模一樣，雖然施測團隊沒有特地告訴學生，關於天花板高度不同的事，但天花板的裝飾燈，足以讓學生們意識到天花板高度。抽象思考施測結果是，在天花板三公尺高的學生，比在天花板二點四公尺高的學生，具備更傑出的思考能力。

二〇一三年某項研究指出，配置方形椅的組織，會讓員工更重視自己的性格和個體性，相反地，配置圓形椅的組織，可增加員工的組織歸屬感。椅子形狀潛移默化了員工對組織的觀點。

窗戶也會對人們的生產性造成莫大的影響。傅利曼書中提到，在二〇一三年施行的某項研究中，揭露在有窗戶的辦公室工作的員工，比起在沒有窗戶的辦公室工作的員工，平均一天多睡四十六分鐘。且後者因為曬不到太陽，褪黑激素、血清素不均衡，導致無法熟睡，甚至就算每個員工都在有窗戶的辦公室工作，但每個員工距離窗戶的遠近，也會造成生產性的差異。二〇〇三年的研究指出，座位離窗戶近的員工，一年生產額可期增加三千美元。

那麼植物又是如何？在二〇一一年某項研究中，主試者把研究對象帶到有植物的房間及沒有植物的房間，結果表明，前者能在需要長時間注意力和專注力的課題上，發揮更好的能力。其他的研究也有類似結果，營造仿大自然環境，不但能讓大腦放鬆，而且能激發大腦認知功能。

在能看著幾種綠意盎然的植物與窗外美麗樹景的寬敞空間學習，能大大增進我們的學習成效。雖說達成全部條件不容易，最起碼各位一定要在有植物和窗戶的地方學習。

手機分散了專注力

要營造學習環境，有一個非處理不可的對象，就是手機。高作家在寫作的時候，會在社群網站上銷聲匿跡，盡可能不看網路新聞；在他專心閱讀的時候，會乾脆把手機關機。

要是不這樣做，手機的誘惑實在過大，會妨礙他全心投入工作。幸虧高作家在工作期間，最大限度的戒掉滑手機的習慣，才順利完成寫書工作。

實際上，《紐約時報》某篇報導指出，手機會妨礙工作。倫敦政治經濟學院貝爾蘭德教授，以高中生為取樣對象施測，告訴學生學校禁用手機的規矩，結果學生的課業成績上升了百分之六點四。

當我們進入渾然忘我的學習狀態時，卻被手機訊息、電子郵件、通訊軟體、臉書的提示打斷，會讓我們的學習效果大打折扣。加州大學某項研究指出，哪怕我們只被外界因素打斷忘我狀態三十秒，要重返學習或工作的忘我狀態，平均需要花費二十分鐘。

既然如此，是不是我們在休息時間滑手機就不會有大礙了？然而，儘管我們是在休息時間滑手機，也會降低學習效率。

史丹佛大學腦科學教授維諾德．梅農教授，主張人腦的腦島扮演一種類似開關的角色，負責切換放空和專注狀態。有些人懂得如何柔軟的按下開關，切換放空與專注狀態；有些人不擅切換放空和專注狀態，無法在這兩種狀況中切換自如。不過兩者有著共同點：頻繁使用開關，切換狀態會導致我們的疲倦感上升。我們在用手機上網、確認訊息、上社群網站時，都會動用這個開關，所以說，休息時間的目的是減緩疲勞，可是我們卻在休息時間滑手機，不但沒有休息還會增加疲勞。

另外，大腦能使用的認知資源有限。如果我們確認郵件內容，大腦就會專注在郵件內容上；如果我們在意的人發來訊息，大腦就得思考怎麼回覆訊息；如果我們上傳部落格文章或臉書文章，大腦就會觀察人們對於文章的反應等，這些事情全都需要耗損大腦的認知資源。等到我們重新開始學習，大腦中能使用的認知資源已經被耗損掉了，我們的學習效率就會變差。

隨著使用手機時間越來越長，我們具有可塑性的大腦會被手機改變，變成學習能力低落的大腦。

網路讓大腦變笨？

在《網路讓我們變笨？》書中提到二〇〇八年UCLA精神醫學系教授蓋瑞·斯摩爾，率領的研究團隊為釐清上網造成大腦的變化進行測試，取樣對象中有十二名是善用網路蒐尋高手，其餘十二名是網路蒐尋新手，施測團隊靜觀受測者們使用Google蒐尋時的大腦變化情形。

網路蒐尋高手，上網時會動用到大腦特殊部位——外側前額葉皮質。網路蒐尋新手的外側前額葉皮質，雖非完全無動靜，但活動跡象幽微，證明高手和新手的大腦使用方式，確實存在差異。

測試結束後，施測團隊請網路蒐尋新手一天一定要蒐尋一個小時。五天後，施測團隊重新拍攝網路新手的大腦情形。結果相當有趣，先前網路蒐尋新手大腦內活動跡象，幽微的前額葉皮質被大量啟動。斯摩爾表示：

「僅僅因為五天的實驗，不常上網的人的大腦前側，相同的神經迴路開始活動。」

另一個要關注的點是，上網時前額葉皮質的活性化程度。由於前額葉皮質是負責解決問題或是決策管理的部位，所以人們在讀書的時候，前額葉皮質極少被激活。觀察人們讀書時的狀態，會發現人們的大腦會被激活的部位，主要是言語、記憶、視覺處理等相關部分，可是為何我們讀書時幾乎用不到的解決問題或決策管理的大腦部位，在我們閱讀網頁時會開始劇烈的活動呢？

這是因為我們上網時看的不只是單一網頁內容，會超連結到其他內容，或者參雜各種廣告，偶爾暗藏各種訊息。這時我們的大腦會怎麼想？沒錯，大腦會判斷超連結的字是不需要閱讀的字；判斷廣告對我們來說是不必要的東西；有時候我們會因進入視線的東西，妨礙我們正在閱讀的內容，進而思考解決方法。像這樣，上網使我們的大腦認知碰到各式各樣的障礙物，造成分心。

也許有人會反問，就算有這些東西，只要無視不就好了。但是，大腦內建的專注模式，原本就不會關心靜止與不變的對象，會反射性注意產生變化或有可能產生變化的對象。再說，超連結和各種廣告的目的，本來就是為了吸引人們視線，我們的大腦不可能完全無視這些東西。

為了判別什麼是有用的、什麼是沒用的資訊；為了思考怎麼解決妨礙我們閱讀的事物；專注力被各式各樣的障礙物分散，以上這三種情況聯手攻擊我們的大腦，分散了大腦該用在真正該關心事物上的專注力。這些過程反覆不斷，使我們的大腦變成了所謂上網的大腦。

寫網路文章或創造網路內容的人，為了因應人們閱讀網路文章時低落的專注力，把網路文章與內容縮短。一旦我們習慣了閱讀短的文章，就不可能回頭讀幾百頁的書。《網路讓我們變笨？》一書中提到二〇〇八年市調公司採訪六千名N世代的青少年之後，對於網路閱讀如何影響青少年的閱讀能力，做出評論：「青少年對3C產品的著迷，影響了他們汲取資訊的方式。他們不會乖乖的從左至右、從上至下的進行閱讀，而是跳來跳去、只看自己有興趣的資訊。」

閱讀是學習的最基本能力。人們看手機的時間和閱讀能力適成反比，前者日漸增加，後者日益變差。

我們不可能完全不看手機，但是有必要在學習的時候或是休息時間遠離手機，還有最重要的是，我們一定要減少滑手機的時間。從某個瞬間開始，搭地鐵看書的人消失了，沉迷在手機螢幕的人卻比比皆是。如果各位能把減少的滑手機時間，花在看書、運動，或者是澈底休息，會對學習大有助益，兼之能阻止專注的大腦變成散漫的大腦。

邱吉爾說過：「起先是我們建造房子，然後是房子塑造我們。」

起先是我們造就環境，然後是環境塑造我們。只要好好經營環境，各位的學習效率就能數倍增長。

申博士的見解

環境勝過決心

「我通常早上五點五十五分到六點半之間起床，起床第一件事是打掃房間，接著，做五分鐘簡單的伸展操，再跑兩公里。這就是我的日常。偶爾發懶就會漫無目的的散步，還有以防萬一散步到晚上，我會帶上所有的露營裝備。這樣的日程，讓我重新有了自信，好像自己能做到什麼一樣。」

常聽人說努力和持續不懈也是一種才能。從這種觀點看來，前文所說的那個每天清晨起床、整理房間、打掃甚至徒步走過一百公里的人，根本是「有意志的人生勝利組」。

我還是上班族時，每天清晨五點半起床，學習三十分鐘後再準備上班。大部分的人聽到，會問我怎能這麼早起學習。原因很簡單，如果我起不來，就會錯過僅有一班的公司通勤巴士。還有，感覺敏銳的人應該已經猜到，上一段提到的有意志的人生勝利組，是我在當兵的時候。比起決心，環境有更強烈的效果。

如果我們缺乏專注和持續力，就很難達成任何成就。我們想要達到一定的專注，比起意志，更重要的是營造環境。我建議過很多人，想好好學習就得抑制玩手機的欲望。二〇一五年，美國行動裝置APP調查分析公司Quettra調查表明，韓國通訊軟體Kakaotalk，被選為是全世界手機應用程式使用頻率最高的程式。這個數據揭示，現在韓國人每分鐘都在滑手機。要想戒除手機成癮，比起下定決心不使用手機、遠離手機更實際。

其實，來找我諮詢的人也不乏手機不離手，對手機依賴度高，最終手機上癮的案例。有一位諮詢者去學校圖書館的時候，會把手機放在置物櫃裡，只在中餐和晚餐時間確認訊息。他說第一次這樣做的時候，才意識到自己手機成癮。

起先，他因手機不在身邊而焦躁，不知道能做什麼。他還擔心錯過別人的聯絡，持續被不安感折磨著。第一次把手機放在置物櫃的那天，他一到午餐時間，立刻跑出圖書館確認手機，但幾乎沒什麼人聯絡，也沒有需要立刻回覆的訊息（他說，剛開始沒有馬上回女友訊息，被女友討厭，但女友看到他認真生活的態度，反而一起減少了手機使用頻率）。

就這樣，看書取代了他滑手機的時間，原本他一個月讀不到一本書，如今一個月自然而然的讀完兩三本書。他的成績不是只上升了一點，而是突飛猛進。

我告訴過許多人這個案例，大家群起效法，還有人追加升級版：逼不得已得帶手機出門時，把手機放到背包裡，還有回家後手機放到郵箱，睡前再拿出來。像這樣，不停的啟動手機「排毒」的人，學業成績和生活滿足度都大幅上升。

我也有過靠打造正確的環境，克服薄弱意志的經驗。那是我大四的最後一學期，當時我已經考上研究所，沒什麼課，真的是我人生中最懶散的時期，沒課的日子會睡到日上三竿。可是我上研究所之前得先預習專業科目，加上早上八點還有學校語言中心的英文課，我意識到必須採取極端手段。為此，我極力遊說真的非常努力學習的學弟同住。學弟想到能住在學校附近，起床後有多出來的時間能利用，所以爽快答應。學弟固定早上七點起床，八點前到學校圖書館報到，我懇切拜託他叫我起床，帶我一起去圖書館。那命中注定同居的第一天，我從學弟身上再次學習到營造環境有多重要。

學弟設好鬧鐘後，就把手機放到衣櫃上頭，我問他原因，他說怕半夢半醒中按掉手機鬧鐘，所以事先把手機放到一定得起床才拿得到的地方。隔天天一亮，學弟豪不遲疑的立刻起床，踏上椅子，按掉衣櫃上的鬧鐘，並且叫醒了我。睏得半死的我，心想最糟糕也不過是去圖書館睡死，硬逼自己跟學弟去圖書館（實際上，那天我也的確睡死在圖書館）。靠著學弟，我養成了早起習慣。在最後一個學期，我有生以來頭一次安全的抵達了早上的英文會話課。親近實踐動力強的人，也是不錯的營造環境方法。

光從這些事例就能看出，相較於單純的決心，營造好的環境，會帶給我們的人生多大的影響。若想要使我們的人生有所發展，不能只有空想，得實質改變環境。比起深思熟慮後的決心，馬上打掃房間更重要。開始是成功的一半，在心理學層面上來，是正確的言論，哪怕說開始是成功的全部也不為過。那麼什麼是好的開始呢？就是打造正確的環境，讓我們稍微具體修改名言吧：「打造正確的學習環境，是成功的一半。」

看完這本書後，各位不用再多想了，立刻打掃房間如何？如此一來，各位會掀起人生蝴蝶效應。希望各位成功後回顧人生，能驚奇發現，一切的起始點不過是打掃房間。

如何打造智慧型環境？

前谷歌資深人資長拉茲洛．博克的著作《Google超級用人學》提到，二〇一二年倫敦舉辦了「雨屋」的展覽——下著暴雨的一百平方公尺室內空間展覽。有趣的是，觀展者走在裡面卻滴水不沾身，這是由於自動感應裝置，能預先感應到觀展者，啟動停止下雨功能。

雨屋展覽在倫敦蔚為流行，而後引進紐約。雖說紐約和倫敦展出的是相同作品，但是兩地給觀展者的時間，卻有著顯著差異。倫敦觀展者每人能在雨屋中停留的時間，平均七分鐘，而紐約觀展者每人能在雨屋中停留的時間，平均是四十五分鐘。因為參觀展覽的人數過多，紐約美術館要求觀展者十分鐘內就得出來，但規則形同虛設。

即便是一樣的展覽，為什麼在倫敦和美國會出現如此明顯的差異？關鍵原因之一是，倫敦是免費展覽，而紐約是付費展覽。倫敦不付費，所以觀展者不會有要撈回「本錢」的想法，考慮到有其他人等候觀展，適當的參觀過後就會離開，但是紐約觀展者付了錢，理所當然想撈回本錢，所以紐約觀展者的觀展時間，是倫敦觀展者的六倍以上。

更值得關注的是，紐約採取了和倫敦不同的付費策略的原因。倫敦「雨屋」過於熱門，要提前十二個小時預約才能參觀展覽。紐約策展方擔心人多堵塞，遂採付費策略，但是策略大失敗。雖然紐約觀展人數比倫敦觀展人數少，人均觀展時間卻增加，導致紐約觀展者等候進場時間，比倫敦觀展者的等候進場時間久。

就像美術館的入場費一樣，營造環境談的不僅是單純的空間和場所，包含了能改變一個人的行動措施，稱為輕推。輕推是行為經濟學先驅凱斯·桑斯坦和理察·塞勒提出的概念：「柔性誘導他人的選擇」。輕推的原意是「輕輕的推動手肘」，延伸出藉由設定好的環境作為推手，輕輕的推動個體的特定行動。

谷歌是一家充滿魅力的公司。當然，由於是國際企業，許多年輕人趨之若鶩。不過谷歌之所以群英薈萃的原因，還包括公司努力學習，如何提升員工的實力與增進員工的幸福感。尤其是谷歌善於打造環境，讓員工能專心激發創意與感受幸福氣氛。讓我們藉由《Google超級用人學》中提到的谷歌案例，看看企業或組織打造出良好的環境，對員工的生產力有多大的影響。

一、**新進員工的郵件**：谷歌從超過十五年的公司內部研究得知，「積極性」

是影響新進員工初步成果的關鍵要因，因此谷歌決定對某一組新進員工追加十五分鐘的入社教育，教育新進員工「積極性」的重要性，希望新進員工們能積極提問、不要等待、儘量與上司一對一對話、積極請求回饋等各種具體實踐的項目。新進員工接受入社教育的兩週後，公司再次寄出電子郵件，郵件中寫了當初入社教育中提過的實踐項目，幫助員工回想兩週前的教育內容。不過，這封郵件沒發給未接受過十五分鐘入社教育的員工。實驗結果顯示，有接受入社教育跟沒接受入社教育的員工們的生產效率，出現了約莫百分之二的差異。站在公司立場來說，等於是每採用五千名新進員工，有一百名不用給薪。許多公司為了提升生產效率，撒下天文數字的金錢，但是原來只需要用十五分鐘的教育和一封郵件澈底打造環境，就能獲得出乎意料的成效。

二、**員工的養老福利保障**：聚集了最聰明的員工的谷歌，給員工的理財服務也非同小可。儘管對員工來說，退休年金比養老金重要，但很多員工沒有加入退休年金。谷歌公司會分擔員工百分之五十的退休年金，所以員工在加入退休年金項目時，繳交最大額度是最有利的。為此，谷歌特別寄電子郵件給沒加入退休年金或沒能繳交最大額度的五萬名員工，仔細說明加入退休年金有利於未來的養老金。一收到郵件，谷歌員工繳付退休年金的人，增加了百分之二十七。谷歌用每年寄郵件給員工，輕推員工們做好老後準備。

三、員工的健康：近年來，肥胖問題成為美國國民健康的一大隱憂，美國總人口的三分之一體重過重，且美國人因肥胖造成的醫療支出，一年超過一百五十兆。體重過重會影響員工的生產效率，谷歌為了員工的健康問題陷入苦惱，得出的答案是打造環境。谷歌提供了員工隨時用餐和使用茶點的福利，在咖啡廳提供有益身體健康的水果，不在醒目的地方放有礙健康的精緻甜食。此外，谷歌把原本使用的十二吋的盤子改成九吋的盤子。結果非常驚人。廚房的白糖購買量比以前減少了百分之三十；員工們的脂肪攝取量減少了百分之四十；員工們的總食量也減少了百分之五；廚餘自然而然的減少了百分之十八。谷歌透過打造環境，不僅照顧員工健康，兼之縮減了食物處理的費用，可謂一箭雙鵰。

提升新進員工的生產效率，照顧員工的老後福利和健康是非常重要的事。我們一般認為要獲得巨大的成就，就得投入鉅額費用，或是制訂複雜的戰略，但只要善加打造環境，就能用簡單的方法和低廉的費用，獲得意想不到的結果。雖然動機賦予和意志很重要，但請各位切記，好好打造環境也是一種傑出的戰略，不但有助個人學習，也能提升組織生產效率。

第十一章

創意是一種態度，不是才能

「如果你沒有過失敗，表示你做的事不具創意性。」

—— 伍迪・艾倫 ——

創意要靠學習

賈伯斯說過：「當你問創意人士是如何工作的，他們可能會感到有點內疚。」

如果要人們從風雲人物中只能選出一名「創意性」代表，賈伯斯應該是許多人的首選。他改變了所有人的日常生活，個人電腦和智慧型手機都出自於賈伯斯之手。人們普遍認為賈伯斯這類創意人士，有著與生俱來的「才華」，而非透過「努力」發揮出創意，覺得創意人士有別於一般人。

但為何賈伯斯說：「當你問創意人士是如何工作的，他們可能會感到有點內疚」？原因之一是，創意不是特定人士的專屬物。只要是為了創意人士驚嘆，詢問創意點子來源的人，都有機會發揮自我創意潛能。因為創意是可以學習的。

哪一個領域總是試圖把創意點子視覺化、不斷碰撞創意火花呢？正是廣告領域。因為廣告必須短時間內吸引大眾目光，所以比任何領域都更需要創意。《創意黏力學》一書中提到，以色列某研究團隊，分析了兩百支國際廣告節獲獎廣告。這兩百支廣告全都是有著傑出創意的作品，研究團隊縝密的分析結果指出，百分之八十九的作品可歸類成六大類，舉例來說，一邊展示平底鍋上滋滋作響的煎雞蛋，一邊浮現字幕「毒藥使你的大腦變成這樣」的廣告，可被分為「極端結果」類。

另一方面，研究團隊研究了另外兩百支未能獲獎的廣告，不出所料，其中僅四支廣告能被歸類到六大類中。這項研究的啟示是什麼？就是讓大家明白，一般我們提到創意，會直覺認為是人人都想不到的點子，但實際上創意有固定類型，假如我們能遵循既定的類型模式，有很高的機率能產出別出心裁的創意。

我們來確認這樣的推論是否和事實吻合。以色列研究團隊募集一群對廣告一竅不通的人，把他們分成三組，分別教導每組成員，關於運動鞋、減肥食品和洗髮精相關背景的知識。之後，研究團隊不讓第一組成員進行任何學習，直接開始製作廣告；讓第二組成員接受廣告專家兩小時的自由聯想技巧培訓，再開始製作廣告；讓第三組成員在兩小時內，學習六支創意廣告的雛形及靈活運用的方式，再開始製作廣告。之後，研究團隊請來幾位文創內容工作者，請他們從三組製作出的廣告中，評選出十五支不錯的作品，展示給消費者看，並邀請消費者們對這些廣告進行評價。

結果顯示，消費者對第一組的作品反應相當冷漠，對第二組作品的興趣大於對第一組作品的興趣，但沒有作品足以博得消費者的喝采。而接受過創意廣告雛形培訓的成員作品，得到半數的消費者具有創意性的評價，相對而言，這些成員都是廣告製作的新手，在他們之中，有多少人認為自己能製作出有創意性的作品呢？幾近於零。不過兩小時訓練改變了他們。

我們想主張的就是這個。創意是可以習得的，就像廣告創意可以分成六大類一樣，人們普遍認知的創意，實際上依循著某種法則。還記得賈伯斯說：「當你問創意人士是如何工作的，他們可能會感到有點內疚。」嗎？這句話的前半段是這樣的：「創意只是將事物連結。當你問創意人士是如何工作的，他們可能會感到有點內疚。」

沒錯，創意的第一個屬性是「連結」。

連結即創意

美國知名作家史蒂夫·強森的《創意從何而來》書中提到電影《阿波羅13號》中，戲劇化呈現了「連結」的偉大瞬間。負責淨化太空人呼吸排出的二氧化碳的過濾器，未料發生故障，使得太空人陷入危機。雖然太空船裡有好幾個二氧化碳過濾器，可是由於太空船所有裝備都經過最適化的精密計算，太空人想返回地球就得換乘登月艙，而過濾器和登月艙的系統不合，假如管制中心的工程師，無法即時製作出新的二氧化碳過濾器，登月艙的空氣就會受到汙染。工程師們究竟如何解決問題呢？

工程組組長臨場應變，要求製作登月艙裡現有能使用的裝備目錄。等到裝備目錄一完成，組長就把所有的工程師叫到會議室，把所有目錄上有的物品全部放到桌上，有軟管、桶子、提包、強力膠帶等，組長指著那些物品說：「你們想辦法利用這些資源製作出過濾器！」

工程師動員所有已知的知識，試圖連結桌上那些平凡的物品，沒過多久，他們真的創造出能解決問題的新過濾器，這正是創意發光發熱的瞬間。

一般認為創意就是要想到其他人未能想到的事情，其實不然，正如賈伯斯所言，創意不過是連結事物。電影《阿波羅13號》中，地面管制中心的工程師也同聲附和。

二〇〇四年印尼發生海嘯災害，造成嚴重損失，當時國際救助團體捐贈了八台保育箱。二〇〇八年麻省理工學院教授提墨西．普萊斯塔羅造訪印尼災區，發現熱帶地區濕度過高，以及當地的電力系統不夠完善，以致當初捐贈的八台保育箱發生故障。假如當地人有好好閱讀過保育箱使用手冊，絕對能修復那八台保育箱，問題出在他們不懂英文，對英文寫的使用手冊，一知半解，加上對保育箱零件十分陌生，才遲遲修不好。

普萊斯塔羅教授率領的研究團隊，認為解決保育箱問題的上上策，不是再次提供完好的保育箱，而是教會當地人修復保育箱的方法。經研究團隊調查發現，當地雖然沒有空調、筆記型電腦、電視，可是有汽車、有修車技術，於是研究團隊發想，如果改用汽車零件生產保育箱，那麼即使保育箱故障，當地人也能自行處理。就這樣，新保育箱完成。

普萊斯塔羅教授率領的研究團隊，新發明的保育箱，能讓當地人自行修復，因為保育箱使用的是當地生產的零件，所以當地也可以生產製造新的保育箱。堪稱是偉大的革新。這項革新的實現，不過是把基本東西用新的方式加以「連結」罷了，如同電影《阿波羅13號》中的二氧化碳過濾器。

那麼創意論文呢？二〇一一年西北大學的教授寫了一個演算法，調查一萬兩千種期刊發表過的一千七百九十萬篇學術論文，其演算法的作用，是從多方面檢視各篇論文的創新度。分析結果發現，論文方向或研究時期和創意之間雖然不相關，不過幾乎所有研究創意的相關論文，都有一項共同的主張：「用創新的方式連接已知的概念」。百分之九十以上的創意相關論文的內容，都曾在其他地方發表過，也有許多學者看過類似內容。由此可知，創意論文的核心依然是「連結」。

愛迪生可算是人類頂尖的發明王代表，也是連結的化身。史丹佛大學某篇研究論文，曾整理出愛迪生的發明特性：「愛迪生和他的同事們在著手第一次的電信事業時，把學過的電磁力知識，運用在現有的專業領域概念上，像是電燈、電話、留聲機、鐵路和礦山等。」

賈伯斯第一次發表手機的那天，聲稱要展示三項新產品：新的ipod、新手機，與可以上網的新產品。他用「新」這個修飾語，因為覺得用「革新」的字眼修飾這三項新產品有點太過火。那天他展示的並非三項產品，而是集三項產品功能於一體的產品：iPhone。

iPhone不是無中生有的創意產品，是把過去曾經存在的東西，用Apple的方式自行連結罷了，所以賈伯斯才會難為情的說：「我們只是把現有的產品連結在一起，稱不上了不起。」

有鑒於此，比起挖掘新東西，我們看待創意的第一個態度，應是思考如何用創新的方式連結既有的東西，就像這本書涵蓋了各式各樣面向的內容，看似與學習法相距甚遠，但我們用「學習法」的概念將其連結起來，堪稱一種創新。

接著，另一個有待我們思考的問題浮現：我們要用什麼才能進行「連結」？在真空狀態下，我們是無法連結任何東西的，說到底，要進行「連結」就需要「某些東西」，即需要能讓我們進行連結的資源，前面賈伯斯說過：「創意只是將事物連結。當你問創意人士是如何工作的，他們可能會感到有點內疚。」

賈伯斯的話還沒說完，他續言：「因為他們不是去做，而是去看。任何東西，只要被他們看見，他們就會不自覺的思考。他們能夠連結自己過去的經驗，然後組合出新事物。之所以能辦到這一點，是因為他們擁有比他人更豐富的經驗，或是他們對於自身經驗更加深思熟慮。」

在這短短的文章裡，賈伯斯就提到了三次「經驗」。如果說創意的第一個態度是連結，那麼第二個態度就是努力擁有更多實現連結的資源。也就是說，經驗越豐富的人，越有可能想出有創意的點子。因為他能連結的東西更多。

多樣化經驗激發創意

物理學家特魯梭曾說道：「最糟的科學家是不涉獵藝術的科學家，最糟的藝術家是不涉獵科學的藝術家。」

不研究藝術的科學家，或者是不研究科學的藝術家聽到這句話，應該會非常不悅，但從研究結果看來，特魯梭並非空口白話，至少他是站在科學家的立場發言。

曾有學者把一九〇一年到二〇〇五年的諾貝爾獎得主和當代的科學家，兩者的休閒興趣進行比較研究。所有的科學家在科學專業領域層面的專業性差不多，但諾貝爾獎得主們明顯與其他科學家不同的地方是：他們非常享受藝術。

相形於其他科學家，諾貝爾獎得主們擁有音樂（樂器演奏、作曲、指揮等）相關興趣的機率是兩倍；美術（素描、油畫、版畫和雕塑等）是七倍；工藝（木工、機械、電器和玻璃等）是七點五倍；寫作（詩、戲曲、小說、短文、散文、科普書籍）是十二倍；表演（業餘演員、舞蹈家、魔術師）足足高出二十二倍之多。諾貝爾獎得主比其他科學家，更常接觸樂器演奏、繪畫、製造機器、寫作和表演魔術。

雖然我們不知道不涉獵藝術的科學家，是不是最糟的科學家，但看似涉獵藝術的科學家，的確是最優秀的科學家。為何會有這種結果？這是因為研究藝術的科學家比單純的科學家，累積了更豐富的經驗。他們非但學習新觀點，而且把許多事物作「連結」，開啟了創意之路。

在以幾千名美國人為研究對象的一項研究也表明，創業家或專利發明者，比一般人擁有多樣化興趣的機率高出許多。另一項針對擁有豐富創意的成人進行的研究，也揭露他們幼年時期搬家次數比其他人高。

馬丁・路德・金的〈我有一個夢〉（I have a dream）是史上知名演說，但很多人不知道這場演說絕大部分是「臨場發揮」。他原本的演說內容和夢想無關。在那場演講開始約十一分鐘後，有個人大喊，要求馬丁・路德談論夢想，於是他臨場應變，即興演說，實際演說長度比起他事先準備的演講稿多了兩倍。

他的演講既有創意又令人感動，連帶周遭的人都熱血澎湃。這百年難得一見的即興演說，究竟如何誕生的呢？單純因為他是個演講天才？絕非如此。路德牧師雖然沒有準備演說稿，但卻彷彿事前認真「準備過」的原因，是他在發表那場與夢想相關的演說前，光是那一年，他就進行了三百五十場演講，還有在那場演說的一兩年前，他也曾發表過與夢想有關的演講。他的即興演說不完全是即興，他是用過去積累的豐富經驗做好充分準備，腦海中充斥各種即興可用的龐大資料，在新的環境下，他用全新的方式連結那些資料，完成了〈我有一個夢〉的演說。

我們為什麼會認為「藝術」是諾貝爾獎得主的興趣？讓我們想一想科學家和藝術家吧。各位不覺得這兩種人充滿異質性嗎？他們達成高人一等的成就的方式，前者是用百分百的理性和縝密的推論能力，後者是靠豐富的感性和高度直覺的藝術性。諾貝爾得主們連結這兩種截然不同的異質性經驗，加以應用，方才誕生了諾貝爾獎等級的創意性。

結果，多樣化的經驗固然重要，但提高創意性的經驗，並不局限於同質領域，越是陌生的異質性經驗，越能激發創意。

西方文化的根源是希臘文明，這一點無可爭議，那麼希臘文明得以蓬勃發展的契機為何？核心關鍵是：「自由」。特別是「旅行」的自由。古代極少有國家允許人民到他國旅遊，然希臘人不同。希臘人自由自在的旅行，熱中於親自體驗、學習多方事物。最出色的哲學家泰利斯曾到埃及旅行；阿那克西曼德（Anaximander）是創造出世界最初地圖的旅行狂；柏拉圖、畢達哥拉斯、希羅多德等人，都把在埃及和波斯旅行學習到的學術傳回國內發展。

各位讀者應該也去海外旅行過，如果不是單純休憩之旅，而是文化體驗之旅，應該會感到相當陌生。哪怕我們只是去鄰國，也會感受到截然不同的氛圍。這些累積下來的異質文化的國度的旅遊經驗，終將成為我們發揮創意的珍貴材料。

《Google超級用人學》書中提到，深知創意原理的谷歌公司，推動了「谷歌演講」。

這個演講系列邀請了作家、科學家、企業家、演員、政客及各領域的人士，聊自己的想法，迄今已有超過兩千人參與演說。谷歌員工們聽著其他領域人的想法，累積陌生經驗。谷歌的革新，正是員工們靠著累積下來的經驗，展現能力的結果。

如果各位想成為創意人士，就累積各式各樣的陌生經驗，在此提出四點建議：

一、**培養和自己的專業領域無關的興趣**：我們學生時期以人文與科學為中心進行學習，若能參加各種藝術活動增進創意靈感會很不錯，享受運動也是不錯的選擇。

二、**去海外旅遊**：親身體驗異文化是非常重要的。我們要學會從全然不同的觀點去看待世界，等到我們能以陌生的角度分析事物時，就表示我們擁有了新的觀點和特殊的分析能力。

三、**多見不同的人**：高作家和申博士從彼此身上感受到許多新的東西。高作家是社會學專家，擁有創業經驗，是偏好以理論為中心的自學者，相反地，申博士是自然科學領域的專家，在三星企業工作過，是偏好以實驗為中心的學業菁英。光是兩人見面，也感覺得到兩人之間的創意火花被點燃，更何況如果我們能見到更多其他專業領域的人呢！

四、**閱讀各種書籍**：書是累積多樣化經驗最超值的禮物。一本書就是一個人的知識和想法，書中融入了作者的邏輯與智慧，無論在何時何地，只要拿起一本書，就能感受到其深遠又豐富的經驗。千萬不要忘記，**多樣化閱讀是創意的摯友**。

多挑戰多失敗，更有創意

人們也經常誤以為創意人士每次提出的點子都是絕世好主意，就像搞笑藝人每一句話都很好笑一樣。事實絕非如此。真正的創意人士為了引發爆笑，冷場的話說的更多。相形於「一擊必殺」的帥氣狙擊手，舉起機關槍，朝設定好的方向亂射的藍波，才是真正的創意人士。

各位還記得莎士比亞有哪些作品嗎？大眾喜愛的莎士比亞作品大概有十多部，例如《馬克白》《李爾王》《奧賽羅》。有很多人以為莎士比亞一生只創作約十部作品，實際上，莎士比亞在二十年內就寫了三十七部戲曲及一百五十四首十四行詩。《雅典的泰門》《終成眷屬》也是莎士比亞作品，但這些作品不夠水準，飽受批評。比起經典之作，莎士比亞筆下的平凡作品更多。

古典樂方面也是一樣，倫敦交響樂團選出的世界五十大古典樂中，莫札特占了五首、貝多芬四首、巴哈三首。即便我們降低期待值，不嚴格限制在五十大古典樂中，這些音樂家被大眾喜愛的曲子加加減減不過約十五首，實際上這些音樂界最傑出的天才寫過多少首曲子？莫札特三十五歲離世，創作的曲子有六百多首；貝多芬超過六百五十首；甚至巴哈是一千首。他們看起來像不像亂槍掃射的人？

畢卡索畫了一萬兩千幅畫、兩千八百座陶瓷作品、一千八百張油畫與一千兩百個雕塑作品，但是只有少數作品獲得大眾讚賞。同樣地，愛迪生雖然拿到了一千零九十八個專利權，其中真正出色的發明品寥寥可數。

愛因斯坦貌似有些不同。他在一九〇五年就發表了五篇論文，其中四篇動搖了物理學界的經典理論基礎。那一年，他不過二十六歲。這位年輕科學家的未來前景可想而知，不是嗎？外界揣測日後他可能會論文一篇一篇的出，發揮驚天動地的破壞力。事實恰恰相反，當然，在這之後，愛因斯坦提出了相對論和宇宙學常數，可是他留下的兩百四十八篇論文，大部分沒給科學界帶來什麼影響。

下面是一位創意專家所言：

「創出越多的點子，則產出重大影響或成就的機會越大。」

「在創出點子方面，數量是預測質量的最準確指標。」

「一心追求獨到見解的人，到最後大多偏離初衷，或是奮發的意志被澆熄，抑或是產出完全失敗的點子。」

「相形於沒熱情的人，偉大的人犯的錯誤更多。」

「你必須先和無數隻青蛙接吻才能發現王子。」

自認沒創意的人，比起增加新點子的數量，更執著於反覆改善舊點子，直到十全十美，但其實真正的創意人士會先想出許多點子。某項研究分析一萬五千首古典樂曲後發現，在一定期間產出越多曲子的音樂家，寫出經典名曲的機率越高。也就是說，要多嘗試，多創意。

不過如果我們多嘗試，什麼也會跟著變多呢？那就是失敗。在發現中了魔法的青蛙王子之前，必須先和無數隻青蛙接吻，意指我們要接受無數次和青蛙接吻的污辱。對有創意的人來說，挑戰是日常，失敗也是日常。到頭來唯有擁有接受失敗的思維模式時，才能真正成長為有創意的人。

我們可以這樣說：創意人士不預期莽撞帶來的後果，因為他們也不知道自己會產出什麼點子，會走向何方，因此不停的挑戰。另一方面來說，創意人士的創意點子實際成功機率非常低。他們會經歷無數次的失敗是理所當然的，只不過創意人士是擁有成長型思維模式的人，能坦然接受失敗。如果是那些對失敗會感到被威脅的固定思維模式的人，就會害怕失敗而放棄挑戰。失敗是我們的人生與工作上不可或缺的要素，讓我們學會坦然接受失敗，把失敗當作是成長的跳板吧。

有創意的人是多挑戰、多失敗的人，而且這種態度完全能靠後天培養得來。

申博士的見解

創意心法

要寫出一篇好論文真的不容易，因為寫出一篇好的論文的關鍵要素之一是：融入新事實或新觀點。如果我們的論文主題是全世界的人都在研究的主題，當我們在夢鄉好眠時，來自世界各地的人二十四小時都在鑽研相同主題，開拓著這個主題領域中，尚未被其他人發現的領域。

我念博士課程時，自認是很有創意的論文主題，結果一蒐尋，發現好幾年前就有過類似論文，已經是舊時代的遺物（幾乎九成以上都是這樣）。

其實我本來是和創意相距很遠的人，尤其是在科學和學術性創意方面，創意離我之遙，好比遠在地球另一端，但為了取得學位，不得不成為有創意的人，那麼我到底是怎麼想出有創意的點子，得以順利畢業的呢？

我的博士論文，主要研究一種叫石墨烯（Graphene）的新物質。當時在我的研究室裡沒有人研究過石墨烯，我沒有人可以請教，能依靠的只有其他學者的論文，於是我先下載了影響指數高的學術期刊上所有的論文。那時候，學術界開始石墨烯相關研究了四年，在傑出的學術期刊上發表的石墨烯相關論文比想像中少。當我把影響指數往下降，論文才像雨後春筍般的冒出來。我大略看過，足足有三千篇，要下載完三千篇論文的時間過長，我只好先放棄。

就像一場命運的玩笑，我認識了一位來實驗室實習的印度人。他是來自印度工科大學非常聰明的大學生，當時我們的研究室正在重新布置設備，沒什麼事情能讓他做，但又不能讓他沒有學到任何經驗就回印度去，所以我請他練習調查文獻、熟悉與進行石墨烯的實驗，剩下的時間幫忙我下載論文。我要下載的論文量很大，是比預期更辛苦的作業，但是他非常勤快的做完了我交辦給他的事情（題外話，雖然他是沒有薪水的實習生，但我懇求我們的指導教授付他薪水，他才拿到了一個月的人事費）。

在實力和時間都不足的情況下，我盡力閱讀了論文摘錄，以圖表為主進行閱讀，並且每天堅持閱讀十篇以上。我花了六個月的時間略讀完兩千篇以上的論文，大致可以知道之前的學者們進行過什麼樣的實驗、沒進行過什麼樣的實驗。然後我把其他學者進行過的實驗中，我們實驗室能追加的裝備列出來，想出了約三十個新點子。深獲兩千篇論文啟發的我，搖身一變，成了創意無限的人。在毫無頭緒的領域中，某種程度上，我可說是盲目的開始閱讀論文，過程中，幸運遇見幫助我的實習生。因為我的功力不足，沒辦法精讀完所有論文，只能略讀，不過光是如此，我也產出了不少新點子。

我想再次強調的是，我不是在創造點子，不過是隨著前人研究過的內容找出空缺，再找出實驗室設備能實際執行的部分。當然，還有很多其他方式能產出創意的點子，如果有人正因創意枯竭而苦惱，我的建議是：勤快的「調查」，無須煩惱。

最近因為臉書，我再度被誤會成有創意的人。我開設了臉書專頁「人生學習」，追蹤人數不曾下滑，成長速度真的非常快。在設置粉絲專頁前，我每天分析三十個熱門粉絲專頁，仔細調查、記錄那三十個粉絲專業的高點閱人數的文章特色。透過分析，能幫助我們培養某種直覺判斷的能力，不過有了這種直覺判斷力，不代表我們定能獲得正確答案。每個粉絲專案的追蹤者屬性不同，有可能文章內容差不多，在某個專頁得到了高迴響，在某個專頁卻反應冷淡。我們不能單純下結論，指出某一類文章特別有人氣。經過仔細分析過後，我多多少少抓住了感覺，便投入粉絲專頁經營。

累歸累，但我幾乎每天都更新粉絲專頁。在我實際發文後，撰寫網路文章的實力確實進步不少，到了某種程度之後，我的十篇發文裡大概有一篇發文會得到不錯的迴響，甚至有些發文非常有人氣，以至於被非法盜用。偶然之下，我發現某一個專頁時常非法使用我們的貼文。藉此，我又學到了新東西。

當時，那個非法盜用的專頁追蹤者人數約五千人，儘管當時「人生學習」追蹤者人數約十萬人，可是被擅自盜用的發文觸及率，卻比我們的發文高了四倍。剛開始，我完全無法理解為什麼會這樣，於是我試圖找出兩者之間的差異：那個專頁會使用簡單明瞭的懶人包。當時被盜的貼文是關於咖啡廳要怎麼製作咖啡集點卡，才能讓過路客成為回頭客的事例，透過心理學理論探究如何提升每天的工作成就感，因此我們的文章標題是「20%的工作左右80%的工作成果」。

而非法盜用我們貼文的專頁下的標題是：「咖啡集點卡的真相」。嚴格來說，這個標題和文章內容毫不相關，但那不重要。對方的標題的確更加直接，足以誘發用戶點擊衝動。因為標題的不同產生了四倍的效率差異（當然，這跟我們的粉絲專頁追蹤者和對方的追蹤者傾向也有關係，不過我追加了一些其他測試後，再次確認文章標題會造成很不一樣的讀者反應）。

就這樣，我做了多方嘗試，累積了不少的經營粉絲專頁功力。在此之前，我對經營粉絲專頁一竅不通。每天都要經歷無數次失敗，但我不輕言放棄。透過測試，重新挑戰，才打造出所謂的「夯到嫑嫑的」文章。

關於如何創造高人氣發文，我有四大心法：一、學習，二、嘗試，三、分析，四、再次嘗試。只要能用足夠的耐性戰勝從沒創意到產生創意的過程，到時，人們會這樣對你說：「這點子棒透了！」

精實創業者的創意和風險管理

創業家是最需要創意的族群了，他們是用新東西開拓新市場的人，最需要與眾不同。設想，有兩名創業家到各位面前，邀各位投資。這兩名創業家擁有的條件都一樣，只不過一名創業家打算創業後繼續現在的工作，另一位創業家會辭掉現在的工作，專注創業。這兩位創業家，各位會投資誰呢？

我想各位很可能會投資給專心創業的人吧。因為即使我們全心投入，也無法保障創業一定會成功，想要繼續現在的工作正意謂著決心不足。就像前面看過的一樣，有創意的企業家，必須具有強烈的挑戰意識。那位創業家拿現有的職場當後盾，看起來就很沒把握，創業成功希望渺茫。

但研究結果恰恰相反。經營研究人員約瑟夫．拉菲和馮婕，針對「創業時是繼續做自己的本職好，還是辭去工作好？」在一九九四年到二〇〇八年對五千名企業家實施過追蹤調查。調查結果指出，會繼續做本職工作的創業家，與現在需要更多的創業資金，或是捨棄不了優渥年薪無關。大部分辭去工作的青年創業家的風險承擔能力——承受危險的傾向——偏高，反之，不辭去工作的青年創業家，有迴避風險的傾向。如何面對危險造成了不同的決定。

不過，研究結果打破預期。相較於辭去工作的創業家，繼續做本職工作的創業家的創業成功率，足足高出了百分之三十三。看似挑戰意識強，果敢承擔風險的人會成功，實際上，對危險敏感、經常考慮安全閥，且較為謹慎的創業家成功機率更大。

耐吉創辦人菲爾．奈特，創業後持續原有的會計師工作，沒有辭職；歌手約翰．傳奇發行第一張專輯後，繼續擔任企管顧問兩年；小說家史蒂芬．金出版第一本作品後，七年時間持續別的工作；蘋果公司共同創辦人斯蒂夫．沃茲尼亞克，創業後繼續在惠普公司上班；谷歌創辦人創造了蒐尋引擎，當時卻擔心因蒐尋引擎影響到博士學程，一度考慮轉賣。最終當然是沒賣掉，持續開發，兩年後主動休學；比爾．蓋茲雖然是大學輟學生，但不是真正意義上的輟學生。他在創業的時候中途輟學，全力發展事業。

結果，有創意的商界企業家，不是毫無想法的承擔風險。無論看起來多帥氣，但他們都是有某種程度的把握，假如沒有安全閥，他們絕對不會完全投身創業。當然，擅長管理風險的企業家，他們的行事風格也會澈底反映在企業管理上。即便機會近在眼前，擅長管理風險的企業家，也會反覆確認那是不是真正的機會，同時做好失敗的打算。

為什麼擅長管理風險的企業家創業成功機率，高於勇於承擔風險的企業家呢？我認為原因可分成兩方面：一是創業家內在，一是創業家的外在。

發展心理學家約翰．鮑比從研究中發現，子女與父母的感情紐帶越是親近，孩子長大後會越有探索心，相反地，假若子女和父母的感情紐帶淺薄，孩子長大後較不會積極探索事物，縱使擁有了夢寐以求的汽車也不知如何踩下油門。孩子的探索心和好奇心來自父母的支持。

不只是孩子，成人也一樣。如果我們沒有值得信賴的靠山，當我們挑戰某件事的時候，我們會害怕挑戰失敗帶來的壓迫感，讓我們無法好好實踐挑戰。如果那件事簡單，我們還不一定會放棄。但如果想挑戰創業，就必須想出新的點子並實際執行，這時失敗的壓迫感會影響到我們的精神狀態，也會影響我們對創意的發想。不僅如此，當實際執行點子的時候，我們的視野也會變得狹隘，很可能無法成功創業。

《匱乏經濟學》書中指出，貧窮不只是單純的經濟匱乏，而是一個人認知貧乏受到了致命的侵害。金錢通常關乎生存，而人腦將「生存」視為第一優先，當我們被金錢問題困擾，我們的大腦就不可能全面啟動商業思維，當然也很難想出成功創業的好點子。

然而，比起內在問題，我們要面臨更大的外在問題。我們太常透過媒體或各種書籍，接觸到一些經濟、經營和政治的未來預測劇本，使我們誤以為人類是可以預測經濟、經營和政治的未來。甚至有很多人以這三種領域的專家自居，而一般人聽到「專家」往往以為這些人善於預測。

實際上，人類想完全預測經濟、經營和政治，實屬無稽之談。世界運作系統如此複雜，人類無論如何也不可能預測未來。那些大言不慚自誇能準確預測未來的人，不過都是詐欺犯，想藉由販賣不可測的未來，獲得實質利益。當然，預測未來很重要，但是預測未來之所以重要，是因為我們得預先寫好各種未來的劇本，方能替未來意外的變化做好因應對策。

在未來不可預測的前提下，該做什麼樣的行動？萬一幸運與不幸的比例是五十對五十，而我們梭哈了，辭去了原有的工作專心創業，卻不幸迎接創業失敗，屆時我們會變得如何？我們會因為公司倒閉，機會也跟著消失。但假如先幫自己留了一條後路，確保有東山再起的機會呢？創立的公司要先不完蛋，我們才能有機會，所以為了抓住不可預測的機會，我們不能讓自己澈底完蛋，必須確保自己有能東山再起、重新挑戰的安全閥。

美國管理學家詹姆・柯林斯率領的研究團隊，比較了八萬七千一百一十七間公司的資產對現金比率。研究團隊指定的偉大企業的現金流比例，比其他企業的現金流平均值，高出三到十倍。此外，在取樣期間，有八成的樣本企業保持高現金流動負債比率，是故，柯林斯說：「偉大的企業會準備好減緩財務衝擊與吸收衝擊的方案，是患有被害妄想和神經質的企業。」

這種精神不光適用於偉大的企業，也適用於創業。創業家艾瑞克・萊斯提出了「精實創業」的概念，也親自創辦了新創企業，變成普及的成功事例。在此之前，矽谷新創公司的產品開發過程如下：首先，導出核心點子，其次，制定開發產品和上市的具體行程，計算所需預算後，不遺餘力的開發產品。為了讓自己的產品驚豔全世界，因此在產品開發完成為止，所有過程嚴格保密，可是產品面世的瞬間，大部分的產品都被消費者忽視，傾盡所有開發產品的新創企業，也消失在歷史洪流中。

精實創業跟前面的產品開發過程，有些許不同。精實創業的公司把一開始就要做出讓世人驚豔的產品的念頭，視為驕傲自滿，公司為了讓有勝算的新點子快速面世，即使是粗糙的未完成品，仍搶先推出新點子的測試版產品。這種產品叫做最簡可行產品，能幫助公司掌握客戶反應，予以分析，迅速改善產品。萬一公司一開始制定點子的假說有誤，則毫不猶豫的轉向——稱之為軸轉。公司透過一連串實行誤差提高產品完成度，再以驗證的假設為基礎，制定市場行銷策略，到最後上市販賣的經營策略，就叫精實創業。

為什麼精實創業策略會受到關注？亞馬遜創始人貝佐斯表示既存商業模式常常不是照著公司原本的想法走，也就是說，無論該產品在產品初創期看起來多棒，成功機會有多大，等到實際推出產品上市，成功率不高。蘋果公司一開始生產的不是iPhone，而是與摩托羅拉公司合作生產的Rokr手機，結果慘遭滑鐵盧。飽受教訓的蘋果公司，在那之後才生產出大受歡迎的iPhone。

企業界是被不確定性支配的世界，無論我們對自己的點子多有把握，也會因為成千上萬的外在變數而迎來失敗，且失敗率非常高。所以說，如果我們把所有籌碼都壓在第一個產品上，一旦第一個產品失敗，就很難重整旗鼓，捲土重來。說到底，如果我們想戰勝不確定性，就必須在產品開發期間，多經歷幾次的實行誤差，澈底管理風險。

創意人士會多挑戰，多失敗，多嘗試實行誤差。我們必須變得聰明。如果我們失敗就沒有再次挑戰的實力，那怎麼可能重新挑戰呢？只有在失敗衍生的費用極低，抑或是有足以承受失敗費用的安全閥的時候，我們才能不停的挑戰下去。

一個能在企業環境下生存的創意家，未必是懷抱熱情，果斷承擔危險的人，反而是制定了足以迴避危險的安全閥，也規畫好後續應變對策的人。

第十二章

讀書，是學習的基本功

「我們讀的東西成為了我們。」

—— 馬丁·瓦爾澤 ——

不會問問題的記者

韓國EBS電視台《我們為什麼要上學？》節目製作單位為了了解「如果學生上課時間經常發問，會發生什麼情形？」於是邀請了學生提問。製作單位告訴提問學生上課時有好奇的事，儘管向老師提問，問什麼都可以，希望他能提問五次以上，可是提問學生面露難色：「這個好像太難了吧？搞不好會被當成怪咖？」

製作單位認為提問學生是杞人憂天，不管怎麼說，在上課時間常發問怎麼可能被看成是奇怪的人？

教授進入教室開始上課好一陣子，卻還沒有任何學生發問，除了教授之外，教室悄然無聲。雖然教授偶爾會向學生提問，但大部分的學生都低頭迴避教授的目光。教授似乎是對默然無答的學生感到死心，不再追問，逕自上課。

這時，提問學生打破沉默，舉手發問。提問學生第一次發問時，其他學生貌似不在意，但提問學生在上課過程中陸續提問，有些學生面露慌張之色，有些學生看似煩躁，有些學生則是看起來很不高興。

下課後，製作單位詢問學生們對於提問學生的發問舉止作何感想。雖有少數學生給予肯定反應，但大多數的人持負面態度，甚至有人說「太愛出風頭了吧」。提問學生察覺到這種氣氛，也說自己在發問的時候，覺得「後腦勺很燙，很緊張，也很難為情」。

這種教室光景，讓我想起二〇一〇年在首爾召開的G20高峰會議，閉幕式演講時，一件與當時的美國總統歐巴馬有關的事。當時歐巴馬總統結束演說後表示：「我想開放提問權給韓國記者。」在世界各國記者齊聚一堂的場合，歐巴馬總統只給了韓國記者提問權。那是一種對主辦國的禮遇。對所有記者來說，是堪稱記者生涯中最棒的機會之一，因為韓國記者能親自向美國總統提問，是千載難逢的機會，所有人都以為韓國記者會爭相舉手發問。

但是沒有任何記者舉手，歐巴馬微笑緩解氣氛：「可能需要口譯替我們溝通翻譯吧？」那時，有一名記者舉了手，但那名記者不是韓國記者，而是一名中國記者。歐巴馬慎重拒絕那名中國記者後，再次表示提問權是開放給韓國記者的，不過在場的韓國記者仍舊沉默。結果，歐巴馬總統把提問權開放給中國記者。

為什麼這麼不善於發問？原因眾多。因為打破沉默開口的本身，就讓我們很難為情，再加上我們怕說錯話，索性選擇不開口；或是上課時聽課的人太多，我們擔心發問會妨礙大家上課，所以才不發問。可是比起這些，我們不愛發問還有更根本的原因。實際上，愛發問是人類的本質。看看孩子們吧，孩子們對父母有問不完的問題，到了學校也爭相發問，但等孩子到了小學中高年級、國中和高中的年紀時，慢慢地不再發問。為什麼會這樣？這是因為學校打造出只會回答標準答案的學生。

人生在世不是每件事都有標準答案，很多時候需要我們自己創造答案，可是我們一直以來受到的教育，是以各種學業考試為重心，每一個考試會考的問題都有標準答案，我們必須答對唯一的標準答案，才能被評價成優秀的學生。這種只會回答標準答案的填鴨式教育到了大學——一般人認為的「重要學習」階段，也不曾改變。

學霸的A⁺好荒涼

韓國教育和革新研究所的李慧靜所長，蒐集了首爾大學一流成績的學生如何學習的詳細資料，想研究成績好的學生的學習法，以幫助成績不理想的學生，但研究一開始就出現了出乎意料的結果——成績好的學生的學習法，卻不能直接套用在其他學生身上。原因不是因為套用困難，而是因為好學生的學習法不可取。

這項研究選定了一百五十名首爾大學大二、大三成績好的學霸，深入採訪其中同意受訪的四十六名學生。另外又對其他一千兩百一十三名學業成績普通的學生進行問卷調查，比對學霸們與學業成績普通的學生的異同之處，結果指出，相較於成績普通的學生，學霸們有一項特別的學習法——寫筆記。成績好的學生的筆記方式有些獨特，他們不是把教授的話去蕪存菁，而是一字不漏的把教授上課說的話全部記下來。取樣對象中，有百分之八十七的成績好的學生，會全盤接受教授上課內容，把自己的筆記當作是應考寶典。教授說的就是標準答案，知道標準答案的人就能拿A⁺。

甚至有一個成績普通的學生整理好各方面的資料，保持開放的心態和趣味的學習態度準備考試。做到這種地步，那名學生依然考不出好成績，於是決心仿效學霸們的學習方式，結果像是謊言般的獲得了好成績。儘管考出好成績，但那名學生說自己失去了學習樂趣。

學生們停止提問，意謂著什麼？意謂著學生們對於知識方面的好奇心變得薄弱。對知識充滿好奇的人，在學習時猶如探索亞馬遜叢林般，會覺得學習很有意思，反之，對知識缺乏好奇的人，在學習時猶如走在荒涼的撒哈拉沙漠，會覺得學習索然無味。

學生們的提問消失又意謂著什麼？意謂著學生們對現狀沒有任何問題。學生們沒問題代表他們欠缺「批判性思考」。當我們對於理所當然的現象，抱持「真的是這樣嗎」的疑問時，我們才能有所成長和發展，碰撞出新的火花。

李慧靜所長在《首爾大學誰能拿A⁺》書中指出，她從一些美國教授口中聽說韓國學生不會寫「論文」。論文寫作與研究過程大致可分成六個階段：

第一階段：尋找論文研究主題。

第二階段：為了導出定好的論文研究主題的答案，設計具體實行的研究方法與步驟。
第三階段：閱讀各種論文研究相關資料與參考文獻，並加以分析。
第四階段：親自落實設計好的論文研究步驟（實驗、開發、調查和採訪）。
第五階段：分析論文研究結果（統計分析等）。
第六階段：統觀分析結果的意義，進而導出論文研究的結論。

韓國學生很擅長第二階段到第五階段，卻對第一階段和第六階段很生疏。要寫論文的學生，卻不懂得如何進行第一階段，是非常致命的，因為等同於學生不知道怎麼開始自己的論文研究。當學生不清楚自己要做哪些研究、要寫的論文方向是什麼，又怎麼會知道該從何「開始」呢？所以這一類的學生，大多會接手教授原本就在研究的主題。問題在於不是每個學生每次都能接手教授的研究主題，繞來繞去終究繞回原點：學生是否具備第一階段的「提問」能力。論文研究主題會從「為什麼會這樣？」「為什麼需要做這個研究？」「這個研究和其他研究的不同之處是？」「研究結果會帶來什麼貢獻？」各種問題中誕生。

不管是要做生意、解決社會問題、創作某事物等，一般人會做的事情，絕大多數都沒有固定答案，抑或是需要追尋更高層次的答案。我們要學會質疑現有的答案，才有可能找出專屬的新答案。就算是只能靠自己，也得學會批判性思考。至於該如何找回我們失去的提問？透過「讀書」可以辦到。

多讀書拯救無知

一九九四年卡內基．梅隆大學心理學家喬治．羅文斯坦，提出好奇心源自於「資訊鴻溝」理論——我所知道的和我想知道的之間存在鴻溝，此時會產生好奇心。資訊鴻溝是以「提問」的型態出現。我們的各種疑問，像是「這本書在講什麼內容？」「讀者能不能被疑問吸引？」「資訊差距的真正意義是什麼？」等，都是因擁有的資訊不夠，是以我們尋求能填補資訊差距的答案。不過英國心理學家丹尼爾．柏萊因在二十世紀中葉提供了揭開好奇心祕密的線索，所以我們很難說資訊鴻溝理論是一種創新的理論。柏萊因進行了實驗，他給受測者看了一些圖形，有簡單的圖形也有複雜的圖形。受測者凝視圖形的時間，隨著圖形複雜度變化。簡單的圖形容易造成受測者的厭煩感，受測者觀看此類圖形的時間並不長，相反地，受測者觀看複雜圖形時間會變長。可是如果當圖形太複雜時，受測者會對圖形喪失興趣。

我們從柏萊因的實驗中可以了解到，好奇心無法被已知的事情（簡單的圖形）和完全未知的事情（過度複雜的圖形）激發，更不會去觀察這兩類事情。但是，在我們擁有一定程度的知識，只不過該方面的知識未臻完美的狀態下——即當我們處於「知識」和「知識缺失」的狀態下，為尋找兩種狀態之間的平衡點，就會產生好奇心。

扼要地說就是，我們會對已知的內容不感興趣；對過於生疏或難以理解的內容興趣缺缺；對具備基本知識，卻不是完全都懂的內容產生知識方面的好奇心，進入忘我狀態。喬治．羅文斯坦表示：「我不認為世界上有所謂的好奇心旺盛或是欠缺好奇心的人，當然，雖然存在個體差異，然而重要的是，我們『在何種情況下』接觸到新資訊，而最重要的是，我們是否原本就具備該領域的基本知識。」

說到底，讓我們產生知識方面的好奇心，提出「為什麼」的前提條件是：得有先備知識。當有先備知識的時候，我們才能切實感受到「知識的空白」，激發出求知欲。既然如此，我們獲得知識的最基本途徑是什麼？當然是讀書。說來諷刺，我們從讀書習得的豐富知識，卻會創造出知識的空白，引領我們走向知識性好奇心的世界，用「提問」敲開那個世界的大門。

每種知識有著不同的深度，比如說，有些知識是增加瑣碎情報，有些知識是勾勒出想要的藍圖，我們當然會對後者更感興趣。

在某項實驗中，施測團隊把受測者分成兩組，請兩組受測者點擊電腦螢幕，電腦螢幕上有四十五個四方形空格，被受測者點擊到的空格，會出現相對應的圖片。其中一組是四十五張不同的動物照；另一組是一張完整的動物照，只不過被切成四十五格的局部照。實驗結果顯示，第二組的空格點擊率，遠勝第一組的空格點擊率。因為第一組組員在點擊空格之後馬上厭煩，不像第二組組員好奇想知道局部照會結合成什麼樣的動物，會不停的點擊。

我們透過網路蒐索獲得片面的資訊，或是看網路短文的行為，就是第一組發生的情況。我們沒辦法透過這些行為誘發好奇心。而閱讀一本書，就跟試圖找出一整張完整的動物照的第二組一樣。所以說，閱讀能誘發好奇心。

然而我們必須了解一件事，那就是好奇心是一種「知識鑑定」。知識無窮無盡，我們無法知道自己的知識到底有多不足，換句話說，知識缺失是一種個人的感覺。這裡存在著一個大陷阱，比如說，有些人看了一本書的目錄，可能意識到自身知識缺失，也有些人會覺得：「雖然說這本書的目錄有很多我不知道的內容，可是學不學好像差不多？好像不看完整本書，我也猜得到大概內容。」

偶爾會出現這種自以為很懂的人。對於這類人，諾貝爾經濟學獎得主丹尼爾·康納曼曾說：「我們常從自己已經掌握世事的信念中獲得寬慰，而這會使我們無限的忽略自己的無知。」

通常會忽略自己無知的人有兩類：一是缺乏素養的人，也就是幾乎不讀書的人；一是只看自己專業領域書籍的人。前者是因為無知所以自信，後者則是偏頗型自信。

這兩類人都能透過讀書而得救。第一類人單是開始讀書就足以治癒無知，第二類人則需要泛讀——閱讀各式各樣的書籍。當我們累積越多的知識，我們的知識空白就會自然的擴大。有的人在某個領域是專家，到了另一個領域與新手無異，只要一開始讀不是自身專業領域而是其他領域的書，不覺間就會浮現「原來還有很多我不知道的事！」的想法。讀書會送給我們名為謙遜的禮物，尤其是泛讀能使眼高於頂的專家，習得謙遜的姿態。

讀書不但會賦予我們知識，且能幫助我們察覺知識的缺失。當我們察覺出自身知識的缺失時，好奇心就會受到激發；當好奇心被激發，對某方面的知識存疑時，我們能做的就是：提出質疑。

批判性思考vs.知識性好奇

麥爾坎．葛拉威爾的作品《引爆趨勢：小改變如何引發大流行》，雖然是科普類書籍，但是出色的情節，外加作家獨有的文筆，讓高作家大為著迷，尤其是書中的姬蒂．吉諾維斯遇害案的分析內容。

一九六四年，一名叫作姬蒂・吉諾維斯的年輕女性，在自家公寓附近被怪漢拿刀刺殺。逃跑的吉諾維斯仍被怪漢追上性侵，隨後怪漢第二次舉刀刺了吉諾維斯，吉諾維斯身受重傷，不幸去世。這起案件在美國轟動一時的原因，不是犯人的殘酷，而是明明有三十八名目擊者卻無人立刻報警。姬蒂・吉諾維斯案，是時代的冷漠無情造成的慘案，是以引起了美國人的省思。

然而，麥爾坎從截然不同的角度解析這起案件。麥爾坎認為就是目擊者太多，所以才沒有目擊者立即報警，換言之，目擊者多，出手相助的意願會比只有一位目擊者出手相助的意願低，麥爾坎以此為根據進行測試。這種現象稱為旁觀者效應——若某人單獨發現身處危險處境的人，他會自認為該負起全責，但當人數變多，責任分散，某人就不會採取積極行動。事實上，在街頭遇到事故，與其向不特定多數請求援助，不如指定特定對象請求援助會更有效。

高作家透過麥爾坎的二次解析，醒悟到分析一起事件不能僅從單方面分析，但沒多久高作家又在別本書中看到姬蒂・吉諾維斯的案例，那本書是史蒂芬・李維特的《超爆蘋果橘子經濟學》。

史蒂芬・李維特在四十歲以前獲得克拉克獎殊榮，簡言之，他是個「天才」。史蒂芬的書中仔細追蹤姬蒂・吉諾維斯事件經過，揭露是外界扭曲誤傳了事件真相。當時的案發目擊者並非三十八名，而是六名，甚至是因為六名中的一人打電話報警，犯人才得以落網。這有多可笑。不過真正可笑的是麥爾坎。帥性的分析了錯誤的情報，致使書中重要的部分淪為無意義。

高作家領悟到新的事實：無論自己有多喜愛某人，某人也有錯的可能。通常喜歡一個人，我們就會帶著扭曲的眼光去看待那個人，特別是當我們支持特定政治人物時，對其犯的錯誤傾向睜一隻眼閉一隻眼。高作家坦然接受了麥爾坎的錯之後，意外的又找出麥爾坎書中其他錯誤之處。高作家不覺間用「批判」態度，看待自己曾經非常喜愛的麥爾坎。

天才史蒂芬又如何呢？他於《超爆蘋果橘子經濟學》書中，針對一九九〇年代的美國犯罪率，做出了十分具有衝擊性的分析。大部分美國犯罪率分析，會繞著強化警力打轉，然而，史蒂芬在一九七三年主張墮胎合法化能降低犯罪率，書中提供支持這個主張的多方面統計數據不說，史蒂芬的主張可說是無懈可擊，高作家閱讀這本書，只能連連點頭表示贊成，這樣的人還不算天才嗎？

不過史蒂芬．平克在《人性中的良善天使》書中一一指出史蒂芬．李維特統計數據的錯誤。縱使是天才經濟學家也挨了一記悶棒。高作家讀著平克的書，明白到位高權重的人也有可能會犯錯。

高作家再次下定決心，不管多喜歡一個人，那個人說的內容有多麼理所當然、多麼備受推崇，也不能認為對方的話百分百正確。高作家就這樣透過書本學習到批判性思考。

書看得越多，越能明白各種主張觀點會產生衝突，而在那些衝突之間存活下來的讀者，不但會獲得名為批判性思考的強大武器，也會懂得如何準確理解對方的主張，再以確實的根據進行批判。保羅·埃根的《教育心理學》書中提到，批判性思考在教育學層面單純指的是，解開對某項心存質疑的事物的疑惑，引申成「以證據為根據，做出結論的個人能力與傾向」。批判性思考，是透過閱讀獲得的知識寶物。

知識性好奇心及批判性思考雙管齊下，能幫助我們找回書中遺失的問題，是因為書就是作者的自問自答。高作家在《如何閱讀》書中，以下述問題作為開場白：

- 對我們而言，讀書是什麼？
- 讀書會如何影響我們？
- 有哪些讀書法？
- 有通用的高效讀書法嗎？如果有，那是什麼？
- 我們要怎麼做才能成為真正的讀書人？
- ……

申博士的《英文大字彙》也是為了回答「要怎麼背單字最有效？」才寫的。像這樣，書本是作者向自己提問，進而為找出答案展開的激烈鬥爭。讀者旁觀這場鬥爭，自然而然的感受到「提問的力量」，偶爾參戰。鬥爭激烈進行的期間，讀者向自己拋出問題，從而思考，培養出好奇心及批判思考。

讀書的力量是不會停止的。從現在起，讓我們一起了解各式各樣的讀書法，設法弄清楚它們各自的意義及如何幫助我們成長。

如何增進閱讀理解力？

國際成人能力評量（PIAAC），是「經濟合作暨發展組織」（OECD）對各國的成人閱讀理解能力進行的評價，旨在觀測上班族受測者的生產性能力關聯要素，主要評估項目分成三大類：閱讀能力、運算能力與解決科技問題能力。OECD認為，這三種能力是二十一世紀人才的必備能力，而權在源博士的著作《這麼多的聰明孩子跑哪去了？》，從不同的視角深入解析二〇一三年的國際成人能力評量。

國際成人能力評量的閱讀理解能力定義是：「理解測試內容，受測後能活用其內容的能力。閱讀理解能力是超越單純閱讀單詞和文章，能閱讀更複雜的測試，進行文章解析且接受評價的綜合能力（但不包括產出測試（作文）的能力。」

總而言之，國際成人能力評量評價的能力，近似於讀書能力。評量分成一到五級，等級越高，受測者需要的閱讀理解能力就越高。根據權在源博士的分析，閱讀理解能力和社經成就之間有相當大的落差。受測分數四到五級的人的薪資，是受測分數一級的人的二點九倍，社會公益活動參與度是二點五倍，自信程度是二點三倍，就業率二點二倍，健康程度二點一倍。這種狀況是OECD對於各國的平均分析結果，可以看出閱讀理解和社經成就的關係有多密切。

另外，權在源博士的分析結果表明，人們的勞動生產力，和他們在工作方面的閱讀理解活用能力，呈現正相關。當大部分業務寫成原文，員工們是否有充足的閱讀理解能力、推斷能力和批判性思考能力，會直接關係到他們的生產性。

特別引人注目的部分是，三十到四十歲的日本成人閱讀理解能力最高，這與國際成人能力評量的分析一致。

個人的閱讀理解能力，對個人生產性會造成很大影響，要解決理解能力低落的問題，別無他法，唯有讀書。

那麼要用哪一種讀書法開始讀書呢？讀書的第一步當然是「多讀」。

多讀是第一步

老實說，讀書的好處無人不曉，真要實踐卻困難重重。讀書為什麼這麼難？美國實驗心理學家史蒂芬·平克說過：「習慣聲音的孩子，已經把聽到的音節組合起來，卻得費勁組裝名為文字的裝飾品。」

意思是人的大腦對聲音的音節，會自然的產生反應，可是對閱讀的反應不是天生的。大多數的孩子不用大人特別教導就能學會說話，但孩子們必須受過教育、學會識字，才能閱讀，而不是單純能說會聽就能識字。這也是為什麼一個國家有不識字的文盲率，卻沒有不會說話的語盲率。

閱讀是非常複雜的過程，大腦必須整合多方資訊來源，尤其是必須連結視覺、聽覺、語言和概念的相關記憶與感情，加以統合。人們在第一次閱讀時，必須全面啟動大腦，讀書是高度負荷行為，世上沒有所謂適合閱讀的大腦，生下來擅長閱讀的人更是少之又少。雖然我不敢擔保完全沒有，但普遍人類的大腦都會對閱讀感到疲憊，幾乎沒有人生來就是會閱讀的。至於為什麼我們身邊有極少數人，能易如反掌的一年讀超過百本以上的書？原因是大腦可塑性。大腦是可以改變的。原本不是閱讀的大腦，也能變成擅長閱讀的大腦。閱讀老手的大腦使用率，比閱讀新手來得高，是不爭的事實。

我們要怎麼閱讀才能改變大腦呢？別無他法，就是大量閱讀。

有些閱讀量少的人會說，比起大量讀書，他們更喜歡深入閱讀喜愛的書籍，也有某些專家會給一些剛開始接觸閱讀的新手相同建議。用意雖好卻是不知所云。閱讀新手就是因為覺得閱讀很難才被稱為閱讀新手，專家們卻建議這些人精讀，這無疑是天方夜譚。當閱讀新手過於認真閱讀某本書，十之八九會讀到一半棄卷不讀。另外，通常包羅精深知識的好書相當厚重，對平常沒有閱讀習慣的人而言，翻開一本好書，光是要他們閱讀前半部分，就等於要他們翻閱一座難以翻越的高山。

閱讀新手的首要之務是親近書本，養成閱讀習慣。當閱讀新手選好要讀的書後，絕對不要有「要好好讀完這本書」「要寫讀書心得」「要把內容倒背如流」這類想法，輕鬆閱讀才是最重要的。每天持續閱讀一小時以上，拉近與書本的關係，維持兩三個月就能逐漸養成習慣，之後閱讀會變得舉重若輕，再說，閱讀累積到一定的數量，人們會產生自信和自豪。

不僅如此，有過閱讀經驗的人都知道，閱讀量累積到某種程度，個人會得到某些醒悟，理解到某些書有一抵百的價值，不知不覺間會進入精讀、再讀與分析。所以說閱讀不是先精讀後多讀，閱讀新手反倒該先多讀後精讀。大部分的人只要實踐多讀之後，就會自然而然的找到精讀之路，不需旁人多加置喙。

多讀，分成「主題式閱讀」與「泛讀」。「主題式閱讀」是閱讀者專注在某特定領域，用一脈相承的方式進行閱讀；「泛讀」是閱讀者大量閱讀各式各樣的書籍。各位想用哪種方式開始都無所謂，但如果是成年人，我個人推薦先進行「主題式閱讀」，讀自己有興趣的領域或和自身專業領域相關的書，少則五十本，多則兩百本。當特定領域讀書量累積到這種程度，便會開拓視野，培養出專家眼界。如果各位真能做到這一點，除了對職涯有直接助益外，還能獲得評析專家實力的能力，擁有自信人生。

若反覆閱讀同一領域，把該領域的書本死嗑到底，稍不留神，很可能讓自己的眼界變得狹隘或驕傲自滿，覺得每本書都很簡單，嘲笑作者。這也是我們需要「泛讀」的原因。就像前面高作家的情況，大量閱讀各式各樣的書籍，非但能獲得批判性思考能力，還能用深植腦海的知識發揮創意力，外加接觸未知領域的書籍，能讓我們重新學會謙遜。

我們的大腦不是生來就適合閱讀的大腦，所以會覺得閱讀很難，如果能善用大腦可塑性，就能使大腦變成適合閱讀的腦。怎麼做？多閱讀就能辦到。各位一開始不需精挑細選要看的書，如果是讀書新手，就放輕鬆隨手拿本書起來看，但要多讀，每天閱讀一小時以上，並且持續二到三個月，養成讀書習慣後，各位就能感受到閱讀其實是人生的一部分。隨著讀過的書本數增加，各位就能獲得自信。當各位發現在看過的書之中，出現想看的滾瓜爛熟的書時，就開始精讀吧。按部就班，從「主題式閱讀」著手，讓自己成為特定領域的專家，接著透過「泛讀」，使自己習得批判性思考、創意性與謙遜。

多種有效的讀書法

目前為止我們看過了多讀、主題式閱讀和泛讀，接下來簡略介紹其他有用的讀書法：

一、**慢讀：**放慢速度的閱讀，不是指一個字一個字慢慢讀，是全面剖析一本書。陌生用語不用多說，各位可以實際體驗書中出現的生物、藝術作品、特定場所等。可以閱讀書中登場的其他書籍，歸納重點，寫下自己的想法，甚至連帶閱讀同一位作家的其他作品，了解一位作家的思想變遷過程也是一種慢讀。我極力推薦學生讀者進行慢讀，至於成人讀者，希望你們能多讀到某一種程度後再挑戰慢讀。雖然慢讀有很多方式，但我只打算介紹一種大學生和上班族最容易實踐的慢讀策略。首先，憑感覺選出想讀的滾瓜爛熟的書，然後進行第一次閱讀。等到進行第二次閱讀時，可以分章歸納重點，歸納時加入自身想法或寫下其他相關資料，如果能寫成一篇文章更佳。不用在意文章水準。大家第一次都做不好。成長型思維！第一次做不好理所應當，所以請試著提筆寫字吧。最後可以把文章公開到部落格或社群網站。上傳文章，可以大幅提升各位對於閱讀的專注度，即便被退稿，各位的閱讀能力也會進步。獲得大眾回饋是最棒的成長策略，持續上述過程，不知不覺間就能和寫出一篇完成度高又有特色的文章的自我相遇。

二、觀讀：抱持觀點進行閱讀。觀讀是高作家創立的概念。一般人在讀書時，經常只是單純讀過或疑惑書中到底在說什麼，可是如果各位在讀書時先抱持某一種觀念，會有意外收穫。舉例來說，高作家剛開始閱讀的時候不會寫書評，書全讀完了也摸不著寫書評的方向，再加上只記得書的主題，想不起具體內容。過去曾經是這樣的高作家，卻在一天之內大幅提升了寫書評的速度。方法非常簡單，只不過高作家先前不知道罷了。那個方法就是帶著「觀點」進行閱讀，如此一來，之前我們漠不關心的序言與目錄映入了眼簾。序言是作者寫那本書的目的，目錄是整本書的架構，只要我們多留心序言與目錄，書評就能寫的得心應手。高作家為了寫這本書，閱讀時澈底執行觀讀，比方說，高作家抱持要寫「完美的學習法」的觀點，進行其他的書閱讀，過去認為沒意義的內容和理論，竟然漸漸與學習法產生連結，甚至那本書的內容也許和學習法差了十萬八千里。各位還記得第八章節登場的真社會性動物的內容嗎？在那裡，高作家借用了跟學習法八竿子打不著關係，以「螞蟻」為中心的進化生物學書籍內容。因為高作家帶著「學習法」的觀點，閱讀那本生物學書籍，才發現了新的連結。抓到感覺的讀者看到這裡應該猜到了，不是只有研究學習法才用得上觀讀，觀讀可以用在任何內容製作與發掘新點子上。雖說如果我們總是帶著特定觀點去看世界，有時會錯過很多東西，不過換個角度想，我們能換來真正對自己重要的東西。觀讀好比畫一幅抽象畫，我們在畫中放入與原先所想的內容完全不同的觀點，如果你能澈底實踐觀讀，就能創造出嶄新又成功的內容，進而發展成威力強大的武器。

三、**再讀**：重新讀過，但不是要反覆閱讀。讀過一次後，經過一定的時間，等遺忘時再重讀的意思。普魯斯特曾說道：「今日翻出從前讀過的書，是因為那是珍藏我們的逝去時光的唯一紀錄。我想重新看看如今不復存在的居處，與倒映在書櫃的那蓮潭浮光掠影。」再讀可以令我們遇見過去的自己。十年後，《任何人都適用的完美學習法》這本書，能否成為蘊含了各位的過去的書呢？若能如此該有多好。再讀的好處不是只有讓我們看見過去自我的模樣。讀書專家瑪莉安・沃夫在《普魯斯特與烏賊》中提到：「我看過五六次《米德鎮的春天》，但直到去年才稍微用不同的視角看待卡索朋先生。過去三十年我對理想主義者多蘿西雅的處境深有同感，時至今日才開始理解卡索朋的恐懼、他無法實現的希望、還有得不到年輕的多蘿西雅的理解而幻滅。我從沒想過有一天我會理解卡索朋，但現在我必須謙卑的承認這一點。喬治・艾略特也是如此，說不定他和我有著相似的理由。」

閱讀能改變我們的人生，另一方面，人生也能改變閱讀。」瑪莉安・沃夫透過再讀覺察自身變化。沒錯。再讀非但可以使我們遇見過往的自我，而且還能使我們認知今時今日改變後的我。是故，我們把再讀命名為「自我的時間旅行」。現在，請各位回顧自己的書櫃，翻閱過去深有感觸的書，展開帥氣自我的時間旅行吧。讓讀書成為每週愉快的事。

四、朗讀：發出聲音的讀書法。現在在讀這本書的人，應該沒有發出聲音吧？大部分成人看書通常是安靜不出聲，可是文字剛發明的時候。人們閱讀時並非默不作聲，反而會朗讀出聲。《網路讓我們變笨？》提到奧古斯丁的《懺悔錄》出現下述內容：「他閱讀時的目光掃過書櫃，雖然他的心臟在探索其意義，卻未曾張口發聲。我們去看他的時候，他總是沉默的看著書，絕不發出聲音。安波羅修主教似乎因為容易嘶啞的嗓子，才如此珍惜自己的聲音。」縱使在那個年代，像安波羅修主教一樣默不作聲的讀書的人少之又少。雖說朗讀會妨礙深度思考，但朗讀仍有幾項好處是默讀沒有的，朗讀比默讀更能知道文章寫得到底好不好。各位在寄送重要電子郵件或交稿的最後，請務必試著朗讀，將其修改成像言語的文章。哪怕只是改成像人話的文章，文章水準也會有顯著的提升。千萬別忘了，朗讀是文章的最後投手。

培養讀書習慣的7種方法

接下來要介紹培養讀書習慣的七種實踐法。養成一個習慣通常要超過十週，培養好習慣後讀書會變得駕輕就熟，因此我們需要十週的實踐策略。

這七種方法不僅有效，也是我們親身體驗過的，請馬上實踐活用吧：

一、**遠離手機**：現今，三十歲的人直到死前，一輩子看手機的時間約莫七年，而閱讀時間只有十個月。閱讀時，請和手機保持距離，養成閱讀習慣之前澈底隔絕手機更佳。閱讀時手機關機，或轉至飛航模式一小時或三十分鐘也不錯。高作家在看重要的書時，會把手機轉到飛航模式。離手機越遠，則離閱讀越近。

二、**特定場所**：你可以自行物色讀書最佳場所。讓讀書心情變好的場所也好，或是不得不全神貫注在讀書上的場所也好。高作家第一次是在咖啡廳培養閱讀習慣，至今高作家閱讀的主舞台仍舊是咖啡廳。咖啡和讀書，多麼夢幻的組合。各位也可以利用上下班地鐵通勤時間。下定決心在地鐵上「無條件」閱讀，把手機關機閱讀。實際研究結果表明，活用變動中的場所，能有效培養閱讀習慣。請試著找出自己的閱讀場所吧。

三、**利用認知失調**：看起來很難懂，簡言之，「隨便」閱讀吧。就連討厭閱讀的時候也隨便讀一下。明明討厭閱讀，一旦我們開始閱讀，會不自覺瞬間陷入認知失調。大腦討厭認知失調，所以會制止大部分的閱讀行為。可是如果我們明明討厭閱讀還是繼續看下去呢？大腦為了擺脫認知失調，會啟動「自我合理化」。「我才不討厭閱讀，看好了！我不是正在閱讀嗎！我本來就喜歡閱讀！」雖然是有點誇張的表現，但利用認知失調，能幫助大腦創造這種機制。高作家在寫作的時候，特別喜歡採取這個策略，再排斥寫作也會硬逼自己坐下隨便寫寫，一旦撐過去，不想寫作的心會消了一大半，不知不覺的完成文章。相信我，試試看吧！

四、**一次買大量的書**：買書一次不要只買一本想看的書，要買五到十本，然後放在家中醒目的地方。當各位經常看到自己還沒讀的書，除了會浮現「還有很多書等我看」的想法，也不會忘記必須閱讀的事。當代思想家安伯托．艾可主張，書房就是該讓人沉迷的，如果書房全是看過的書，那去書房還有什麼樂趣可言，簡言之，堆滿了沒讀過的書的書房，才有誘惑人讀書的魅力。當然，買書易上癮，請大家務必小心。

五、**讀書會**：可以創立或加入讀書會。聚會成立，就會想辦法盡到閱讀的義務。多和愛書人士相聚，也有助提升生活品質。

六、一次讀三到四本書：書很無聊的時候該怎麼辦？不用煩惱，儘管闔上書，改看別本書吧，被熄滅的閱讀欲望又會死灰復燃，不然就看之前看過的書。因為之前已經看了幾十頁，剩下的頁數少，閱讀完一本書看起來也會比較簡單，有助消弭對閱讀的反感，增加繼續閱讀的機率。所以，買書的時候一次買一兩本真的很想看的書是好的。書很無趣的時候就換一本很想看的書，藉此轉換心情，保證有效。

七、待在愛看書的人身旁：請大家試著跟愛讀書的人成為臉書或部落格好友。愛看書的人，會經常上傳和書有關的文章，可藉此刺激我們的閱讀欲望。成熟的愛書人士，能激勵我們的讀書動機，加上這類人很愛介紹好書。好書和壞書只差在浪不浪費我們的閱讀時間，哪怕只是得到一些鮮為人知的好書資訊，就已經賺到了。所以，請大家盡量待在愛看書的人身旁吧。

申博士的見解

讀書，人生成長的養分

這是我在三星工作時的故事。和我一道在三星同部門共事的年輕人，都有非常出色的能力，能很好的完成大部分的交辦事項，但我總覺得哪裡可惜。儘管他們的工作做得很好，可是在工作或知識方面卻少見成長。正因為多數的同事，在工作上得不到成長，唯一得到的只有年資，所以會對公司逐漸厭煩。

我透過企業講座或為人諮商時，曾聽到不少社會新鮮人對公司心懷不滿。他們的不滿中占最大比例的是：在公司沒有能學的。其實，公司不是學校，社會新鮮人會覺得公司沒有可學的，是因為直接經驗造成的界線。在進公司之前，他們在學校的確比在公司學到了更多的東西。實際上，公司的學習方式有別於學校，公司最佳學習方法，是員工們活用自身所學，加深知識深度。一樣的知識，藉由間接學習或直接經驗習得，也從外表看起來相差無幾，習得的知識深度，以及自身對知識的確信程度，有著天壤之別。

這樣看來，員工想在公司得到成長，似乎沒那麼難，只要一面努力工作，一面透過直接經驗，提升內功不就行了？可是為什麼這麼簡單的原理卻難以實現呢？原因很簡單，因為員工們累積的知識，沒多少適合用在實際職務上，不適用的原因有二：一是員工的知識累積量過少，抑或是深度不足以應付職務內容；另一是雖然擁有充足的知識，卻待在與專業領域不同的職位。這兩種方法的對策都一樣——持續學習。學習可以幫助填補原本不足的知識，而學習也可以幫助我們適應新的工作環境。那麼我們該怎麼學習呢？

雖說我們很難簡單定義學習行為，但從公司觀點來看，對工作有助益的學習兩大核心，分別「閱讀理解能力」和「摘要能力」。多數社會新鮮人兩者之一的能力，不足以應付職場工作。閱讀理解能力不足，就無法掌握工作內容；摘要能力不足則工作溝通不順。怎樣才能提升這兩種能力？答案顯而易見——閱讀。

在我進行以社員和代理職級為主要聽講對象的企業講座，絕對少不了問他們這個問題：「一個月讀兩本書以上的人請舉手？」有多少人閱讀呢？往往不到百分之十。三星中會閱讀的人也沒想像的多。和我共事的同仁，我會讓他們開始閱讀，不是上級的命令，而是告訴他們閱讀的重要性。我會先送幾本適合的書，自然的培養他們閱讀的習慣。基本上我送的書都不是呆板、艱澀的書，而是合他們心意、能輕鬆閱讀的書，大部分人都看得津津有味。不過，單純多閱讀，不足以培養前面說的閱讀理解能力，必須要循序漸進的提高書本難度，也不能看完就算，我建議他們，趁午餐或休息時間，對自己閱讀的書提出疑問，也試著寫讀書筆記，利用討論和讀書筆記，提升摘要能力。

那些被我養成閱讀興趣的同仁們，職場與生活都得到成長。首先我想說不是讀一兩個月的書就能帶來變化，持續閱讀六個月以上的人才會出現變化，切實感受到不斷的讀書，有助提升資訊吸收能力。另外，雖然出乎預期，但閱讀能增進我們的人際關係能力。當我們看完書再進行摘要，能給其他人更多有建設性的意見。當時我們部門自然而然的形成，週一午餐時間或休息時間時，大家分享週末讀書心得的部門文化。

我有一個印象深刻的小插曲。是Y前輩讀了兩次我一直強力推薦的戴爾·卡內基的《人性的弱點》。他說新搬去的公寓樓層噪音嚴重，所以週末和鄰居阿姨發生衝突，恰好當時Y前輩迷上溝通與人際關係，決心實踐書中所學。他用買來的幾包餅乾代替抗議，親自造訪吵鬧的樓上鄰居阿姨，說：「看來家裡有孩子吧？我們幾天前搬來沒來得及打招呼。孩子們很愛蹦蹦跳跳吧？我們夫妻白天上班，吵得跟戰場一樣都無所謂，但我們晚餐和夜晚必須休息一下，希望那個時段能讓孩子們安靜一下。」

結果如何？樓上鄰居阿姨隔天買了特產和蛋糕回訪Y前輩，承諾會減少噪音。Y前輩身體力行書中所寫的自豪模樣，至今我仍記憶鮮明。除此之外，他在工作方面也有醒目的成就，我確實感受到他寫報告的水準提升，相對而言，概要更加清楚明瞭，表達能力也變好了。

另外，我們部門隸屬於研發室，所以必須寫專利報告。當員工們養成閱讀和學習習慣之後確實變了很多，相較於其他部門，我們部門的專利申請數不是只多了一點，而是多了非常多。專利並不是工作到一半冒出的新點子，需要經常進行思考實驗才能激發新點子，所以我認為學習和閱讀，是讓我們部門專利申請件數增加的核心動力。

最後談談我自己的例子。我會利用通勤時間（往返三小時）和午餐時間閱讀，一年大概看二十本左右的書，週末也會抽空閱讀，所以一年內最少能讀五十本書。也正因如此，上至上司，下至同事，我的話題永遠聊不完，如此一來，無關職位高低，我在職場擁有了好人緣。

週末基本上我都跟科長、部長一起出差，我會特別跟部長聊最近看的書，部長也會在吃午餐時跟我討論他看完我推薦的書的感想。每當那個時候，我就像跟莫逆之交聊天，而不是職場上級。正確的讀書能幫助我們各方面的成長。

第十三章

實戰操練，畫龍點睛

「知道路怎麼走和實際上路是有差別的。」

——電影《駭客任務》——

不要用腦，用身體學習

《英國傳記辭典》的編輯萊斯利．史蒂芬，是一個懷抱偉大文學家夢想、朝夢想勇往直前的人，卻終其一生不曾留下像樣的作品。他的女兒阿德琳．史蒂芬從小非常好奇，父親何以有崇高的文學成就卻無實際創作產出。他的批判能力與創作能力的顯著落差，究竟該從何解釋起？

十九世紀當時，劍橋大學及其他英國大學舉辦的考試，大多以默背與口頭快速答辯為主，萊斯利非常擅長應付這一類的考試。就讀劍橋大學的萊斯利埋頭學習與準備考試，幾乎完全不參與音樂、美術之類的藝術活動，也不進行能累積經驗的旅遊。即便如此，萊斯利靠著亮眼的學業成績成為了劍橋大學教授。他勸諫學生拿到學士學位前應全心全意在課業和考試上下功夫。

阿德琳旁觀著父親萊斯利的人生，醒悟何以父親對創作徒有熱情卻無法成為文學家的原因——父親沒有把「理論」與「實踐」連結的經驗。儘管教育阿德琳的是父親，但父親在創造方面是傻瓜。萊斯利反對阿德琳念大學，悲傷之餘，阿德琳靠著自學踏上和父親不同的路。她的自學內容範圍遠比學校課程廣，也更加系統化。

首先阿德琳不局限學習範圍，從歷史、傳記、詩作、小說到散文等，涉獵甚廣；閱讀小說時竭盡全力投入書中角色的情感；去機械展示室或自然歷史博物館打發時間；把時間大力投資在音樂、美術、舞台劇和旅遊等，學習裝訂樣書，從很早以前就投稿報社，不怕和上大學的哥哥進行討論，一有空就抄寫最棒的作品。阿德琳的學習不是被動的，也不是只單純使用大腦學習，而是用「身體」在學習。

最後阿德琳實現了萊斯利未能實現的夢想，達成令人刮目相看的文學成就。世人熟知的不是她的本名阿德琳·史蒂芬，而是她的筆名——維吉尼亞·吳爾芙。

實質參與才有效果

我們那麼認真的讀書，可是為什麼進入實戰時，所學總淪為無用之物？這是因為我們習得的知識能在實戰發揮多大效果的關鍵，不在知識本身，而是我們習得知識的方法。若我們把知識視為單純的學習書面知識，就會把實戰當成學習路上的一座高牆；反之，若我們認為所學知識就是要實際運用，就會把實戰當成是值得一試的挑戰。

這正是維吉尼亞·吳爾芙與父親的差異點。吳爾芙的父親萊斯利雖然學富五車，可是沒有能幫助實際創作的實戰經驗，也不曾挑戰過實際創作。讀書和寫書之間的距離迢迢千里。假設有人讀過許多文學作品，努力學習文學，那也不等於他能產出好的文學作品，必須一面實際創作，一面完善不足之處，判斷寫作的實質需求，多加學習與累積經驗才行，而這種學習稱為實質學習。

遺憾的是，大學裡幾乎不教學生怎麼實際運用知識，大學生也很少把實戰當成學習的目的，大多意在取得學分和多益成績，不是嗎？當然，大學是學習知識的地方，可是知識指的不僅是單純的書面知識。如果大學畢業，不進修碩士課程，直接踏入職場，那麼我們就會接觸到實質的「工作」。本身實戰知識淺薄，又怎能期待有好的生產效率呢？

我們當然可以邊工作邊學習，不過事先準備好的人和事先毫無準備的人，有著天壤之別，所以，我們在大學一定要先跨過書面理論，學習有助於實際運用在工作上的實戰知識。

世界級的「傑出表現」研究權威安德斯·艾瑞克森在《刻意練習》一書中提到，多倫多大學分析了醫生所接受的教育，旨在了解各種教育的效果，研究結果表明，填鴨式的說教型教育，是效果最差的教育方式。這種老師主導性強、聽課的醫生消極參與的課程，對聽課的醫生執行專業醫療行為能力或患者的治療，皆無助益。研討會也是同理。不管講師陣容多華麗都好，說教型教育的效果當日就會蒸發。

相對而言，**有效的教育方式**，**是讓聽課者積極參與的課程**，**像是團體討論、角色扮演、實戰訓練等**。雖說這類課程能獲得的知識廣度有限，不過有助聽課的醫生，提升醫生執行專業醫療行為能力與患者的治療成效。

不僅是醫生的教育，在泰瑞．道爾教授的著作《學習者中心教學法》中，也提到過參與實戰學習類課程的學生，像是模擬學習、討論和實戰練習之類，會比沒參與實戰學習類課程的學生記下多出百分之二十的課堂內容。參與實戰學習類課程的學生，積極參與書面理論知識的學習，善用多元感受體驗與實踐書面知識，大腦不得不活躍起來。

《為什麼我們這樣生活，那樣工作？》一書提到，星巴克員工表示最辛苦的情形，就是顧客發脾氣的時候，有時員工會因不知如何對應，慌張之餘犯下更大的錯誤，加上很多人的第一個職場就是星巴克，在工作經驗不足的情況下會更慌張。星巴克企業為了解決這種問題，按照拿鐵法（LATTE）編排角色扮演情境劇。拿鐵法指的是傾聽（Listen）、了解顧客的不滿（Acknowledge）、採取行動解決問題（Take action）、感謝顧客（Thank），以及說明事情發生原由（Explain）。

星巴克企業在培訓時運用拿鐵法，讓員工制定自己的應變計畫，無限反覆角色扮演演練。這種實際的培訓有極佳的成效，當發生一模一樣的實際狀況時，有好好接受培訓的星巴克員工，能毫無困難的解決問題。星巴克為什麼是全世界最棒的企業之一，從他們的培訓設計能窺見一二。如果星巴克企業只舉辦講課，向員工說明客戶發脾氣的時候採取拿鐵法，對實際助益不大，但星巴克企業是讓員工依循拿鐵法，設計專屬自己的應變計畫，哪怕只是假想的角色扮演演練，也能增加工作成效。

如果學校不進行實戰學習課程該怎麼辦？沒辦法。學生們為了成長，得自己找出辦法。最基本的方法如下述：自己找出至少一百本和未來工作專業領域相關的書籍，不斷的閱讀；與其他和自身專業領域相關的學生進行討論；積極和實際從業人士見面，傾聽他們的建議；去和自身專業相關領域的公司求職，親身體驗、碰撞真實的職場。

如果我們想當個優秀的行銷人員，卻不曾體驗過真實的行銷，在實戰中落於人後是必然的。就算在便利商店打工，我們也不能只完成交辦的業務，在不逾越本分的前提下，積極實踐行銷策略，或是經營部落格與社群網站等各種線上行銷平台，舉辦特定宣傳活動，親自觀察和分析活動數據，嘗試制定解決對策，這會比任何書面理論學習來得有效。

從現在起，請各位思考、整理——要在職場上成為工作能力強者，該學習的基本內容，練習把書面知識運用到實際行動中，再結合本章接下來要介紹的內容。這不只對各位的學校生活有幫助，對準備就業的學生們和正在職場工作的上班族也會有所助益。

不失誤的決策管理流程

人生就是連續的選擇，工作的時候也是如此。從個人的求職問題到企業選擇新產品的問題，決策管理是左右工作成敗的最大關鍵，但無論個人也好、組織也好，決策管理的成功率，通常不如我們預期。

決策管理聖經《零偏見決斷法》中提到，在美國有四成的護士對職業的選擇悔不當初；兩萬名企業經營者，約有八千名表示適應不了公司或是自請離職；兩名教師就有一名離職；請兩千兩百零七名企業人士，評價自己所屬的組織，其決策管理成效，有五成的人表示不怎麼樣。那金錢問題又如何呢？百歲世代的到來，老後生活對我們來說，變成非常重要的問題。

投入創業的人大多滿懷自信，縱使是為了餬口飯吃的小店，選擇創業之際必然自信十足，可是多半落得後悔莫及的下場。

既然決策如此困難，我們該怎麼進行決策，方能降低後悔程度呢？

《零偏見決斷法》中提到，雪梨大學丹．洛瓦羅教授率領的研究團隊，歷時五年研究了一千零四十八項事業相關決定。研究內容含括企業決策方式，以及企業決策方式對銷售利潤市場占有率的影響，決策主題大多涉及各企業的重大事項，像是進入新市場、企業收購、新產品上市與組織結構調整等。

研究結果指出，相形於最終決策者或專家團隊的分析意見，「流程」對組織能制定出優秀決策的影響更大，且影響力高出六倍之多。流程是進行決策管理的一種過程，比方說，最終決策者下決定前，一定要聽取各方意見的制度等。哪怕專家團隊分析的再好也是，假使組織內沒有優秀的決策流程，專家分析數據大多變成無用之物；相反地，假使組織內有完備的決策流程，那麼專家分析數據將發揮正面作用。歸根究柢，企業決策管理的水準，會隨著有無適切的決策流程，產生差異。

如此說來，什麼樣的決策流程，才是適切的決策流程呢？史丹佛大學經營系教授奇普．希思和明星管理諮詢顧問丹．希思兩位提出「WRAP決策法」。WRAP決策法簡潔明瞭到使人懷疑是否真的能提高決策溝通的水準？可是兩位作者在書中提出相當有說服力的多方實證研究，說明了WRAP決策法對決策管理能產生多大的效用。WRAP決策法的步驟如下：

一、**增加更多的選項**（Widen your options）。最優秀的決策管理專家保羅．納特（Paul Nutt），花了超過三十年的時間研究企業、非營利團體和政府機關曾下的決策。結果揭露，在決策選項狹隘時，無論做出什麼決定，決策的失敗率高達百分之五十二，反之，在有兩個以上的備選選項時，決策失敗率低於百分之三十二。總而言之，當組織在下決策時，擁有的選項越多，做出的決策成功率越高。遺憾的是，也有研究指出組織下決策時，有兩個以上的選項的情況不到三成，也就是陷入所謂的「偏狹選項」。

做決定時，決策者除了眼前的選項外，還得知道自己有多少其他選項，並且反問自己——為了這項選擇得放棄什麼價值（機會成本）。另外，決策者必須多徵詢周遭意見及平常實踐多讀的習慣。光是增加決策選項，就足以降低百分之二十的決策失敗率。

二、**驗證假設**（Reality-test your assumptions）。假使決策者為了做出成功的決策，而增加了決策選項，接下來就得從中挑出還不錯的選項。這時候決策者會遇到妨礙決策的惡黨——「確認偏誤」。確認偏誤指的是，決策者自認蒐集資訊是為了做出更好的選擇，卻不自知有選擇性的在篩選資訊。

決策者在蒐集資訊的時候，要持客觀立場，還要更積極深入了解那些反對我的決策的意見依據為何。決策者用公正的姿態蒐集資料，才能對即將做出的決策，進行合理驗證。決策者在驗證時必須轉換不同的角度，一是只見樹林的大局觀——決策者進行決策時應參考理論、統計與專家建議。但是，作為一名決策者，不能只見樹林，不見樹木——決策者也得顧全細節，親至作業現場或與人交流，舉例來說，如果我們打算跳槽，不能只看跳槽成功率和打算跳槽的新公司情報，要實際去和有跳槽經驗的人或是業界人士親自見面，聽他們的說法，進行綜合驗證之後再下決定。

三、**確保充足的心靈距離**（Attain distance before deciding）。繼增加選項和驗證假設之後，到了決策者該做出選擇的時候。此時有一項因素會妨礙決策者做出明智的決定，即短期情緒。試想瞬間的欲望、衝動、不安、憤怒等，最糟糕的情緒「轟」一下紛沓而至，在這些情緒干擾下做出的決策，決策者會有多後悔呢？

決策者要克服短期情緒的好方法是，想著這不是我的決定，是我的好朋友的決定。這是由於我們擅長不帶情緒的去看待他人的決定，向自己拋出「如果是朋友說要選擇這家公司，我會怎麼說呢？」的問題，能有效遏制自身情緒混亂。

又或者是，養成書寫優先順序目錄的習慣。比如說，從既定的預算中整理出購物消費的第一順位，可以有效減少日後偶然或是後悔的購物行動。時間也一樣，如果我們明確寫出自己想做的事情的順序，就能減少做出浪費時間的決定的機率。

四、**準備迎接錯誤**（prepare to be wrong）。正如前面看到的統計數據，雖然決策者滿懷自信親赴創業前線，往往落得慘澹收場，所以決策者還需要克服自滿的方法。該方法就是：事先設想最糟的情況，準備好B備案、C備案，甚至到Z備案。如此一來，當我們不幸遭逢失敗，才能快速準備克服現實限制的對策，更快爭取人生的反轉。

當然，不是所有的決策都要套用WRAP決策法，像是打籃球的時候，從左邊還是從右邊過人是直觀的判斷，WRAP決策法適用於需要煩惱五分鐘以上的情況。

再者，也不是我們每次執行ＷＲＡＰ決策法，就一定能做出最佳決策，不過不要忽視小小的差距。職業棒球選手一百次擊球中打出二十九次安打堪稱優秀，但如果一樣的擊球數再多打出三次安打，就很有機會被選中全明星選手。如果棒球選手到隱退前能維持擊球率〇點三二〇，也許就能登上名譽殿堂。

從日常生活、學習到工作，我們一天會站上好幾次名為「決策管理」的擊球區，適時活用ＷＲＡＰ決策法，縱使只是做出好一點點的決策，也足以讓各位的名字登上名譽殿堂。

反覆和實戰練習的驚人整合

《刻意練習》書中提到，帕格尼尼演奏出美麗的小提琴曲，他逐漸陷入了忘我狀態，突然間，小提琴斷了一根弦。觀眾瞬間慌亂，帕格尼尼卻不理睬。因為當時的琴弦是用兩百年前的羊腸弦製成的，比現在更容易斷。帕格尼尼雖然斷了一根弦，仍繼續演奏美麗的音樂，觀眾們感嘆著他的演奏，但弦又斷了一根。四弦剩三弦還有可能演奏，斷了兩弦幾乎是不可能繼續演奏的，可帕格尼尼不曾停下演奏，甚至用兩弦創造出不亞於四弦的神祕演奏，觀眾們驚訝得合不攏嘴。

沒過多久，天啊！又斷了一根弦，如今小提琴只剩下孤獨的一根弦，演奏似乎不得不停止了，豈料，發生了難以置信的事——帕格尼尼用一根弦進行了演奏！神乎其技，觀眾為之顫抖，在想都沒想過的情況下，絲毫不為所亂也不停止演奏的帕格尼尼，簡直是「天才」的化身。

帕格尼尼過去並不是個任何狀況下都能處之泰然、保持最佳演出水準的天才。事實上，他是個後天練習的天才。本就善於用華麗技巧吸引觀眾注意的帕格尼尼，早已反覆練習過只有三根弦、兩根弦和一根弦的演奏方法，所以演奏到一半刻意弄斷琴弦，用極端的演出展現神一般的演奏技巧，令無數人為之瘋狂。

多數人不清楚反覆練習的可怕，無庸置疑地，反覆練習需要一定的意志力，但我們必須知道它的威力足以使一個平凡人如天才般發光發熱。

申博士和高作家彼此肯定對方是個出色的作家與演講者。雖說高作家並不是完全不會演講，申博士也不是完全不會寫作，但相比之下，各自擁有的能力過於耀眼。

高作家和申博士第一次見面時，高作家沉默許久，專心傾聽申博士說話，不是因為高作家有出眾的傾聽能力，而是申博士原本就是能言善道之人，高作家不得不聽他說話。會議進行了幾個小時，高作家讚美申博士「口才實在太好了，好像是天生的」，但申博士說出讓高作家意外的話：「雖然不能完全說不是天生的，不過老實說，我在口語表達這方面下了不少『苦功』。」

中博士為了學好口語表達，細心觀察有名的電影演員，花好幾個小時模仿他們的說話語氣和腔調，直到現在也還是定期練習著。他還會設定新情境，嘗試挑戰獨白，並且錄音，客觀的確認問題所在。中博士大學時期沒什麼站在人前的機會，會自薦當婚禮司儀，累積實戰經驗。「反覆練習」和「實質練習」的驚人組合，造就了中博士現在的口語表達實力。不論是帕格尼尼形同天生的一弦演奏，或是中博士的口語表達能力，全都是透過反覆徹底的實質練習而練就的發光發熱技巧，尤其是碰到發表或重要的報告，沒有比反覆練習更重要的事了。可是，很多人碰到發表或報告場合，卻對反覆練習掉以輕心，所以實戰之際不免緊張，產生變數，慌張不已。如果我們能反覆練習，演講的內容如同內化知識，像是機械般的演說，除了能減少我們的臨場緊張之外，也能更游刃有餘的應對突發狀況。盡可能進行反覆實戰模擬練習，我們才能提高獲得最佳成果的機率。

高作家又是怎麼練就寫作能力的？他以作家身分出道之前，每天最少寫一篇文章，出道後平均一年出版一本近三百五十頁的書，主題橫跨經濟、經營、自我開發、讀書、教育和親子教育。雖說尚有發展空間，但高作家的寫作能力也是靠著反覆練習培養而來。

進行反覆練習時，吶喊著「再來一次，再來一次」，戰勝厭煩感，你將會發現「又進了一步，又進了一步！」的成長的自己。

模擬的驚人能力

如果沒辦法進行反覆練習該怎麼辦？身體辦不到，改用頭腦就行了，要知道在腦海中模擬實際狀況的效果比想像得更強大。

《創意黏力學》書中提到某項以大學生為對象的實驗，施測者請大學生們仔細思考——像是課業或兩性關係般棘手卻有可能解決的事情，然後給予其中一組大學生暗示：「深入細想及了解問題非常重要，思考你們的能力範圍所能做的事，慢慢的接近問題。深思熟慮解開問題的過程，有助減輕你們的壓力，也能增加你們對自己處理問題的方式的滿足度。還有，你們會透過這次的經驗獲得成長。」

另外，施測團隊給了其他兩組大學生截然不同的暗示，一組大學生接收到樂觀想像未來情境的暗示：「試著想像煩惱終將被解決，你們已經開始擺脫困境，想像你們將變得安心，問題解決後，你們會產生滿足感。還有，當解決了所有的問題時，你們會多驕傲。」

施測團隊給了最後一組大學生——希望他們在腦海中模擬問題進行過程的暗示，具體內容如下：「希望你們能想一想為什麼會發生這種情形。細想問題的發端，詳細回想第一次問題發生的情況，一步步追溯事件發生過程，回想自己說過的話、有過的行動。問題發生當時，你們的身旁有什麼人，還有你們身處何方。」

受測者一週七天，每天都會進行五分鐘的腦海練習。一週後，三組受測者齊聚一堂，試著進行與解決問題有關的任務。測試結果指出，無論是什麼任務，被要求模擬問題進行解決情境的最後一組受測者，展現了傑出的問題解決能力，實際行動去解決問題與坦承從這次實驗中學到許多的學生，都比其他兩組多。

一項以三千兩百一十四名受測者進行的三十五項與工作有關的研究顯示，驗證出光是受測者在腦海的模擬實際運作過程，就足以大幅提升他們的工作成就。這項研究驗證的業務內容，甚至包含了焊接技術。也就是說，專家靠模擬實際運作，就能實現用親身實際運作的三分之二成果，也因此奇普．希思和丹．希思兄弟，對模擬做出以下評價：「模擬的效果雖不比實際行動好，卻是僅次於它的優秀方式。」

模擬之所以比我們預期得有效，是因為人腦的特性。人腦在想像某事件或事件順序時，會受到和實際物理活動時相同的刺激，比方說，我們一面喝水，一面想像自己是在喝檸檬汁，分泌的唾液量會較平常多；相反地，我們一面喝檸檬汁，一面想像自己是在喝水，分泌的唾液量會比平常少。這證明了我們會用腦中想法進行模擬預演，而當實際狀況發生的時候，人腦會依腦海模擬過的情境處理事情。

瑪格麗特．馬特林在《認知心理學》中提到，模擬是唯一能形成「前瞻性記憶」的方法。記憶不只幫助我們記住過去發生過的事，也能記住我們雖不曾體驗過但曾經模擬過的未來。前瞻性記憶在飛航事故、產業災害及其他災難預防方面，有著舉足輕重的地位。根據二〇〇七年的研究結果，因機組人員記憶錯誤而引起的七十五起航空事故中，有七十四起源自於前瞻性記憶的錯誤。我們具體描繪未來會發生的災難或危險，藉由反覆的模擬預演，能有效克服事件發生的可能。

另外，人們一面工作、一面學習未來趨勢的相關知識，也可以理解成是未來模擬的一種。儘管人類無法準確預測經濟、經營和政治，但在腦中事先設想各式各樣未來可能上演的劇本的人和毫無想法的人，當未來模擬情境實際上演的時候，兩者的應對能力自然會出現差異。所以說，我們必須要根據準確資訊和合理根據，不停的讀懂未來劇本與趨勢，在本人的專業領域內描繪未來。

時刻謹記，莫忘模擬的力量。

細節的重要

義大利的政治家暨美術評論家喬萬尼．莫瑞里，在十九世紀後半葉的《造型藝術誌》以筆名進行連載文章。因內容提及全世界博物館中收藏的義大利名畫大多是假貨，在藝術界掀起一陣狂瀾。

莫瑞里主張如想澈底感知畫作感性，光看畫家的主要特色或畫作整體畫風是不夠的，因為顯而易見的東西大家都懂，模仿易如反掌。比起這些，反而更應該注重「細節」，像是一般人不會注意的人物耳垂、腳趾、手指、指甲形狀等，都會成為更重要的線索。

他甚至在自己的一篇論文中，詳盡介紹了大師們真品中能發現但偽造品中發現不了的細節要素。藝術界人士根據該篇論文內容，檢視作品，引發了真品成偽造品、偽造品成真品的奇觀。

這正是細節的力量。提到細節的力量，不免想起「破窗效應」。美國心理學家辛巴杜把一輛全新的汽車在啟動引擎的狀態下停在巷中，一週後車子完好無損，接著他又布置了相同情境，只差在打破了車窗，會發生什麼事呢？

不到十分鐘，就有人往車裡扔垃圾。再過幾分鐘，汽車電池不翼而飛。一週後，車子破損嚴重到認不出來，車身滿是塗鴉，糟到得馬上拖吊到廢車場報廢的程度。如果一開始放任微小的現象，不久後整輛車都會完蛋的現象，正是破窗理論的意旨。

中國的細節化管理專家汪中求說過：「百分之一的疏忽，會導致百分之百的失敗。」當然不是事事如此，假如疏忽付出的代價小，充分能克服，疏忽反而會變成下次成功的資本，但有些細節是絕計不能錯過的，像是和重要客戶見面、新產品上市、進行關乎生死存亡的活動，在沒有第二次機會的事情上不容有失。

此外，絕大多數的失誤都出在最容易疏忽的細節。
不要把細節當成「小事」，細節是比任何事都還重要的「大事」。

申博士的見解

從主持婚禮鍛鍊口語表達

我真的很想當個口才好的人，一開始我深信說得多，口語表達實力自然就會上升。不過，這個誤會非常大。毫無想法的瞎說就像故障的收音機一樣。我不時煩惱該怎麼變成口語表達的高手。最重要的還是內容吧，畢竟食材不實，用再好的調味料也做不出美味佳餚，同理，沒有好的內容，每天說也不可能變得會說話。從有了這種想法的隔天，我開始進行大量閱讀。

我選擇用「模仿」方式提升我的口語表達能力。我進行的模仿不設限，橫跨各種領域。我認為初期階段，標竿學習是最有效的方式，所以我想到的是模仿能言善道的演員們的台詞。

想變成口語表達高手，就必須經常自言自語。我獨自走在路上時，會在腦海上演特定情境，反覆練習符合該情境的對話。起初我練習到一半會用手機錄下自己說的話重聽，藉由這種回饋方式，我醒悟到說話時自以為有條有理，但重聽錄音後才發現根本是語無倫次。減少語無倫次的訣竅，是放慢說話節奏，偏偏說話快是我的老毛病，很難一次改掉，所以我想辦法找出說話當中能調節呼吸的區間，一旦覺得自己講話開始打結，就試著打斷節奏。再者，結婚後妻子變成了我最棒的教練。太太聽了我的演講錄音檔，會給我改善建議。自我回饋當然有幫助，不過透過第三者的回饋，的確改善了不少我主觀忽略的部分。

做過練習，接著我需要的是能說話的場合。身為一個平凡的學生、上班族的我，基本上沒什麼機會在大眾面前發言，於是我靈機一動，腦筋動到了婚禮上。我告訴要好的朋友和後輩們，結婚一定要找我當司儀，截至目前為止我已經當了九次的婚禮司儀。除了第一次野心勃勃，我一心想大展拳腳、稍微緊張之外，經過這段期間的練習，我自認比一般婚禮司儀做得更好，新郎、新娘也說我是最棒的婚禮司儀，很感謝我。

就這樣，我的口語表達能力逐漸有了進步，我很想受到別人的肯定。有一次，我親近的後輩邀請了某位國立大學校長當婚禮主持人。那位校長有社會聲望地位，經常受邀演說。當他一站上台時說：「婚禮司儀做得太好了，我很擔心接下來我的主持會相形遜色。」我真的非常開心。雖然我經常參加婚禮，卻是第一次被婚禮主持人公開讚美，而且不是普通的婚禮主持人，是有著豐富的演說經驗的國立大學校長。我第一次覺得，我的口語表達已經達到了原本設定的目標。

不過工作方面的口頭報告就不太一樣。我自信滿滿，認為我的口說實力進步了，卻在第一次的公司報告時，自信感瞬間被打落谷底。那不是普通的口頭報告場合，我必須在全部的開發室部長和高層主管面前報告。我告訴自己跟平常一樣報告就行了，但當報告一開始，我就陷入了恐慌狀態。

首先，我習慣一面報告，一面與大眾互動，但高層主管和部長們，聽我報告時完全沒反應。看到這種狀況，我不自覺的加快了說話的速度，變得語無倫次。在我試圖調整呼吸和速度之餘，部長們拋出犀利的提問。那是一次慘不堪言的報告。我已經想不起來當下說了什麼，又回答了什麼。我所屬部門的部長安慰我，說我第一次報告這樣已經不錯了，也給了我意見回饋。部長指出的部分，恰恰好也是我認為必須克服的問題。問題出在我一開始說得很好，語速突然變快。果然要戰勝陌生的慌張感就得靠多練習，還有我必須提高對報告內容的理解度。尤其是工作方面的報告，自然會碰到特別多專戳弱點的提問。我必須事先預測會碰到的提問，儘管無法全面預測，可是如果稍微做好心理準備，就算問題排山倒海而來，我也能主導節奏。

就這樣，我仔細準備，加上累積了幾次報告經驗，馬上達到了我所期望的報告水準。果然不管什麼領域，想提升基本水準，就不可避免要反覆熟悉過程。近來由於我上節目的機會變多，我正在練習不同方面的口語表達能力。大部分的節目拍攝時間緊湊，節目組也設定了大概流程，所以需要非常精煉的說話技巧。至今我還有很多不足之處，不過我深信只要有目的的不停準備，總有一天我能做得更好。

如何練就好的演說技巧？

常有聽講者在講座結束後，私下問我如何發表好的演說，會這樣問代表我那天的演說還不錯，我的肩膀總是驕傲的聳起。要進行好的演說，必須擅長某些演說技巧，舉例來說，出色的簡報是一定要的。為了明確傳達演說內容，發表好的演說，演講者「掌握內容」是首要之務。我不用理解而用「掌握」來形容，是因為演講者必須完美消化演說內容。總是要達到一定的水準，才能談充分理解，不是嗎？

演講者把演說內容化為文字，是發表演說的最基本條件，也許有人會說「比起寫字，我更擅長說話，要我把演說內容寫出來有點強人所難。」無法化為文字的演說，通常是靠技巧走天下的演說，換句話說：缺乏精髓。並不是要演講者寫出多流利的文章，假如不把演說內容整理成文字，就無法掌握演說的核心內容（或是根本沒有核心內容），因此如果是第一次準備演說或是報告的人，建議先把演說內容好好整理出文字，哪怕只整理一次也好。

等到演講者大致掌握了核心內容，就是進行澈底練習的時候。第一步驟是基本口說。有效的第一步練習就是不看資料，像是聊天一樣說話。如同前面提過的，演講者內化了演講內容，在演說時會本能的想起演說內容，事先準備好的演說內容，無論何時都只是輔佐手段，手段絕對不會反客為主，變成目的。出乎意料地，有很多人把準備演說資料，當作是準備演說的最重要過程，正因如此，很多人在實際發表演說時，無法突破事先準備好的資料，只能照本宣科。所以，再辛苦也好，演講者一定要練習，在沒有演說資料的情況下，就自己所知內容進行演說模擬練習。

反覆練習是所有領域的通用基本練習法，熟能生巧必能帶來成果。不過這個成果是有限的，因為到了某個時間點，哪怕我們再練習，實力也會停滯不前。除了反覆練習之外，必須獲得實質回饋意見，採取正確的練習方式，我們的實力才會繼續進步，達到目標水準。演講者發表演說也是一樣。獲得回饋意見，等於是需要他人的幫助。儘管要找到給予回饋意見的幫助者並不簡單，但各位大可不必擔心，因為無論如何我們都至少有一名回饋者，那就是我們自己。我提過不要落入盲目的演說練習窠臼，各位進行演說練習時不妨像我一樣錄音，回聽自己的錄音。自覺說話有條不紊，但在聽了錄音後，便會醒悟，原來比想像中的還要沒邏輯，透過錄音給予自己回饋，努力彌補不足之處，會比埋頭猛練更有效果，更能提升演說實力。

再來，要精磨演說實力，各位需親自站到大眾面前進行演說，可是這種機會千載難逢。這種時候，就算請一位朋友或家人充當聽眾也好。進行發表演說練習是很重要的。

發表演說（尤其是發表好的演說）是一種相互作用，自說自話不能稱為演說。演說現場的氣氛，會嚴重影響演講者，舉例而言，假如聽眾沒反應，甚至一臉嫌惡，一定會打亂演講者的步調，說不出預先準備好要演說的內容，演說以失敗告終。此外，演講者一定要接受聽眾的發問。提問是無從練習的突發變數。

我在研究所時期參加過數不清的研討會，親眼目睹很多學生被問到不清楚的領域時而手足無措，毀掉整場發表。雖然我們不能預測特定變數及準備對策，不過哪怕先體驗被提問時的情緒變化，也對實際報告助益良多。

既然聊到練習報告話題，就順道聊一下如何準備報告資料。報告資料僅僅是輔助手段，除此之外，別無其他。投影片的設計最好直觀簡潔。在投影片上使用過多特效，非但不會幫上忙，還可能造成反效果。另外，太多的顏色會導致注意力分散；太多的文字就不是投影片，而是報告書。投影片上，只寫核心關鍵字，再輔以圖表說明，因為用圖表表現會比用文字表現更加直觀，但一個字都不放也不是好方法。像是史蒂芬·賈伯斯的情況，他原本就善於發表演說，懂得怎麼樣能擄獲聽眾的注意力，所以他可以用那種演說方式也沒問題，可是一般的演說不一樣。演說場地有可能很吵雜紛亂，坐後方的人有可能聽不見演講者的聲音，所以先在投影片上寫出一句核心內容會比較好。

最後也是最重要的！各位必須不停練習。在人生中有太多事無法一蹴可幾，代表事例之一就是發表演說，所以各位絕對不要覺得犯錯很難為情，有機會多挑戰發表演說，不是公開演說也沒關係，至少緊抓住每一次的發問機會（發問是最小單位的發表），如此一來，各位的演說實力會循序漸進的成長。

高作家的深化學習

集體決策管理為何容易失敗？

工作有一段時間的人，會明白很多事情不是個體決策，而是集體決策。因為人類相信集體的選擇優於個體選擇，所以組織進行任何事之前，都會開集體會議，畢竟用到的腦袋比較多，不是嗎？

集體決策優於個人決策的想法，源自亞里斯多德，他在自己的著作《政治學》曾提到：

「當許多人聚集在一起，即便個體並非頂尖拔萃的人才，也能憑集體之力，獲得稀世天才們才能做出的決策。如若眾人參與商議過程，則做出的決策便能於其中反映個體保有的善良及道德性考量。基於個體觀點各異，當多人聚集在一起思索問題對策，較可做出面面俱到的決策。」

亞里斯多德主張，每個人擁有不同的資訊，故多人參與決策能提升資訊豐富度，提升決策質量。人們直觀理解了亞里斯多德的主張，所以越重要的事項，越偏向組織成員聚在一起討論決策，然而集體做出的決策質量，真的能與稀世天才們做出的決策質量相匹敵嗎？統合多人擁有的資訊後，難道不會反而擴張了討論的範圍？非常遺憾地，回顧人類歷史便能發現，比起個人，集體做出的愚蠢決策多的不勝枚舉，豬玀灣事件就是代表實例之一。

當時甘迺迪政權因古巴卡斯楚政權大感威脅，決定推翻卡斯楚政權。甘迺迪參謀們商議後出了主意：訓練一批逃亡到美國的古巴人，命其登陸豬玀灣，入侵卡斯楚政權，縱使計畫失敗也足以引起古巴內亂。

豬玀灣登陸計畫結果卻是慘敗收場。首先計畫澈底失敗，不過三天，死傷人數便超過一百名，更不用提有一千人成為了俘虜。至於古巴內部是否內亂？不要說內亂，甘迺迪此舉反而鞏固了卡斯楚政權，反受質疑美國干涉他國內政，以交換俘虜為條件，被求賠償。美國迫於無奈支付了五千三百萬美金，在一九六一年當時是天價，更重要的是，被認為是世界中心的美國做出了此等愚蠢行為，一夕之間成了國際笑話，遭各國挖苦嘲諷，世界領袖地位遭受致命打擊。

當時甘迺迪政權的參謀團成員，從哈佛教授、福特汽車老闆、到洛克菲勒基金會理事長等，全都是菁英中的菁英，可是再多的經驗和能力也好，對於入侵古巴一事，沒人持反對意見。事後甘迺迪嘆息：「為什麼我會笨到答應那種策略呢？」

為什麼集體決策會失敗？接下來，我們要以集體決策的聖經《破解團體迷思》為主，探究集體決策的失敗原因及破解方案。若熟悉這些內容，日後參加會議，各位將大大提高會議的水準。

要了解集體為何失敗，就要先了解集體商議帶給成員們的兩種影響：

第一種影響是「資訊型信號」。如果有成員先公開資訊，為表尊重，其他成員會選擇閉口不談自己所知的事。舉例來說，成員們明明不同意那個意見，但是認為提出意見者有自己的資訊，而那個資訊肯定是對的，沒必要提出自己的意見。如果外交部長官積極贊成與某國斷交，底下的人保持沉默，不是因為同意長官的意見，而是認為長官知道自己在做什麼。

第二種影響是「社會壓力」。人們感受到社會壓力，為了避免自身不利，自然而然會選擇沉默。舉例來說，事先考慮到反對某個意見，而那個意見的主張者就是自己的上司，有可能對未來職場生活不利，所以選擇閉上嘴。

當這兩種影響力在團體中發酵，團體就得正視四種會導致集體決策失敗的原因：

一、放大錯誤

個體會犯的錯誤很多，像是：代表性的啟發法指兩者相似的程度，會左右人們如何進行決策。舉例來說，如果有一名新進職員長得跟公司代表理事很像，則會大大影響到人事主管的判斷；框架效應指的是同一個問題，用不同的方式描述後，會帶來截然不同的反應。舉例來說，告訴患者三年內的存活率是百分之八十時，會比告訴患者三年內的死亡率是百分之二十時，患者同意簽下手術同意書的機率會提高；還有非現實的樂觀主義者，過分有自信造成的企畫錯誤，執迷於已經投入的費用，以致無法制定合理的商品售價。

個體既是如此，團體又是什麼狀況？最近的研究結果如下：

- 團體對於啟發法的依賴非但沒有減弱，反而比個體時來得強。
- 相較於個體，團體會展現更強的信心，以致更容易陷入企畫錯誤。
- 團體比個體更受框架效應的影響。
- 團體更容易被律師們的虛假辯論左右。
- 團體極可能陷入商品費用謬誤。

如此看來，團體有擴大個體錯誤的傾向。當然，團體沒個體那麼個人中心，不過團體會擴大個體的錯誤是無庸置疑的。試想，一個團體中的大半成員都會犯下一樣的特定錯誤，當大家看到其他人跟自己犯一樣的錯誤，且缺乏專業知識的情況下，人們很容易產生「如果大家都犯一樣的錯，說不定那其實不是個錯」（資訊型信號）。此外，如果大部分成員都犯錯，其他成員可能會把犯錯的人當成傻瓜，或是為了避免不禮貌，也跟著犯同樣的錯誤（社會壓力）。

二、瀑布效應

瀑布效應指用於解釋人與人相互影響，忽視自身知識，全然依賴著他人公開的判斷的一種現象。

社會學家馬修．薩爾加尼克想研究音樂下載數與人氣高低的關係，經研究幾個團體後，發現了共通點：人氣高的音樂不分歌手或類型，初期下載數越多，且停留在排行榜前幾名的時間越久，相反地，初期下載數少的歌曲，幾乎毫無例外的無法擺脫在排行榜吊車尾。

團體商議的相關研究結果，和薩爾加尼克的結果相似。如果某個產業、政客或主張，從一開始獲得團體成員熱烈支持，極有可能成為該團體的最終選擇，再加上領導或團體內有影響力的人在初期進行發言，更會增強瀑布效應。因為有權威的領導從一開始發言就獲得支持，團體成員就會尊重那個資訊，不會再提供其他意見（資訊型信號），即便有其他意見，考慮到拂逆領導的意見，會遭其他人側眼責備，也會選擇放棄發表意見（社會壓力）。

三、極化

極化是瀑布效果的延伸效應，團體成員進行討論後，常常做出比討論之前更極端的結論，且團體成員性質類似時，會出現更強烈的極化現象。比方說，看中國不順眼的人聚在一起討論關於中國的事，會出現極端厭惡中國的現象。根據研究結果，從美國、法國到德國等，全世界各國都出現類似樣貌，可是這種討論逾越了「什麼是好的，什麼是壞的」的喜好判斷，以及「什麼是對，什麼是錯」的價值判斷，只是讓實際判斷變得更極化的討論。

極化現象的出現，是因為成員有強烈的特定喜好，因此會出現多數支持該喜好的意見，因為如果有成員跳出來反對該特定喜好，那名成員會變成眾矢之的，會受到其他成員的責備，所以大部分的人，遇到這種情況會選擇不作為（社會壓力）。總而言之，討論使團體變得激化。

四、遺漏資訊

集體決策失敗的第四個原因是遺漏資訊。研究結果揭曉，大部分的團體會疏忽只有少數人知道的資訊價值，更專注在多數人已知的資訊上，只要有人說出所知資訊，就會得到「沒錯，就是那樣」的附和。如此一來，因為在討論過程中，成員們能共享的資訊變得更多，會錯覺認為多數人擁有的資訊，比少數人擁有的資訊更具信賴度（資訊型信號），抑或是自認為沒必要提出其他資訊，破壞氣氛而選擇沉默（社會壓力）。

但是，真正重要的資訊到底在哪裡？在政界，關鍵資訊幾乎是高層人士專屬，不過在商界，關鍵資訊大多是在作業現場直接發現的，只不過現場人員多半都是基層員工，不是高層主管，致使遺漏資訊的情況更加惡化。因為基層員工承受的社會壓力，比其他成員來得大，通常在公司的會議上鮮有發言權。

目前為止我們看過了集體決策失敗的四大原因，那要怎麼解決集體決策的失敗呢？方法出乎意料的簡單：盡可能的消滅資訊型信號和社會壓力，打造無關職位高低、人人都能自由發言的會議氣氛，尤其讓基層員工與高位者的意見相悖時，也能放寬心說出自己的意見，因為不管高位者給出任何意見，都會造成資訊型信號與社會壓力，所以高位者要技術性的避免先提出自己的主張，讓人人都能發言，或者高位者選擇最後發言，也是一種不錯的方式。

如果參與會議的組織成員，都能理解集體決策的缺點，又能忽視職位高低，自由發表意見，那麼會議的水準將大大提高，該組織的未來更是一片光明。

申博士的見解

職場生活為何如此疲累？

職場生活會疲憊，原因眾多，大致可分成個人能解決和個人無法解決的。先來看個人力量無法解決的社會結構性問題。在各式各樣的問題中，最關鍵的莫過於，成長飽和及競爭深化同時發生。全世界各個領域都正視了科技發展的極限，在科技突飛猛進的時代，只要快速行動就能創造出一定成果，這件事毋庸置疑。只不過目前的韓國處於科技飽和期，快速不能算是過人之處。

在這種情況下，讓韓國更疲憊的是，鄰國——中國的脫穎而出。當商品技術層面撐不下去的時候，能改善的部分只有性價比。中國以更低廉的人工支出，創造出差不多水準的結果物，導致韓國商品在市場上逐漸喪失競爭力。再者，韓國的競爭對手，不只有像是中國這些新興國家。

正在等待韓國的還有自動化和人類之間的競爭。各界觀點指出，兩者的競爭正進入了最高峰，未來韓國人職場生活會變得更加疲憊。這種現象不僅僅是韓國的問題，也是全世界的問題。

解決問題的對策是回歸單純。首先，憑個人之力無法解決的部分，遺忘為上策，那麼我們憑個人之力，可以改善哪些職場生活的疲憊部分呢？會造成職場生活疲憊的絕對性原因，第一就是：學習能力不足。構成學習能力的要素有二：一是知識基礎架構成的通識教育；一是掌握問題的探究能力（哲學）。大學之所以安排學生們聽專業科目和通識科目，就是想培養學生們的學習能力。

我上大學的時候只忙著拿學分，根本不知道為什麼要上通識課。主修科目靠死背，考試靠臨時抱佛腳，幾乎沒有自己主動探究某件事。雖然我拿到了很高的綜合學分，得到了求職時的「好看履歷」，但就沒有別的了。如果我們在大學時不好好培養獨立思考與探究的能力，和對不同的學科有所認識，進公司當然會吃苦。

首先沒在通識課增進自己的知識領域，我們不管從事什麼工作都會感到陌生。我的部門有很多像是電子系、材料系、物理系等各種領域的專家，業務範圍涵蓋電子工學、材料工學等，大家必須融會貫通這些專業領域，工作才可能順利進行。不過大多數的人接觸到自己專業以外的東西都會感到疲累，比方說，電子系的人看到材料工學問題的第一反應就是迴避。

幾乎每一所大學工學院大一生，都會修基礎物理和化學，嚴格來說，對工學院畢業的人來說，這兩科不能說是全然陌生的領域，是因為在大學時沒有好好學習通識教育，所以才會覺得陌生，而當我們碰到自己陌生的領域自然感到害怕，再加上欠缺掌握問題的思考研究能力，我們根本無法掌握問題。掌握不了問題，更別談能找出解決問題的方法。當我們是低層員工時，只需完成上級的交辦事項，缺乏思考研究能力不會有太大的問題，所以感受不到它的重要性。可是當我們升職，變成帶領人的角色時，假如欠缺思考研究的能力，不只本人，還會連累整個團隊。

更甚者，如果我們升上更高職位，要負責的就不只是掌握問題原因，必須設定問題才行，如果沒好好學會通識教育和哲學，是不可能設定問題的。學海無涯，從學校畢業不代表學習到了盡頭，縱使只是為了拓展通識知識範圍和增進思考與研究的能力，也必須持續學習才行。

另外，在公司裡會遇到的新難關是「細節」。如果上級不清楚細節的重要性，等閒視之的話，公司會馬上變成地獄（員工們經常覺得職場上司是老番顛的原因之一，是因為細節。會親自確認真正重要細節的上司，絕對不是老番顛，反之，對細節不理不睬，發生問題時才嘮叨下屬的上司，很有可能真的是老番癲）。細節，如同字面上的意思，是無關緊要的小事，很容易被忽視。然而，細節重要的理由，是因為細節會造成缺陷，積少成多，終會釀成大禍。

如果說資料彙整是幫助公司決策成功的一半也不為過。一個員工連彙整細節都辦不好，報告到了上級手上只會變成不可靠的報告，結果又得重頭來過。我時不時會在社群網站上，看到大家貼這種關於公司流程鬼打牆的不滿文，不過這種沒效率的工作流程鬼打牆，與其說是公司常見弊病，更是因為中階主管沒有顧好細節所致。哪怕中階主管先改正一次錯誤，工作也會比預期更快完成。

在基層員工和代理職務時期不知道細節的重要性的人，一但升職成為中階主管，就會變成組織的受氣包。該怎麼做才能不遺漏細節、面面俱到呢？常言道，知道得多，看到的就多。這句話是真的。要能看得到微末細節，終究得靠學習。

試想，假如我們要看某樣小東西，一開始用肉眼靠近觀察，看不清楚，所以拿放大鏡觀察，用放大鏡還不夠，於是改用科學顯微鏡，科學顯微鏡也不夠力，結果改用電子顯微鏡。

工作職務細節也是如此。如果我們用直觀思考，深入觀察職務內容，貌似能看見許多細節，實則不然，我們必須藉助工具的力量才能看得更細。這裡的工具指的正是工作相關知識。我們對工作相關知識的理解度越高，就能看到不容易被發現的細節，再加上豐富的工作經驗，便能快速確實掌握問題所在。所以說，我們必須持續不斷的學習。

職場的語言是報告，適應不了新語言，職場生活就會遇到困難。邊喝啤酒配炸雞邊聊天應酬的叫私人對話，在名為報告的語言中，最重要的文法正是摘要。十名員工向科長提交報告，三名科長向部長提交員工們做好的報告，部長又向常務提交，常務又向副社長，副社長又向社長……報告不斷被精簡摘要，層層上繳，最後高層決策者要用拿到的最終報告摘要下決策，這正是公司的宿命。組織的決策流程只差在流程規模大小，其他大同小異。

社會上有很多吸收資訊的高手，只不過這些人多半不擅長傳達資訊及產出新資訊。會造成這種現象的最關鍵原因之一是，他們消化不了自己學到的資訊——不會做摘要。光是學會做摘要，至少能換來十年以上輕鬆自在的職場生活，但很可惜，我們長時間以來接受的教育，只訓練我們怎麼找出選擇題的答案。我們誤以為自己很會做摘要，實際上不過是在壓縮資訊內容。壓縮資訊內容，不過是被動性摘要罷了。

我們在公司撰寫的報告，必須是主動性的摘要。所謂的主動性摘要：先客觀統整資料，進行相關分析，以分析出來的結果為基礎，推導出下一步計畫。如果這時我們的報告結果，不只產出單一對策，還包括一兩個以防萬一計畫失敗的備案，那麼這份報告的出色程度就不用多說。

報告正是有機結合前面所說的通識教育、思考研究能力和細節後產出的結果。至於英文蒐尋能力則是我們寫報告的必備能力。我指的不是上網蒐尋生活中碰到的問題解決方式。就蒐集資料來說，在國內蒐尋網站用本國語文蒐尋的行為，無異於在二十一世紀的戰爭中高舉火把打鬥，換個角度想，在谷歌引擎上用英文進行蒐尋的人，就是拿著機關槍或迫擊砲攻擊舉火把的敵軍。

最後一個會讓我們的職場生活疲憊的原因是：人際關係。名為「階級」的結構，讓公司的人際關係較日常生活中的人際關係來得棘手。每個人都有不同的職場身分，各自從員工、科長、部長、高層主管的立場看待公司，所以會出現很大的差異，我們大多從自己職位的立場去判斷其他職位，因此容易發生職場不和，所以必須多加了解每個職位的角色。

科長以上的職位屬於管理職。位於科長職的人，會抱著做好原本在低階員工時做的事就好的想法，所以不擅長管理。部長是要越過指示的掌握問題，晉升為揭示問題的職位。如果部長只做好管理工作，充其量就是個資歷深的科長。部長為了確實掌握現場的溫度，實際了解工作運作方式，有時得拉近與員工們的距離，所以如果我們能晉升到部長職，就必須變得比任何人更努力才行，除了不遺漏現場感之外，還得比誰都更努力學習，不停的發掘新事物。

最後，高層主管是負責做決策的人。高層主管要背負決策責任，是最困難的職位。像這樣了解各職位的工作範圍，我們就能站在彼此的處境設想，可以有效減少工作摩擦。此外，在晉升到不同職位之前，要提前準備各職位的所需能力。

有時候我會這樣建議來找我諮詢的人，但他們會說自己的上司就是「瘋子」，所以職場生活才這麼累。時間會給出答案，上司要真是瘋子，遲早會被公司淘汰，不過，如果那個壞上司做出荒謬行徑，到最後都還留在公司，那本人就該更努力學習，提出離職就行了。不，是一定要離職。因為容忍荒謬行徑的公司走不長久。本人的離職不是因為壞上司，而是認知到公司沒前景而做出的正確決定。大部分的人不敢提離職，是因為害怕也討厭重新學習（如果真心想離職，最實際的答案是「先在職場上死撐」，進行學習，畢竟我們不能無視現實壓力）。

說到底，學習比想像中能解決更多事，可惜的是，人們大多不學習。請各位不要忘記，學習是答案。如果各位才剛踏入職場生活，只要有心主動學習，職場生活就不會有想像中的累。不必擔心或後悔學生時期沒好好念書，儘管各位一開始會因投入職場實戰而感到吃力，不過只要下定決心好好學習，各位都能比預期的更快適應工作。全心學習，賦予自己所創造的商品或服務，能幫上世人的動機之後，各位會發現這世上沒有比職場生活更愉快的事了。工作變成了我們的人生，在此祝各位都能過上一帆風順的職場生活。

國家圖書館出版品預行編目資料

任何人都適用的完美學習法／高榮成，申榮俊著；
黃莞婷 譯. -- 初版 -- 臺北市：究竟，2021.1
400面；14.8×20.8 公分 --（第一本；105）

ISBN 978-986-137-309-6（平裝）

1. 學習方法 2. 生活指導

521.1 109018470

Eurasian Publishing Group
圓神出版事業機構
用心與你對話．視野無限寬廣
究竟出版社
Athena Press

www.booklife.com.tw reader@mail.eurasian.com.tw

第一本 105

任何人都適用的完美學習法

作　　者／高榮成、申榮俊
譯　　者／黃莞婷
發 行 人／簡志忠
出 版 者／究竟出版社股份有限公司
地　　址／臺北市南京東路四段50號6樓之1
電　　話／（02）2579-6600・2579-8800・2570-3939
傳　　真／（02）2579-0338・2577-3220・2570-3636
總 編 輯／陳秋月
副總編輯／賴良珠
外製編輯／朗　慧
校　　對／賴良珠
美術編輯／蔡惠如
行銷企畫／詹怡慧・鄭曉薇
印務統籌／劉鳳剛・高榮祥
監　　印／高榮祥
排　　版／杜易蓉
經 銷 商／叩應股份有限公司
郵撥帳號／18707239
法律顧問／圓神出版事業機構法律顧問　蕭雄淋律師
印　　刷／祥峯印刷廠
2021年1月　初版

定價 400 元　　ISBN 978-986-137-309-6　